"十三五"江苏省高等学校重点教材

（2018-2-179）

小企业会计实操

杭瑞友　张月兰　主编

化学工业出版社

·北京·

内 容 提 要

本教材以财政部《关于印发〈小企业会计准则〉的通知》(财会〔2011〕17号)为主要技术标准,结合《国家税务总局关于推行增值税电子发票有关问题的公告》(公告2015年84号)、2019年《中华人民共和国会计法》修订草案、2019年财政部修订《会计基础工作规范》《财政部 税务总局关于实施小微企业普惠性税收减免政策的通知》(财税〔2019〕13号)等最新法律法规,以制造业小企业的经济业务设计学习项目,选取岗位典型工作内容为学习任务,分出纳、成本、总账三个角色进行实操。全部实操内容设计为四个项目:项目一是课程标准及学习任务,项目二是初始建账,项目三是业务核算与管理,项目四是财务报表分析。本教材导入业财融合理念,采用线上学理论、线下做中学和学中做的方法,提升学生综合职业能力,助推小企业会计由核算向管理转型,提升小企业管理水平,实现价值管理目标。

本书适合中、高等职业院校财经商贸大类专业,特别是财务管理、会计、审计、会计信息管理专业学生作为教材使用,也可供社会上会计人员工作参考。

图书在版编目(CIP)数据

小企业会计实操/杭瑞友,张月兰主编. —北京:化学工业出版社,2020.9(2025.5重印)
"十三五"江苏省高等学校重点教材
ISBN 978-7-122-37096-9

Ⅰ.①小… Ⅱ.①杭…②张… Ⅲ.①中小企业-企业会计-高等职业教育-教材 Ⅳ.①F276.3

中国版本图书馆CIP数据核字(2020)第089343号

责任编辑:王 可 蔡洪伟 王 芳　　　　装帧设计:张 辉
责任校对:宋 夏

出版发行:化学工业出版社(北京市东城区青年湖南街13号　邮政编码100011)
印　　装:北京科印技术咨询服务有限公司数码印刷分部
787mm×1092mm　1/16　印张11¼　字数267千字　2025年5月北京第1版第4次印刷

购书咨询:010-64518888　　　　　　　　　售后服务:010-64518899
网　　址:http://www.cip.com.cn
凡购买本书,如有缺损质量问题,本社销售中心负责调换。

定　价:32.00元　　　　　　　　　　　　　　　　　版权所有　违者必究

编写人员名单

主　　编： 杭瑞友　　　　　（江苏农牧科技职业学院）

　　　　　　张月兰　　　　　（江苏农牧科技职业学院）

副 主 编： 袁育明　　　　　（江苏农牧科技职业学院）

　　　　　　徐静雅　　　　　（江苏农牧科技职业学院）

　　　　　　于小梅　　　　　（江苏农牧科技职业学院）

参编人员： 朱玉广　　　　　（泰州职业技术学院）

　　　　　　仇　娴　　　　　（泰州机电高等职业技术学校）

　　　　　　张颖萍　　　　　（哈尔滨工业大学）

　　　　　　石宇健　　　　　（江苏省泰兴中等专业学校）

　　　　　　戴礼慧　　　　　（南京浦口中等专业学校）

　　　　　　钱慕容　　　　　（南京浦口中等专业学校）

　　　　　　朱　华　　　　　（泰州市税务局）

　　　　　　陈振华　　　　　（泰州安信会计代理记账有限公司）

　　　　　　金　明　　　　　（泰州弘润会计师事务所）

前　言

　　职业院校经济管理类专业，特别是会计、财务管理、审计、会计信息化等专业毕业生主要面向中小企业就业。

　　随着2017年《中华人民共和国中小企业促进法》的颁布实施，新型工业化、城镇化、信息化、农业现代化的深入推进，以及"大众创业、万众创新"、《中国制造2025》、"互联网+"、"一带一路"、5G技术及人工智能应用等重大战略举措的加速实施，新产品、新业态、新市场和新模式层出不穷，为中小企业创新发展提供了广阔空间。但据中国产业信息研究网《2018年版中国中小企业发展研究及融资策略研究报告》中数据显示：日本、欧洲的小微企业生命周期可以达到12年，美国达到8年多，而中国只有3年，原因就在于不成熟的公司运行体系。这就对职业教育教学提出了新的课题：如何促进小企业规范健康运行以持续发展。

　　"小企业会计"已经成为职业院校经济管理类专业的一门核心课程。我们以2013年1月1日起实施的《小企业会计准则》为主要技术标准，结合最新法律法规政策，以制造业小企业的经济业务为背景，分出纳、成本、总账三个角色进行实操，选取岗位典型工作任务为学习内容，编写了《小企业会计实操》。全部实操内容设计为四个项目：项目一是课程标准及学习任务，项目二是初始建账，项目三是业务核算与管理，项目四是财务报表分析。课程导入业财融合理念，采用线上学理论、线下做中学和学中做的方法，致力于培养教材使用者的职业工作能力，助推小企业会计由核算向管理转型，提升小企业管理水平，实现价值管理目标。

　　本教材主要体现以下特色：

　　（1）执行新标准。以《高等职业学校专业教学标准（试行）》为依据，融入国家职业技能标准和行业、企业岗位能力考核标准，体现行业的最新法律法规，对接职业岗位工作新变化，强化实践教学内容，工学结合培养学生的职业能力。

（2）构建新体系。整体把握职业教育在教学重点、课程内容、能力结构以及评价标准与小企业的会计岗位工作有机衔接和贯通。同时，注重课程自身的科学性与独立性以及课程之间的相互合理配合，关注课程论文、内部控制、审计报告、工作流程。

（3）对接新技术。教材编写对接最新税收法律法规、《小企业会计准则》和电子商务会计，以学生为中心，强调使用对象的针对性和教学的适用性，导入业财融合理念，通过做中学、学中做，努力实现学以致用、知行合一。

（4）实施新模式。根据高等职业教育"能力本位、校企合作、工学结合"的人才培养要求，推荐"课证岗融通"的会计专业人才培养模式，实施工作过程导向、线上线下混合等课程教学模式。

（5）配套新资源。本教材配套了原始凭证、教案、课件、法规汇编、案例、习题、试卷等数字化教学资源，可在化学工业出版社教学资源网（www.cipedu.com.cn）下载使用。为教师进行二次开发和学生自学提供补充性、拓展性的辅学辅教素材。

本书由江苏农牧科技职业学院杭瑞友和张月兰担任主编。杭瑞友设计框架结构和编写大纲，编写项目一和项目二的任务1、任务2，并审定初稿。张月兰编写项目二的任务3、项目四及用会计软件验证项目三，袁育明、于小梅、徐静雅编写项目三，张颖萍、朱玉广、仇娴、石宇健、钱慕容、戴礼慧编写了项目三的部分业务题，朱华审核了涉税部分内容，陈振华、金明提供了"学中做"业务题。

教材在编写过程中，参考了一些网络信息资料，江苏农牧科技职业学院为线上资源提供支持，柠檬云提供免费财务软件用于教材试运行，学生顾峰、燕施雨、凡秋玲、宋冉冉参与教材验证，在此一并表示感谢。

由于成书时间仓促，书中不足之处在所难免，敬请广大读者批评指正，以便不断修改完善。

编 者

2024 年 12 月

目 录

项目一 课程标准及学习任务 ——————————————— 1

    任务1　遵循会计职业道德 ………………………………… 5
    任务2　比较两个会计准则 ………………………………… 5
    任务3　遵守国家法律法规 ………………………………… 5
    任务4　撰写课程论文 ……………………………………… 6

项目二 初始建账 ——————————————————— 7

    任务1　熟悉企业概况 ……………………………………… 7
    任务2　实施内部控制 ……………………………………… 10
    任务3　初始建账 …………………………………………… 18

项目三 业务核算与管理 ———————————————— 41

  子项目一　分类业务核算与管理 ——————————— 41

    任务1　资本业务核算与管理 ……………………………… 46
    任务2　借款业务核算与管理 ……………………………… 52
    任务3　采购业务核算与管理 ……………………………… 56
    任务4　成本费用核算与管理 ……………………………… 66
    任务5　营销业务核算与管理 ……………………………… 81
    任务6　纳税业务核算与管理 ……………………………… 92
    任务7　财产清查核算与管理 ……………………………… 97
    任务8　损益结转核算与管理 ……………………………… 105

  子项目二　循环业务核算与管理 ——————————— 114

    任务1　年初建账 …………………………………………… 115

　　　　任务 2　循环核算与管理 …………………………………………… 118

项目四　财务报表分析 —————————————— 128
　　　　任务 1　资产负债表财务分析 ………………………………… 128
　　　　任务 2　利润表财务分析 ……………………………………… 138
　　　　任务 3　小企业财务能力分析 ………………………………… 143

附录 1　相关增值税政策 ————————————————— 153

附录 2　企业所得税汇算清缴主要政策 ———————————— 159

附录 3　企业财务管理工具 ————————————————— 164

参考文献 ——————————————————————— 171

项目一

课程标准及学习任务

【情境导入】

职业院校三年级的会计专业同学选择了小企业制造业就业方向，他们在老师指导下组成了实操小组进行分角色实操，需要感悟会计职业道德；熟识《统计上大中小微型企业划分标准》（国统字〔2017〕213号）《小企业会计准则》（财会〔2011〕17号）《关于实施小微企业普惠性税收减免政策的通知》（财税〔2019〕13号）等相关技术标准；比较《小企业会计准则》与《企业会计准则》核算的主要区别，研究小企业资金运动规律，探索业财融合的途径与方法，提升小企业会计核算与管理水平，促进所服务的单位高质量发展。

【课程标准】

课程名称：小企业会计实操　　　　　　课程类别：实践必修课
适用专业：会计、财务管理、会计电算化　学　　时：60时

一、前言

（一）课程性质与任务

《小企业会计实操》是高职会计、财务管理、会计电算化等专业的职业技术课程，是实践必修课，具有较强的专业性、政策性、实用性和可操作性的课程。

本课程以落实立德树人为根本任务，通过以学生为中心的分角色实操，培养能将合法的管理规范和成熟的技术转化为小企业会计完成核算、分析、控制、评价、参与决策等所需的岗位工作能力，落实"就业能上岗、上岗能顶岗"的培养目标，并为终身学习打下良好的基础，以实现高质量就业。

（二）课程定位

小企业是我国国民经济和社会发展的重要力量，是保持国民经济平稳较快发展的重要基础。小企业吸纳会计专业学生就业能力强，是高职会计专业毕业生就业的主市场。

《教育部关于深化职业教育教学改革全面提高人才培养质量的若干意见》（教职成〔2015〕6号）提出"坚持工学结合、知行合一。注重教育与生产劳动、社会实践相结合，突出做中学、做中教，强化教育教学实践性和职业性，促进学以致用、用以促学、学用相长。"《小企业会计实操》是校企合作开发的基于工作过程的课程，对高职会计专业毕业生高质量就业影响较大。本课程在会计专业人才培养过程中具有举足轻重的地位。

前导课程：会计基础、初级会计实务、出纳核算与管理、成本核算与管理、纳税实务等
平行课程：会计综合实训
后续课程：顶岗实习、毕业论文

（三）课程设计理念与思路

（1）课程设计理念。本课程以习近平新时代中国特色社会主义思想为指导，以高质量就业为目标，以职业能力发展为本位，以工作过程为主导，以胜任工作任务为引领，与行业企业合作，以小企业三个角色（一人多岗）的会计团队核心岗位（出纳、成本、总账）职业标准为依据，围绕小企业典型的经济业务进行课程设计，实施学生为中心的"教学做结合、线上线下混合、课证岗融通"的工学结合课程模式。

（2）课程设计思路。《小企业会计》教材一般有两种设计模式：一是依据《小企业会计准则》设计的理论教学；另一是按照小企业会计工作岗位设计的实践教学。

本课程打破以会计要素核算、分岗核算组织教学内容的框架，以小企业的经济业务活动为主线，立足学生的职业能力发展，运用现代信息技术，实施"线上学理论、线下做业务"，突出技术规范的应用性、实践性和创新性，注重创新解决问题能力的培养。为此线上建设了《小企业会计实操》课程网站，有法律法规、小企业会计准则、现行税收政策、试题库、微课等学习资源；线下构建三个实操项目，项目一是课程标准，项目二是初始建账，项目三是业务核算与管理。在项目三中设计"分类核算与管理"和"综合核算与管理"两个子项目，选取典型业务进行"做中学"的会计核算与信息化账务处理，又进行"学中做"的内部控制、财务管理的拓展，掌握小企业会计账务处理流程，学生在"实践——领悟——探究"中提升工作能力，为将来的职业生涯打下扎实的基础。

二、课程目标

学生学习本课程后，更新业财融合理念，期望获得如下能力：

（1）态度与价值。具有依法办事素质和运用法律法规保护自己的能力；具有良好的职业道德和敬业精神；具有诚信品质、廉洁自律、抵御利益诱惑能力；具有自我学习、创造性思维，创新性分析问题与解决问题的工作方法及独立决策能力；具有交流沟通、团队协作精神和社会责任等；具有良好心态，能够适应单位内部工作及市场环境，持续反思改进能力。

（2）过程与方法。熟悉小企业各项经济业务确认、计量、记录和报告的程序和方法，运用核算原理、内部控制方法及财务管理理论科学合理进行账务处理能力；具有自主学习及表达能力，不断更新会计新知识、新技术、新法规，以适应新经济、新业态、新模式等的变化；具有理解、总结归纳能力，能温故而知新、触类旁通、归纳总结，为处理不断出现的新经济业务的确认与计量打下基础；具有利用网络、图书资料等多种媒体资源查找所需信息；具有持续发展能力。

（3）知识与技能。在商业环境中要了解并掌握一定的业务能力；组织与协调财务部门、业务部门通力合作能力；有影响并引导他人的能力；运行《小企业会计准则》技能；具有财务管理技能；具有正确处理小企业会计准则与税法法规的差异，协调两者关系的能力；具有正确、及时编制和报送小企业财务会计报告的能力；具有正确引领企业发展的会计职业判断能力。

三、教学内容与教学组织

（一）课程主要内容（表 1-1）

表 1-1　课程教学内容及学时

项目	子项目	主要学习任务		学时	备注
		线上	线下		
项目一　课程标准及学习任务			遵循会计职业道德、比较准则、撰写论文	2	
项目二　初始建账			运用核算信息建账	4	12月初
项目三 业务核算与管理	（一）分类业务核算与管理	掌握国统字〔2017〕213号、财会〔2011〕17号、财税〔2019〕13号等相关技术标准	1. 资本业务核算与管理	2	分类+时间顺序
			2. 借款业务核算与管理	2	
			3. 采购业务核算与管理	2	
			4. 成本费用核算与管理	6	
			5. 营销业务核算与管理	4	
			6. 纳税业务核算与管理	4	
			7. 财产清查核算与管理	2	
			8. 损益结转核算与管理	4	
	（二）循环业务核算与管理		1. 年初建账	2	时间顺序
			2. 循环核算与管理	20	
技能抽考、课程论文答辩、实操总结				6	
合计				60	

（二）课程组织安排

以学生为主体，将三人学习团队分为出纳、成本、总账三个角色，按照学习项目顺序实施。在项目实施过程中，教师全程组织并负责线上线下指导与答疑，学生可以分小组，也可独立完成课程论文、云课堂理论测试、技能抽考、论文答辩、实操总结。也可用后半学程安排学生到小企业辅岗实习。

四、课程实施建议

（一）教学模式建议

本课程将传统的以"教师讲授为主"的模式向以"学生自主学习为主"的模式转变，主要采用："线上（网络教学）+线下（实际操作）"混合式教学模式，不是彻底解放教师把课堂迁移到网上，也不是"线上"与"线下"的简单机械相加，而是通过课前导学、线上自主学习、课堂重点难点讲解、线上线下深度讨论、线下实际操作、过程性与结果性考核结合等方式，提高学生自主学习的能力和兴趣，锻炼学生独立操作的能力，养成良好的学习习惯，提升学习质量。

（二）教学方法建议

建议本课程教学对接出纳、成本、总账三个角色按照会计工作流程，选择合适软件分组操作,将小企业实际的会计工作程序尽可能在实操中复制再现。可根据具体情况,采取情景模拟、集中实操、案例讨论、企业实习等多种方法,激发学生的学习热情,从而增强该门课程的教学效果。

(三)课程考核评价建议

本课程采取过程考评与结果考评、教师评价与学生评价相结合的方式,评价学生的职业能力,具体构成为:课程总成绩 = 过程考核(60%) + 结果考核(40%),见表1-2。

表1-2 《小企业会计实操》课程评价方案

过程考核(60%)					结果考核(40%)		得分
考核项目	分值	自我评价(30%)	小组评价(20%)	教师评价(50%)	考核项目	分值	
出勤	15				技能抽考	60	
小组表现	15						
项目二实操	20						
项目三实操	20						
专题小论文	10				答辩	15	
云课理论测试	20				实习总结	25	
总计							

五、课程教学资源

(一)课程网站资源

(1)江苏农牧科技职业学院课程学习中心《小企业会计实操》

(2)中华会计网校《中小企业会计实训系统》

(3)会计学堂

(4)中国会计网

(5)会计社区

(6)中华人民共和国财政部

(7)税屋

(8)中国知网

(9)会计论文网

(10)中华会计网校论文库

(11)财务顾问网会计论文

(12)中国会计视野文库

(13)中华财会网财会文库

(14)中国财经报

(15)江苏财经信息网会计论文

(16)中国会计网财会文苑

(17)中国会计师网会计研究

(18)中国内部审计协会

（二）教学环境与设备条件建设要求

1. 校内（外）实训环境

校内（外）实训环境：多媒体实训室、会计手工实训室、财会分岗实训教学平台、小企业财务软件（金蝶、速达、用友、四方和柠檬云等）、网中网教学软件、国泰安中小企业会计实训教学系统软件、亿学中小企业会计综合实训系统等，小组讨论的课堂桌椅。

校外实训基地及条件要求：应在1~2家小型企业以及若干代理记账中介机构设立校外实训基地。

2. 实训仪器设备

每生一台电脑、打印机、凭证装订机等。

【学习任务】

任务1　遵循会计职业道德

案例：2020年2月12日晚间，天津港（证券代码：600717）公告（公告编号：2020-005）称，近日，公司全资子公司天津港焦炭码头有限公司一名财务人员涉嫌贪污公款1.539亿元人民币。该财务人员因涉嫌职务犯罪已被属地监察机关立案，并被采取留置措施。目前案件正在调查之中，公司全力配合监察机关开展案件调查和涉案款物追缴工作。

会计职业道德，指在会计职业活动中应当遵循的、体现会计职业特征的、调整会计职业关系的各种经济关系的职业行为准则和规范。

任务：请实操小组结合以上案例就"在会计职业生涯中应当如何遵循会计职业道德"进行专题讨论，形成书面讨论稿并在小组汇报中交流发言。

任务2　比较两个会计准则

组建的实操小组，在"课程网站资源"查找《小企业会计准则》《企业会计准则》及具体准则，比较两个准则的异同，为小企业会计实操储备技术标准。

任务：制作两个准则比较表，并在小组汇报中展示。

任务3　遵守国家法律法规

案例：(1)《漠媛柯、钟平波虚开增值税专用发票、用于骗取出口退税、抵扣税款发票二审刑事判决书》：二〇一九年五月八日，河南省高级人民法院刑事判决书〔2019〕豫刑终83号对上诉人李小强（兼职会计）的上诉做出裁决，认定上诉人李小强犯虚开增值税专用发票、用于抵扣税款发票罪，判处有期徒刑八年，并处罚金人民币十万元。（刑期从判决执行之日起计算。判决执行以前先行羁押的,羁押一日折抵刑期一日,即自2017年3月15日起至2025年3月14日止。罚金限判决生效后三十日内缴纳。)

(2)2017年11月4日,十二届全国人大会第三十次会议表决通过了《关于修改会计法等十一部法律的决定》,其中一项决定为将会计证取消。近一段时期,关于会计人员因涉嫌虚开增值税专用发票被抓入刑的案例屡见不鲜。平顶山市新华区人民检察院以平新检公诉刑诉(2015)27号起诉书指控被告人许某某犯逃税罪,2005年至2006年4月,被告人许某某在平顶山市三香陶瓷有限责任公司担任会计期间,受该公司总经理黄某某(已判刑)和财务总监张某某(已判刑)指使,设立真假两套公司财务账,隐藏主营业务收入,偷逃税款,判处有期徒刑三年。

(3)2017年3月24日,国家税务总局与33个部委联合签署《关于对重大税收违法案件当事人实施联合惩戒措施的合作备忘录(2016年版)》。"税收黑名单"制度再升级,参与联合惩戒的部门增加到34个,惩戒的措施新增了限制旅游度假、入住星级以上宾馆、严控生产许可证发放等10项新举措,增加至18项。

任务:会计证已经取消,懂税法、依法办事的会计才可以降低职业风险。阅读上述资料,讨论参加初级会计职称、注册会计师、税务师考试必要性及对会计职业生涯中遵守税法的认识,形成书面材料并在小组汇报中交流发言。

任务4　撰写课程论文

资料:小企业的资金运动有特殊性,其会计核算与管理也因行业、规模、业务类型具有较大差异。因此,研究小企业的资金运动规律,推进业务与财务融合管理,实现小企业会计由核算向管理转型具有重要意义。

任务:各位同学结合自己在会计领域的学习兴趣、将来就业岗位等,在"课程网站资源"查找相关资料,与指导老师商量选择一个研究方向,撰写一篇课程论文,为毕业论文撰写提供经验。不得弄虚作假、抄袭或下载他人成果。建议排版格式、参考文献等规范参照本校毕业论文要求执行,论文字数可少于毕业论文要求。

项目二

初始建账

【情境导入】

　　职业院校三年级的同学组成实操小组进行出纳、成本、总账三个角色的分岗实操，实操团队为提供完整连续的会计信息，需要熟识小企业的基本情况、公司组织机构、岗位设置、人员分工、产品生产流程、市场与客户信息、供应商信息、会计岗位分工、会计岗位工作流程，通过阅读公司审计报告理解公司核算内部会计政策，根据提供的资料建立会计账套、配置会计软件使用权限等进行初始建账，为后续经济业务核算与管理做好准备。

任务1　熟悉企业概况

【任务描述】

　　按照财务团队的出纳、成本、总账三个角色配置实操团队成员，熟悉企业概况，包括承担的角色分工及承担的岗位职责，以顺利完成岗位工作任务。

【企业概况】

一、公司基本情况

　　江苏东风宠物玩具有限公司（以下简称"东风公司"）是专业从事宠物用玩具及周边产品设计与开发、生产和销售的企业。公司成立于2018年3月1日，营业期限为2018年3月1日至2025年2月28日。公司经营场所位于江苏省泰州市海陵区东风路88号，社会信用统一代码为911112028636271843（五证合一），电话号码：0523-86××××88，电子邮箱：84××××695@qq.com。

　　东风公司由股东张明和于伟出资组建，注册资本为人民币450万元整，其中，张明认缴出资270万元，出资方式为货币资金，持股比例60%，身份证号码3212198004252805；于伟认缴出资180万，出资方式为货币资金，持股比例40%，身份证号码3212198109196521。截止至2019年11月30日，公司收到张明货币出资216万、于伟货币出资144万。公司取得营业执照后，已向股东签发出资证明书。双方约定2019年12月31日前补足出资。股东不按照公司章程规定缴纳出资的，除应当向公司足额缴纳资本外，还应按年向已按期足额缴纳出资的股东支付违约金，违约金数额为应出资额乘以10%的年利率。

　　东风公司的开户银行是中国建设银行股份有限公司泰州市海陵区支行，账号为

41622124099415，地址为江苏省泰州市迎春东路 8 号。

东风公司已取得增值税一般纳税人资格，办税人员朱胜利，身份证号码是 2302271985119281X，联系电话是 137×××9966。

二、公司目标及组织机构

东风公司依托江苏农牧科技职业学院宠物专业的人才与技术优势，实施产学研合作，发展特色型企业。计划 3～5 年内吸收新的股东，增加资金来源渠道；加大研发与创新投入，开发并生产 3～5 个系列产品；不断提高产品与服务质量，增强客户的满意度；努力拓展境外市场，年销售额达到 2000 万元、净利润实现 400 万元；加强品牌与企业文化建设，达到国内驰名；担负应有的社会责任，充分吸纳就业，共建和谐政府、社区关系。

按照《中华人民共和国公司法》（2018 年 10 月 26 日修正版）的规定，公司的权力机构为股东会，公司设立执行董事，负责召集和主持股东会。依照公司章程规定，执行董事张明担任公司法定代表人，并兼任公司经理，联系电话 13337778888。公司组织机构见图 2-1。

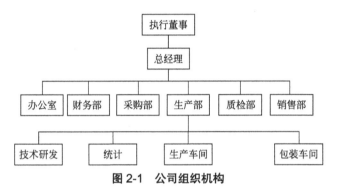

图 2-1　公司组织机构

三、岗位设置及人员分工

公司岗位设置及人员分工见表 2-1。

表 2-1　公司岗位设置及人员分工

员工编号	姓名	所属部门	人员属性
1	张明	办公室	管理人员
2	于伟	办公室	管理人员
3	张雯	办公室	管理人员
4	朱胜利	财务部	管理人员
5	李岩	财务部	管理人员
6	许秋菊	财务部	管理人员
7	张一运	采购部	管理人员
8	吕思远	质检部	管理人员
9	刘广发	生产部	研发人员

续表

员工编号	姓名	所属部门	人员属性
10	孙庆祝	生产部	研发人员
11	吴芳芳	销售部	销售人员
12	夏天	销售部	销售人员
13	田美华	销售部	销售人员
14	唐春江	生产部	车间管理人员
15	刘建国	生产部	生产工人
16	吴品歌	生产部	生产工人
17	王华建	生产部	生产工人
18	卢明亮	生产部	生产工人
19	李健康	生产部	仓库保管员
20	秦康	生产部	包装工人
21	季家勇	生产部	质检工人

四、产品与生产流程

公司目前生产唐装兔、公主熊两种宠物玩具，生产流程见图 2-2。

每生产一箱唐装兔（10 只 / 箱）需要耗用毛绒布 10 米、人造皮革 2 米、玩具配件 12 只、纸箱 1 只；每生产一箱公主熊（10 只 / 箱）需要耗用毛绒布 15 米、人造皮革 3 米、玩具配件 18 只、纸箱 1 只。

设原材料、产成品合用一个仓库，生产产品用原材料一次性投入。

图 2-2 企业生产流程

五、财务目标及岗位分工

财务目标：东风公司围绕企业发展的战略目标，立足于价值创造，与业务部门共同分析业务运行风险、业务运行流程，挖掘财务数据与业务数据的关联，找出关键风险点与关键控制点，为业务部门流程再造与优化提供决策支持，提高运行效率与质量，致力实现企业价值最大化目标。

财务部职能：①公司管理层应更新管理理念，根据公司的发展需要不断调整财务的职能和机构设置；②清晰界定适合公司发展的财务机构职能，赋予财务机构在公司管理体系中应有的职能；③建立起适合公司发展现状和管理水平提升的新的财务组织机构，明晰各岗位职责，为财务职能的充分发挥提供组织保障；④在流程、内控、信息有机结合基础上，推进业务与财务融合，加强财务分析和财务监控，实现企业经济业务数据的共享，提升决策支持力度；⑤重新诠释公司的网店与实体店的核算流程，明确会计政策，规范账务处理；⑥建立健全会计报表规范，明确公司会计信息质量提供的要求、程序和责任，确保会计信息的真实、完整和及时，探索建立以毛利贡献式损益表为核心的内部管理报表体系；⑦财务与业务协同处理，方便管理层能够及时获取经过加工、分析、整理、有价值的管理信息，有效支持管理决策，实现企业物流与价值流的同步；⑧设计财务基础管理制度，提升管理水平，保障经营管理的规范运作。

机构设置：东风公司财务部设出纳、成本、总账三个角色，实行一人多岗。出纳人员不兼管稽核、会计档案保管和收入、费用、债权、债务账目的登记工作，出纳以外的会计人员不兼管现金、有价证券和票据，会计主管人员不兼任出纳工作，出纳员、程序编制人员不兼任微机录入工作，不进行系统操作。执行《会计人员管理办法（财会〔2018〕33号）》《会计人员继续教育规定》（财会〔2013〕18号）《会计基础工作规范》（2019年修订，财政部令98号）等。

账务处理程序：会计核算运用通用记账凭证，设总账、明细账、日记账及银行结算票据备查簿，采用科目汇总表账务处理程序，每月编制一次科目汇总表并登记总账，明细账根据会计凭证逐笔登记，采用账结法核算本月财务成果，按规定编制财务报告、内部管理报表和各种税收申报表，执行《会计档案管理办法》（财政部 国家档案局令第79号，2015年12月）。具体岗位分工见表2-2。

表 2-2 财务岗位分工

角色	姓名	兼职岗位	岗位主要职责
出纳	许秋菊	薪酬发放、税金交纳、资金收付	负责货币资金收付，登记现金和银行存款日记账，清查库存现金
成本	李岩	费用控制、薪酬核算、成本管理、采购与存货核算、商品结算、固定资产核算、销售与利润核算、应收核算、应付核算	负责存货核算、薪酬核算、资产核算、费用归集与分配及成本核算、销售与利润核算，登记债权债务账目，财产清查，凭证录入
总账	朱胜利	财务经理、稽核管理、系统管理、资金管理、发票管理、股权投资、税务会计、财务分析、内部控制、档案管理、报表管理	全面负责财务部工作，账套及权限设置，资金审核与报销审批，核对银行对账单及往来款项，凭证录入，编制财务报告、内部管理报表及纳税申报

任务 2　实施内部控制

【任务描述】

根据《小企业内部控制规范（试行）》（财会〔2017〕21号）建立和有效实施内部控制，提高经营管理水平和风险防范能力，促进小企业健康可持续发展。

1. 掌握并严格执行《中华人民共和国会计法》（2019年修订草案）《中华人民共和国公司法》《小企业会计准则》《内部会计控制规范——基本规范（试行）》《小企业内部控制规范（试行）》《会计基础工作规范》及有关财经税收法规制度，特别是本单位制定的内部控制制度，以提高会计信息质量，实现资产的保值增值。

2. 登录深圳证券交易所，检索"内部控制制度"，学习中小企业板的公司内部控制制度，分析控制目标、控制活动、重点关注领域、检查和披露、问责制度等内容，提升管理能力。

3. 实操团队分析讨论并列出东风公司的"采购与付款""销售与收款"两个环节的关键风险点、关键控制点，提出适应公司业务发展的业务风险控制、流程优化措施。

【内部控制制度】

江苏东风宠物玩具有限公司内部控制办法

本公司实行的内部控制是指由公司负责人及全体员工共同实施的、旨在实现控制目标的过程。公司以防范风险为出发点、以合理的成本达成实际效果，并与企业发展阶段、经营规模、管理水平等相适应，有针对性地选择评估对象开展风险评估，设计科学合理的控制活动，旨在合理保证公司经营管理合法合规、资金资产安全和财务报告信息真实完整可靠。

一、企业文化

本公司致力于加强文化建设，培育积极向上的价值观和社会责任感，倡导诚实守信、爱岗敬业、开拓创新和团队协作精神，树立现代管理理念，强化风险意识。公司管理人员应当在文化建设中发挥主导作用，公司员工应当遵守员工行为守则，认真履行岗位职责。

二、员工素质

公司将职业道德素养和专业胜任能力作为选拔和聘用员工的重要标准，加强员工培训和继续教育，不断提升员工素质。

三、制度执行

本公司严格执行国家统一的会计准则制度，加强会计基础工作，明确会计凭证、会计账簿和财务会计报告的处理程序，加强会计档案管理，保证会计资料真实完整。

四、机构设置

本公司根据会计业务的需要，设置财务部，致力业财融合，努力由核算型会计向管理型财务转变。

根据国家有关法律法规的要求及自身实际情况，尽可能设置不相容岗位（见表2-2），并合理划分业务和事项的申请、内部审核审批、业务执行、信息记录、内部监督等方面的责任。对因资源限制等原因无法实现不相容岗位相分离的，本公司将采取抽查交易文档、定期资产盘点等替代性控制措施。

五、信息系统

本公司目前财务核算采用柠檬云财务软件进行操作，操作平台为 Windows，其他业务流程采用微软办公软件技术进行信息管理。

六、控制措施

本公司实施的不相容岗位分离控制、内部授权审批控制、会计控制、财产保护控制、单据控制等内部控制措施见项目三的具体业务核算与管理流程。

七、重点控制领域

本公司经风险评估，目前对如下管理领域重点关注：

（一）资金管理

本公司银行存款内部控制的内容包括以下 7 个控制点：

（1）审批。银行存款的收入由财务经理负责，支出由总经理负责，一般以签字方式表示。员工因公务借款，需填写借款单，经总经理批准后出纳支付。

（2）结算。出纳人员复核银行存款收付业务的原始凭证后，应及时填制或取得结算凭证，办理银行存款的结算业务，并对结算凭证和原始凭证加盖"收讫"或"付讫"戳记，表示该凭证的款项已实际收入或付出，避免重复登记。

（3）分管。票据由出纳保管，银行印鉴由财务经理保管，设"票据登记簿"，银行存款总账与明细账登记相分离，借以保障银行存款的安全。

（4）制单。总账会计根据银行存款收付原始凭证编制记账凭证，然后签字盖章。

（5）记账。出纳人员复核收、付记账凭证登记日记账，登记完毕，核对其发生额与收款凭证、付款凭证的合计金额，并签字盖章表示已经登记。

（6）对账。出纳员从银行取回"银行对账单"，总账会计核对"银行对账单"与"银行存款日记账"的发生额和余额，并编制"银行存款余额调节表"，盖章退回银行。

（7）检查。总账会计在规定的天数内对各未达账项进行检查，以保证企业的银行存款账与银行账相符，保证会计信息的准确性和及时性。

（二）重要资产管理

财产保护控制要求公司采取财产记录、实物保管、定期盘点、账实核对等措施，确保财产安全。公司应严格限制未经授权的人员接触和处置财产。

1. 存货管理

本公司存货主要包括原材料、产成品。存货管理流程通常包括取得、验收入库、仓储保管、领用发出、生产加工、出库、盘点和处置等环节，其主要风险是存货积压或短缺，可能导致流动资金占用过量、存货价值贬损或生产中断。

（1）取得存货。根据各种存货采购间隔期和当前库存，综合考虑企业生产经营计划、市场供求等因素，充分利用信息系统，合理确定存货采购日期和数量，确保存货处于最佳库存状态。

（2）验收入库。该环节的主要风险是：验收程序不规范、标准不明确，可能导致数量克扣、以次充好、账实不符。外购存货的验收应当重点关注合同、发票等原始单据与存货的数量、质量、规格等核对一致。自制存货的验收，应当重点关注产品质量，检验合格的半成品、产成品才能办理入库手续，不合格品应及时查明原因、落实责任、报告处理。验收合格的存货进入入库或销售环节。仓储部门对于入库的存货，应根据入库单的内容对存货的数量、质量、品种等进行检查，符合要求的予以入库，填写"入库单"并签字确认；不符合要求的，应当及时办理退换货等相关事宜。入库记录要真实、完整，定期与财会等相关部门核对，不得擅自修改。

（3）仓储保管。该环节的主要风险是：存货仓储保管方法不适当、监管不严密，可能导致损坏变质、价值贬损、资源浪费。①存货在不同仓库之间流动时，应当办理出入库手续。②存货仓储期间要按照仓储物资所要求的储存条件妥善贮存，做好防火、防洪、防盗、防潮、防病虫害、防变质等保管工作，不同批次、型号和用途的产品要分类存放。生产现场的在加工原料、周转材料、半成品等要按照有助于提高生产效率的方式摆放，同时防止浪费、被盗和流失。③办理存货的保险投保，保证存货安全，合理降低存货意外损失风险。④仓储部门应对库存物料和产品进行每日巡查和定期抽检，详细记录库存情况；发现毁损、存在跌价迹象的，应及时与生产、采购、财务等相关部门沟通。对于进入仓库的人员应办理进出登记手续，未经授权人员不得接触存货。

（4）领用发出。仓储部门应核对经过审核的领料单或发货通知单的内容，做到单据齐全，名称、规格、计量单位准确；符合条件的准予领用或发出，并与领用人当面核对、点清交付、签字确认。

（5）盘点清查。该环节的主要风险是：存货盘点清查制度不完善、计划不可行，可能导致工作流于形式、无法查清存货真实状况。采用永续盘存制进行存货盘点清查，盘点清查结果要及时编制盘点表，形成书面报告，对盘点清查中发现的问题，应及时查明原因，落实责任，按照规定权限报经批准后处理。

（6）存货处置。该环节的主要风险是：存货报废处置责任不明确、审批不到位，可能导致企业利益受损。企业应定期对存货进行检查，及时、充分了解存货的存储状态，对于存货变质、毁损、报废或流失的处理要分清责任、分析原因、及时合理。

2. 固定资产管理

本公司的固定资产主要包括房屋、建筑物、机器、机械、运输工具，以及其他与生产经营活动有关的设备、器具、工具等。固定资产业务流程可以分为以下环节。

（1）固定资产取得。该环节的主要风险是：新增固定资产验收程序不规范，可能导致资产质量不符要求、进而影响资产运行；固定资产投保制度不健全，可能导致应投保资产未投保、索赔不力，不能有效防范资产损失风险。①建立严格的固定资产交付使用验收制度。企业外购固定资产应当根据合同、供应商发货单等对所购固定资产的品种、规格、数量、质量、技术要求及其他内容进行验收，出具验收单。接受投资的固定资产视同外购进行验收，并取得权属证书。未通过验收的不合格资产不得接收，必须按照合同等有关规定办理退换货或其他弥补措施。②重视和加强固定资产的投保工作。

（2）资产登记造册。该环节的主要风险是：固定资产登记内容不完整，可能导致资产流失、资产信息失真、账实不符。公司结合自身实际情况，制定适合本企业的固定资产目录，列明固定资产编号、名称、种类、所在地点、使用部门、责任人、数量、账面价值、使用年限、损耗等内容，有利于企业了解固定资产使用情况的全貌。

（3）固定资产运行维护。该环节的主要风险是：固定资产操作不当、失修或维护过剩，可能造成资产使用效率低下、产品残次率高，甚至发生生产事故，或资源浪费。固定资产使用部门会同资产管理部门负责固定资产日常维修、保养，将资产日常维护程序化、标准化，定期检查，及时消除风险，提高固定资产的使用效率，切实消除安全隐患。

（4）固定资产升级改造。该环节的主要风险是：固定资产更新改造不够，可能造成企业产品线老化、缺乏市场竞争力。公司应定期评估固定资产技术先进性，资产使用部门结合盈利能力和企业发展可持续性根据需要提出技改方案，与财务部门一起进行预算可行性分析，并且经过股东会的审核批准。

（5）资产清查。该环节的风险主要是：固定资产丢失、毁损等造成账实不符或资产贬值严重。①财务部门组织固定资产使用部门和管理部门定期进行清查，明确资产权属，确保实物与卡、财务账表相符，在清查作业实施之前编制清查方案，经过管理部门审核后进行相关的清查作业。②在清查结束后，清查人员需要编制清查报告，管理部门需就清查报告进行审核，确保真实性、可靠性。③清查过程中发现的盘盈（盘亏），应分析原因，追究责任，妥善处理，报告审核通过后及时调整固定资产账面价值，确保账实相符。

（6）抵押质押。该环节的主要风险是：固定资产抵押制度不完善，可能导致抵押资产价值低估和资产流失。财务部门办理资产抵押时，如需要委托专业中介机构鉴定评估固定资产的实际价值，应会同金融机构有关人员、固定资产管理部门、固定资产使用部门现场勘验抵押品，对抵押资产的价值进行评估。对于抵押资产，应编制专门的抵押资产目录。

（7）固定资产处置。该环节的主要风险是：固定资产处置方式不合理，可能造成企业经济损失。①对使用期满、正常报废的固定资产，应由固定资产使用部门或管理部门填制固定资产报废单，经企业授权部门或人员批准后对该固定资产进行报废清理。②对使用期限未满、非正常报废的固定资产，应由固定资产使用部门提出报废申请，注明报废理由、估计清理费用和可回收残值、预计处置价格等。企业应组织有关部门进行技术鉴定，按规定程序审批后进行报废清理。③对出租的固定资产由相关管理部门提出出租或出借的申请，写明申请的理由和原因，并由相关授权人员和部门就申请进行审核。审核通过后应签订出租或出借合同，包括合同双方的具体情况、出租的原因和期限等内容。

3. 无形资产管理

无形资产管理的基本流程包括无形资产的取得、验收并落实权属、自用或授权其他单位使用、安全防范、技术升级与更新换代、处置与转移等环节。

无形资产取得与验收环节的主要风险是：取得的无形资产不具先进性，或权属不清，可能导致企业资源浪费或引发法律诉讼。主要管控措施：企业应当建立严格的无形资产交付使用验收制度，明确无形资产的权属关系，及时办理产权登记手续。企业外购无形资产，必须仔细审核有关合同协议等法律文件，及时取得无形资产所有权的有效证明文件，同时特别关注外购无形资产的技术先进性；企业自行开发的无形资产，应由研发部门、无形资产管理部门、使用部门共同填制无形资产移交使用验收单，移交使用部门使用；企业购入或者以支付土地出让金方式取得的土地使用权，必须取得土地使用权的有效证明文件。当无形资产权属关系发生变动时，应当按照规定及时办理权证转移手续。

（三）采购购货与付款业务管理

采购购货与付款是企业为保证持续生产经营而进行的各种材料等采购并支付货款的过程。基本流程包括请购、签订采购合同、发出订货单、购买存货、检查所收货物和开具验收单、记录应付购货款、核准付款、支付款项和会计账务处理等环节。主要风险有供货商选择（评估程序不当、资料不准确等）、签订采购合同（财务人员未参加监督）、验收入库（供货与合同不一致）、发票校验（信息不准、与验收单不符、不符合税收规定等）、付款（与合同不一致）等。

1. 职能分离

公司在采购与付款业务程序中，应保证以下职务的相互分离：①采购人员不能同时负责采购物资的验收保管。②采购人员、保管人员、使用人员不负责账务的记录。③采购人员与负责付款审批的人员分离。④审核付款人员与付款人员分离。

2. 请购

采购部在接到相关部门或人员的请购单后,应该编制采购单一式两联,详细列明采购物的价格、数量、规格、供应商等资料,区别情况处理。

(1) 如果采购金额不超过 1,000 元,采购部直接采购。

(2) 如果采购金额超过 1,000 元,但不足 10,000 元,采购部应填写采购单并送财务部联合签批。①财务部应不断积累公司所用设备和办公物品的相关价格资料,用以判断采购部所报价格的合理性。②财务部认为价格合理的,予以签字盖章,将一联采购单留底,用以和验收单核对。③财务部认为价格不合理的,注明详细情况,并将采购单返回采购部,要求其重新编制。④采购部取得财务部签字确认的采购单后,执行对外采购。

(3) 如果采购金额超过 10,000 元,采购部应该填写采购单,并牵头进行采购合同的谈判与签订。①采购合同的谈判应该由至少两个部门参加,除采购部外,物品使用部门和财务部都可以参与合同的谈判,大额采购应由三个部门同时参与谈判。②大型设备的采购应该坚持技术谈判和商务谈判分离的原则,由使用部门牵头进行技术谈判,采购部门牵头进行商务谈判,谈判结果报公司总经理办公会决策。③小额采购合同财务不能参与谈判的,在合同签字之前,必须报财务部会签同意。④采购部根据签订的合同,要求供应商按时、按质、按量提供采购物品。

(4) 对于公司需求量大、日常不断消耗的物品,采购部应该与至少两家供应商签订年度采购框架协议,以降低价格、标准供应。

3. 验收

采购物资到货后,由请购人员现场验收,验收单一式三联,经验收人员、采购人员签字后,一联由采购人员保管、一联由请购人员保管、一联连同发票一起交财务部报账。

如果验收时出现数量或品质与采购单或采购合同不符,采购部应填写退货通知单一式三联,一联由采购部留存,附于采购、验收单后归档;一联送财务部门;一联通知供应商退货。

4. 核对

财务部接到验收单和发票后,与采购单或采购合同核对,核对不一致的,由采购人员说明情况并报财务经理批准,方可入账。

5. 付款

公司与采购有关的付款对照采购合同约定时间、结算方式和票据收到等具体情况,在总经理签批后支付。

(四)销售与收款业务管理

销售与收款是企业生产经营价值实现的关键环节,其管理质量直接决定或影响企业的资金效率和利润水平。该环节主要业务包括:市场推广、销售合同谈判和签订(合同管理)、信用调查、签订销售合同、接受顾客订单、批准赊销信用与核准付款条件(重要客户管理)、编制销货通知单、按销售通知单供货、按销货通知装运货物、根据购买方验货单向顾客开具销售发票、记录销售收入并确认应收账款、客户服务、办理和记录销货退回、核定销货折扣与折让并办理退款或接受退货、收取货款、注销坏账以及各环节的账务处理等。

销售与收款环节主要风险有:销售人员出卖企业信息资料,侵吞市场推广费,自己开公司销售本企业和竞争对手的产品,参与制造仿冒本企业产品,贪污挪用销售货款以及滥用公关交际费;信用政策不合理,盲目赊销,导致形成大量的应收账款甚至呆账;长期不与客户核对应收账款，导致应收账款记录不准，甚至出现舞弊行为；应收账款长期挂账，资金被长期占用，甚至导致大量呆账、坏账；故意隐瞒销售收入，以少缴流转税和所得税；销售业务截止期混乱，收入被人为推迟或提前确认等。

1. 职能分离

在销售与收款业务程序应保证以下职务的相互分离：①接受客户订单的人不能同时负责核准付款条件和客户信用调查。②填制销货通知的人不能同时负责发出商品。③开具发票的人不能同时负责发票的审核。④办理各项业务的人员不能同时负责该项业务的审核批准。⑤记录应收账款的人员不能同时负责货款的收取和退款。⑥会计人员不能同时负责销售业务各环节的工作。

2. 销售定价

公司销售人员应该关注市场情况及公司的销售情况，按基本报价表，在公司授予的一定权限内，结合客户的需求及竞争者的报价情况，向客户报价。①如报价超出其定价20%，需报总经理审批。②销售人员接到顾客询价，需在客户要求的时间内及时报价，不得借故拖延。

3. 客户信用评估

销售人员在接受订货以前，应对客户的信用状况进行调查。①销售人员应通过公司各种渠道，搜集诸如客户名称、负责人、资产状况；重要管理人员及其背景资料；创建时间及经过情形；业务内容及损益状况；金融单位往来情况；销售对象及推销能力；在同行的地位及评价等资料。②销售人员将上述资料报销售经理，对客户进行信用评估，结果与报价情况一起报公司执行董事和财务部经理。③执行董事和财务部经理决定是否批准销售。

4. 签订合同

公司法人代表或销售人员经授权与客户签订销售合同，销售合同一式三份，销售部门、财务部、客户各一份，以备核查和催收款项。①合同签订后，若因条件变更而需要更改的，应及时办理更改，其变更程序同签订程序。②销售人员应及时查对合同的履行情况，若发现顾客违约或其他异常，立即呈报上级，采取适当对策。

5. 发货通知

销售部门根据销货合同规定的时限，填制发货通知单。发货通知单通常一式四联，一联销售部门留存，一联连同销货合同送财务部门作为开具发票的依据，一联送仓库部门作为发货的依据，一联交客户。

6. 发货

仓库部门接到发货通知单后，应严格按照发货通知单所载货物名称、规格、数量组织发货。

7. 开具销货发票

销售部门将发货通知单、销售合同及客户回款记录中的相关内容核对正确无误后，填制"开具发票申请单"交财务部门，财务部门复核销售合同、发货单后，开具销货发票。

8. 退货处理

如顾客验收货物后，因货品质量或其他原因提出退货，销售人员应协同销售部门经理对原因进行详细调查，如确属正当理由，应及时出具审查报告以及客户的退货理由书，待审查批准后，接受客户的退货。同时，收回销货发票（或退货发票）并待货物验收入库后，及时进行账务处理。对货物的质量问题由生产部门加以解决。

9. 货款回收

销售人员与财务部门均应随时注意货款的收回事宜。财务部门应根据发货通知单、销售合同、销货发票等及时登记销售收入。①财务部门要按照客户及产品明细按月编制应收账款明细表，一份送销售部门、一份送总经理、一份自存，并按时清查应收款项，以求货款的安全收回。②销售部门编制"销售统计表"，包括合同内容、发货情况、预付款、到货款、初验款、终验款、质保金的应收和实收情况，根据销售款的应收和实收情况及时向客户催款。③收到客户的货款时，由财务部门填制"回款传达通知单"给销售部门，经销售部门确定收款的合同归属后，会计制作收款凭证，进行收款结算，销售部门在销售统计表上注明合同实收款项。销售部门与财务部门主管会计每月核对"销售统计表"和"应收账款明细表"，如有差异，及时查清。

10. 会计记录

财务部门将销售通知单、出库单、销售发票、应收凭单等核对无误后编制记账凭证；月末一次结转符合准则规定的销售成本，列支销售费用，符合增值税法的规定的进行销项税处理。

11. 电子商务的单据管理

①常见风险包括：单据管理的权责设置不清，造成单据可随意更改或删除；单据制单与审核同一人，单据发生错误无法及时发现；如有交货后收款的，无专人跟进，造成应收款混乱或收款有延误。②控制措施主要有：单据制单者与审核者设置成两个人；单据删除或更改，有岗位权限设置或流程规定；所有单据均设有审核者，审核单据的正确有效性、合理性；交货前未付款的单据，有专人管理跟进，及时校核收款情况，并关闭单据。

（五）纳税申报与缴纳管理

通常情况下，企业税务风险主要体现在：纳税申报资料未经充分稽核导致流程不合理、税务人员知识经验不足导致未按期申报或漏报税款、企业过度追求绩效和成本节约导致偷漏税款、企业不完善的避税行为导致恶意避税、企业资金准备不足无法按期纳税、财务负责人无充分话语权导致税务资源缺乏、企业的纳税政策未能与日常生产经营活动相衔接、税收法规变化导致漏缴税款、税务机关通过数据比对发现企业漏缴税款、发票代开虚开等发票管理问题、税款申报金额大于开票金额造成"富余发票"等。因此，公司应建立税收风险评估和有效的预测机制。

（1）提高税务风险管理的认识。公司管理层和财务人员应将防范和控制税务风险作为企业经营的一项重要内容，增强税务风险意识，不断学习与更新税务法律法规知识，建立税收风险评估机制，提升税务风险控制能力。

（2）建立基础信息系统。公司应及时汇编本企业适用的税法法规并及时更新，确保公司财务核算软件的设置、更新与法律法规的要求同步，将公司的业务流程与税务风险控制相配合。

（3）制定风险控制流程，设置风险控制点。财务经理编制的纳税申报表需经成本会计复核、总经理审批；业务部门涉及税务的经济活动需有财务部门参加，进行税务风险评估。

（4）关注企业重大事项，监控税务风险。公司的产品和市场战略、竞争和发展战略、重大对外投资、经营模式的改变以及重要合同或协议的签订等重大事项具有税务风险，财务部门应在事前分析、识别、防范风险，更应着重跟踪监控税务风险。

八、检查与改进

本公司根据自身经营特点和实际状况，聘请会计师事务所定期检查公司内部控制缺陷，内部各部门应积极配合检查监督，评估内部控制执行的效果和效率，并及时提出改进建议。

九、附则

（1）本制度未尽事宜，按照国家有关法律、法规、规范性文件及公司章程的规定执行。如本制度与国家有关部门日后颁布的法律、行政法规及规章相抵触，以国家有关部门日后颁布的法律、行政法规、规章及公司章程为准。

（2）本制度由公司股东会负责解释，自2019年1月1日起执行。

任务3　初始建账

【任务描述】

职业院校可以选用多种财务软件进行小企业会计实操。本教材以柠檬云财务软件为例，按实操团队配置权限，组建账套实施教学。学生实操团队在学习财政部《小企业会计准》及《小企业会计准则——会计科目、主要账务处理和财务报》（财会〔2011〕17号）《企业会计信息化工作规范》（财会〔2013〕20号）后，观看初始化视频教程，根据前述资料和以下提供的2019年11月审计报告，合理选择小企业会计政策，进行年中会计信息初始化建账（2019年12月初），以便实施2019年12月的会计业务核算与管理。

【审计报告】

江苏东风宠物玩具有限公司：

我们审计了后附的江苏东风宠物玩具有限公司（以下简称"贵公司"）财务报表，包括2019年11月30日的资产负债表，2019年1—11月的利润表以及财务报表附注。

一、管理层对财务报表的责任

编制和公允列报财务报表是贵公司管理层的责任。这种责任包括：①按照《小企业会计准则》的规定编制财务报表，并使其实现公允反映；②设计、执行和维护必要的内部控制，以使财务报表不存在由于舞弊或错误导致的重大错报。

二、注册会计师的责任

我们的责任是在执行审计工作的基础上对财务报表发表审计意见。我们按照中国注册会计师审计准则的规定执行了审计工作。中国注册会计师审计准则要求我们遵守中国注册会计师职业道德守则，计划和执行审计工作以对财务报表是否不存在重大错报获取合理保证。

审计工作涉及实施审计程序，以获取有关财务报表金额和披露的审计证据。选择的审计程序取决于注册会计师的判断，包括对由于舞弊或错误导致的财务报表重大错报风险的评估。在进行风险评估时，注册会计师考虑与财务报表编制和公允列报相关的内部控制，以设计恰当的审计程序，但目的并非对内部控制的有效性发表意见。审计工作还包括评价管理层选用会计政策的恰当性和作出会计估计的合理性，以及评价财务报表的总体列报。

我们相信，我们获取的审计证据是充分、适当的，为发表审计意见提供了基础。

三、审计意见

我们认为，贵公司财务报表在所有重大方面按照《小企业会计准则》的规定编制，公允反映了贵公司 2019 年 11 月 30 日的财务状况以及 2019 年 1—11 月的经营成果。

附送件：1. 江苏东风宠物玩具有限公司 2019 年 11 月 30 日的资产负债表

2. 江苏东风宠物玩具有限公司 2019 年 1—11 月的利润表
3. 江苏东风宠物玩具有限公司 2019 年 1—11 月的财务报表附注

<table>
<tr><td>某某会计师事务所</td><td>中国注册会计师：</td></tr>
<tr><td>（盖章）</td><td>（签名并盖章）</td></tr>
<tr><td>中国·江苏泰州</td><td>中国注册会计师：</td></tr>
<tr><td>江苏省泰州市海陵区青年路 68 号</td><td>（签名并盖章）</td></tr>
<tr><td></td><td>二〇一九年十一月三十日</td></tr>
</table>

1. 江苏东风宠物玩具有限公司 2019 年 11 月 30 日的资产负债表（表 2-3）

表 2-3　资产负债表

编制单位：江苏东风宠物玩具有限公司　　2019 年 11 月 30 日　　会小企 01 表　　单位：元

资产	行次	期末余额	年初余额	负债和所有者权益	行次	期末余额	期初余额
流动资产				流动负债			
货币资金	1	388,534.29	127,290.24	短期借款	31	1,200,000.00	200,000.00
短期投资	2	0	0	应付票据	32	0	202,700.00
应收票据	3	0	0	应付账款	33	604,312.00	568,312.00
应收账款	4	778,000.00	186,372.00	预收账款	34	0	136,000.00
预付账款	5	0	0	应付职工薪酬	35	277,415.50	248,290.00
应收股利	6	0	0	应交税费	36	102,546.15	58,409.80
应收利息	7	0	0	应付利息	37	30,000.00	0
其他应收款	8	0	3200.00	应付利润	38	0	0
存货	9	1,384,604.00	264,513.96	其他应付款	39	0	0
其中：原材料	10	216,445.00	99,800.00	其他流动负债	40	0	0
在产品	11	280,006.04	26,796.00	流动负债合计	41	2,214,273.65	1,413,711.80
库存商品	12	868,700.00	128,780.00	非流动负债			
周转材料	13	21,600.00	11,285.00	长期借款	42	0	0
其他流动资产	14	0	0	长期应付款	43	0	0
流动资产合计	15	2,551,138.29	581,376.20	递延收益	44	0	0

续表

资产	行次	期末余额	年初余额	负债和所有者权益	行次	期末余额	期初余额
非流动资产				其他非流动负债	45	0	0
长期债券投资	16	0.00	0.00	非流动负债合计	46	0	0
长期股权投资	17	0.00	0.00	负债合计	47	2,214,273.65	1,413,711.80
固定资产原价	18	4,415,025.00	4,415,025.00				
减：累计折旧	19	707,492.00	318,371.40				
固定资产账面价值	20	3,707,533.00	4,096,653.60				
在建工程	21	0	0				
工程物资	22	0	0				
固定资产清理	23	0	0				
生物性生物资产	24	0	0	所有者权益（或股东权益）			
无形资产	25	0	0	实收资本（或股本）	48	3,600,000.00	3,600,000.00
开发支出	26	0	0	资本公积	49	0	0
长期待摊费用	27	200,000.00	255,000.00	盈余公积	50	0	0
其他非流动资产	28	0	0	未分配利润	51	644,397.64	−80,682.00
非流动资产合计	29	3,907,533.00	4,351,653.60	所有者权益（或股东权益）合计	52	4,244,397.64	3,519,318.00
资产合计	30	6,458,671.29	4,933,029.80	负债和所有者权益（或股东权益）总计	53	6,458,671.29	4,933,029.80

单位负责人：张明　　　财会负责人：朱胜利　　　复核：李岩　　　制表：朱胜利

2. 江苏东风宠物玩具有限公司 2019 年 1—11 月的利润表（表 2-4）

表 2-4　利润表

会小企 02 表

编制单位：江苏东风宠物玩具有限公司　　　2019 年 11 月　　　单位：元

项目	行次	本月金额	本年累计金额
一、营业收入	1	964,500.00	5,690,900.00
减：营业成本	2	574,100.00	3,490,492.80
税金及附加	3	6,650.43	40,261.76
其中：消费税	4	0	0
城市维护建设税	6	3,879.41	22,403.36
资源税	7	0	0.00
土地增值税	8	0	0.00

续表

项目	行次	本月金额	本年累计金额
城镇土地使用税、房产税、车船税、印花税	9	0	2,156.00
教育费附加、矿产资源补偿费、排污费	10	1,662.61	16,002.40
销售费用	11	146,600.20	755,807.75
其中：商品维修费	12	0	0
广告费和业务宣传费	13	23,600.00	290,000.00
管理费用	14	101,780.00	509,462.50
其中：开办费	15	0	0
业务招待费	16	3,200.00	77,880.00
研究费用	17	0	24,568.50
财务费用	18	7,146.00	67,271.08
其中：利息费用（收入以"-"号填列）	19	2,116.00	63,434.86
加：投资收益（亏损以"-"号填列）	20	0	100,000.00
二、营业利润（亏损以"-"号填列）	21	128,223.37	927,604.11
加：营业外收入	22	1,400.00	8,991.00
其中：政府补助	23	0	0
减：营业外支出	24	5,736.67	177,599.80
其中：坏账损失	25	0	0
无法收回的长期债券投资损失	26	0	0
无法收回的长期股权投资损失	27	0	0
自然灾害等不可抗力因素造成的损失	28	0	0
税收滞纳金	29	0	6,000.00
三、利润总额（亏损总额以"-"号填列）	30	123,886.70	758,995.31
减：所得税费用	31	6,194.34	33,915.67
四、净利润（净亏损以"-"号填列）	32	117,692.36	725,079.64

单位负责人：张明　　　　财会负责人：朱胜利　　　　复核：李岩　　　　制表：朱胜利

3. 江苏东风宠物玩具有限公司2019年1—11月的财务报表附注

财务报表附注　2019年1-11月

一、公司基本情况

江苏东风宠物玩具有限公司成立于2018年3月1日，公司注册地江苏省泰州市海陵区东风路88号，公司法定代表人张明，公司注册资本人民币450万元整。经营范围：宠物玩具及周边产品设计与开发、生产和销售。

本公司财务报表以持续经营假设为基础，根据实际发生的交易和事项，按照财政部《关于印发〈小企业会计准则〉的通知》（财会〔2011〕17号）及相关规定，并基于以下所述重要会计政策、会计估计进行编制。

二、重要会议政策、会计估计的说明

1. 公司执行的会计准则

本公司执行《小企业会计准则》和《小企业会计准则——会计科目、主要账务处理和财务报表》及其补充规定。

2. 会计年度

本公司会计年度自公历 1 月 1 日起至 12 月 31 日止。

3. 记账本位币

本公司以人民币为记账本位币。

4. 记账基础和计价原则

本公司会计核算以权责发生制为记账基础，以历史成本为计价原则。

5. 现金及现金等价物的确定标准

（1）现金为本公司库存现金以及可以随时用于支付的存款。

（2）现金等价物为本公司持有的期限短（一般为从购买日起，三个月内到期）、流动性强、易于转换为已知金额的现金、价值变动风险很小的投资。

6. 短期投资

本公司短期投资，是指小企业购入的能随时变现并且持有时间不准备超过 1 年（含 1 年，下同）的投资，如小企业以赚取差价为目的从二级市场购入的股票、债券、基金等。

短期投资应当按照以下规定进行会计处理：①以支付现金取得的短期投资，应当按照购买价款和相关税费作为成本进行计量。实际支付价款中包含的已宣告但尚未发放的现金股利或已到付息期但尚未领取的债券利息，应当单独确认为应收股利或应收利息，不计入短期投资的成本。②在短期投资持有期间，被投资单位宣告分派的现金股利或在债务人应付利息日按照分期付息、一次还本债券投资的票面利率计算的利息收入，应当计入投资收益。③出售短期投资，出售价款扣除其账面余额、相关税费后的净额，应当计入投资收益。

本公司 1—11 月份进行债券、基金投资，至 11 月底已全部出售。

7. 应收及预付款项

本公司应收及预付款是指小企业在日常生产经营活动中发生的各项债权。包括：应收票据、应收账款、应收股利、应收利息、其他应收款等应收款项和预付账款。

应收及预付款项应当按照发生额入账。

8. 坏账损失核算方法

小企业应收及预付款项符合下列条件之一的，减除可收回的金额后确认的无法收回的应收及预付款项，作为坏账损失：①债务人依法宣告破产、关闭、解散、被撤销，或者被依法注销、吊销营业执照，其清算财产不足清偿的。②债务人死亡，或者依法被宣告失踪、死亡，其财产或者遗产不足清偿的。③债务人逾期 3 年以上未清偿，且有确凿证据证明已无力清偿债务的。④与债务人达成债务重组协议或法院批准破产重整计划后，无法追偿的。⑤因自然灾害、战争等不可抗力导致无法收回的。⑥国务院财政、税务主管部门规定的其他条件。

应收及预付款项的坏账损失应当于实际发生时计入营业外支出，同时冲减应收及预付款项。

9. 存货

本公司存货是指在日常生产经营过程中持有以备出售的产成品或商品、处在生产过程中的在产品、将在生产过程或提供劳务过程中耗用的材料和物料等，主要包括：原材料、在产品、半成品、产成品、商品、周转材料等。

本公司取得的存货，应当按照实际成本进行计量。①外购存货的成本包括：购买价款、相关税费、运输费、装卸费、保险费以及在外购存货过程发生的其他直接费用，但不含按照税法规定可以抵扣的增值税进项税额。②通过进一步加工取得存货的成本包括：直接材料、直接人工以及按照一定方法分配的制造费用。③投资者投入存货的成本，应当按照评估价值确定。④盘盈存货的成本，应当按照同类或类似存货的市场价格或评估价值确定。

本公司发出存货采用月末一次加权平均法进行核算；包装物、低值易耗品采用一次摊销法核算。

产品成本计算主要采用品种法计算，分为唐装兔、公主熊两种宠物玩具，设置直接材料、直接人工、制造费用三个成本项目；发生的各项生产费用，应当按照成本核算对象和成本项目分别归集。原材料在生产开始时一次性投入，制造费用按生产工时比例在各种产品之间分配，分配率保留4位小数，尾差计入最后一个对象。公司不设置半成品库，对于各车间完工的半成品填制半成品完工交接单，检验合格后转入下一道工序继续生产。完工产品入库前需进行产品质量检验，经检验合格后方可开具入库单办理正式入库手续。

对于已售存货，应当将其成本结转为营业成本。

存货发生毁损，处置收入、可收回的责任人赔偿和保险赔款，扣除其成本、相关税费后的净额，应当计入营业外支出或营业外收入。盘盈存货实现的收益应当计入营业外收入。盘亏存货发生的损失应当计入营业外支出。

期末存货计价采用实际成本计量。

10. 长期投资

本公司的长期股权投资按照成本进行计量。

11. 固定资产

本公司的固定资产指使用期限超过一年，为生产商品、提供劳务、出租或经营管理而持有的单位价值较高的有形资产，主要包括房屋、建筑物、机器、机械、运输工具、设备、器具、工具等。

（1）固定资产按照取得时的实际成本进行计量，具体情形如下：

① 外购固定资产的成本包括：购买价款、相关税费、运输费、装卸费、保险费、安装费等，但不含按照税法规定可以抵扣的增值税进项税额。

② 自行建造固定资产的成本，由建造该项资产在竣工决算前发生的支出（含相关的借款费用）构成。公司在建工程在试运转过程中形成的产品、副产品或试车收入冲减在建工程成本。

③ 投资者投入固定资产的成本，应当按照评估价值和相关税费确定。

④ 融资租入的固定资产的成本，应当按照租赁合同约定的付款总额和在签订租赁合同过程中发生的相关税费等确定。

⑤ 盘盈固定资产的成本，应当按照同类或者类似固定资产的市场价格或评估价值，扣除按照该项固定资产新旧程度估计的折旧后的余额确定。

（2）本公司对所有固定资产计提折旧，但已提足折旧仍继续使用的固定资产和单独计价入账的土地不得计提折旧。

固定资产采用年限平均法提取折旧，估计净残值率为原值的4%。本公司在不考虑减值准备的情况下固定资产分类的年折旧率见表2-5。

表 2-5 固定资产年折旧率计算表

资产类别	折旧年限	年折旧率
房屋建筑物	20	（1-4%）÷20=0.048
机器设备	10	（1-4%）÷10=0.096
电子设备	3	（1-4%）÷3=0.32
办公设备	5	（1-4%）÷5=0.192
运输设备	4	（1-4%）÷4=0.24

按月计提折旧，当月增加的固定资产，当月不计提折旧，从下月起计提折旧；当月减少的固定资产，当月仍计提折旧，从下月起不计提折旧。

固定资产的折旧费应当根据固定资产的受益对象计入相关资产成本或者当期损益。

（3）固定资产的日常修理费，应当在发生时根据固定资产的受益对象计入相关资产成本或者当期损益。

（4）固定资产的改建支出计入固定资产的成本，但已提足折旧的固定资产和经营租入的固定资产发生的改建支出应当计入长期待摊费用。

（5）处置固定资产，处置收入扣除其账面价值、相关税费和清理费用后的净额，应当计入营业外收入或营业外支出。

盘亏固定资产发生的损失应当计入营业外支出。

12. 无形资产

本公司的无形资产，是指小企业为生产产品、提供劳务、出租或经营管理而持有的、没有实物形态的可辨认非货币性资产。主要包括：土地使用权、专利权、商标权、著作权、非专利技术等。

（1）无形资产应当按照成本进行计量。①外购无形资产的成本包括：购买价款、相关税费和相关的其他支出（含相关的借款费用）。②投资者投入的无形资产的成本，应当按照评估价值和相关税费确定。③自行开发的无形资产的成本，由符合资本化条件后至达到预定用途前发生的支出（含相关的借款费用）构成。

（2）本公司对在其使用寿命内的无形资产采用年限平均法进行摊销，根据其受益对象计入相关资产成本或者当期损益。

无形资产的摊销期自其可供使用时开始至停止使用或出售时止。有关法律规定或合同约定了使用年限的，可以按照规定或约定的使用年限分期摊销。当不能可靠估计无形资产使用寿命的，摊销期不得低于 10 年。

（3）处置无形资产，处置收入扣除其账面价值、相关税费等后的净额，应当计入营业外收入或营业外支出。

13. 长期待摊费用

本公司的长期待摊费用包括：已提足折旧的固定资产的改建支出、经营租入固定资产的改建支出、固定资产的大修理支出和其他长期待摊费用等。固定资产的大修理支出，是指同时符合下列条件的支出：①修理支出达到取得固定资产时的计税基础 50% 以上；②修理后固定资产的使用寿命延长 2 年以上。

长期待摊费用应当在其摊销期限内采用年限平均法进行摊销，根据其受益对象计入相关资产的成本或者管理费用,并冲减长期待摊费用。①已提足折旧的固定资产的改建支出,按照固定资产预计尚可使用年限分期摊销。②经营租入固定资产的改建支出,按照合同约定的剩余租赁期限分期摊销。③固定资产的大修理支出,按照固定资产尚可使用年限分期摊销。④其他长期待摊费用,自支出发生月份的下月起分期摊销,摊销期不得低于3年。

14. 短期借款

短期借款按照其实际发生额入账,在应付利息日按照借款本金和借款合同利率计提利息费用,计入财务费用。

15. 应付职工薪酬

本公司的应付职工薪酬是指小企业为获得职工提供的服务而应付给职工的各种形式的报酬以及其他相关支出,主要包括:职工工资、奖金、津贴和补贴;职工福利费;医疗保险费、养老保险费、失业保险费、工伤保险费和生育保险费等社会保险费,具体缴纳比例见表2-6;住房公积金,具体缴纳比例见表2-7;工会经费和职工教育经费,"三费"计提比例见表2-8;非货币性福利;因解除与职工的劳动关系给予的补偿;其他与获得职工提供的服务相关的支出等。工资汇总表如表2-9所示。

表2-6 社会保险缴纳费率

缴费项目	缴费基数	企业承担比例/%	个人承担比例/%
养老保险	月工资	16	8
医疗保险	月工资	9	2
失业保险	月工资	0.5	0.5
工伤保险	月工资	1	—
生育保险	月工资	0	0
合计		26.5	10.5

表2-7 住房公积金缴纳比例

计提项目	基数	企业承担比例/%	个人承担比例/%
住房公积金	月工资	12	12

表2-8 "三费"计提比例

项目	基数	企业承担比例/%
职工福利费	月工资	14
工会经费	月工资	2
职工教育经费	月工资	8

本公司个人所得税由员工个人负担,实行代扣代缴,执行《关于修改〈中华人民共和国个人所得税法〉的决定》(2018年主席令第十三届第9号)。

公司员工请病、事假每日按基本工资的5%进行扣款,旷工每日按基本工资的10%进行扣款,奖金按企业效益和员工个人的加班次数由总经理决定发放金额。

表 2-9 2019 年 11 月工资汇总表

单位：元

应借科目		成本项目	应发工资	社会保险 26.5%	住房公积金 12%	职工福利费 14%	职工教育经费 8%	工会经费 2%
管理费用	行政部门	直接人工	92,600.00	24,539.00	11,112.00	12,964.00	7,408.00	1,852.00
研发支出	研发部门	直接人工	22,700.00	6,015.50	2,724.00	3,178.00	1,816.00	454.00
销售费用	销售部门	直接人工	30,000.00	7,950.00	3,600.00	4,200.00	2,400.00	600.00
生产成本	唐装兔	直接人工	17,040.00	4,515.60	2,044.80	2,385.60	1,363.20	340.80
	公主熊	直接人工	25,560.00	6,773.40	3,067.20	3,578.40	2,044.80	511.20
	小计		42,600.00	11,289.00	5,112.00	5,964.00	3,408.00	852.00
制造费用	生产部门	直接人工	12,400.00	3,286.00	1,488.00	1,736.00	992.00	248.00
总计			200,300.00	53,079.50	24,036.00	28,042.00	16,024.00	4,006.00

16. 应交税费

本公司 2019 年 4 月 1 日前发生增值税应税销售行为适用 16% 税率，自 2019 年 4 月 1 日起税率调整为 13%。

17. 长期借款

长期借款按照其实际发生额入账，在应付利息日按照借款本金和借款合同利率计提利息费用，计入相关资产成本或财务费用。

18. 实收资本

本公司的实收资本是指投资者按照合同协议约定或相关规定投入到东风公司、构成公司注册资本的部分。

（1）本公司收到投资者以现金或非货币性资产投入的资本，应当按照其在本企业注册资本中所占的份额计入实收资本，超出的部分应当计入资本公积。

（2）投资者根据《中能够华人民共和国公司法》、本公司《章程》及有关约定对公司业进行增资或减资，公司应当增加或减少实收资本。

19. 资本公积

本公司的资本公积是指收到的投资者出资额超过其在注册资本或股本中所占份额的部分。

公司用资本公积转增资本，应当冲减资本公积。公司的资本公积不得用于弥补亏损。

20. 盈余公积

本公司的盈余公积是指小企业按照法律规定在税后利润中按 10% 计提的法定公积金和按股东会决议计提的任意公积金。

公司用盈余公积弥补亏损或者转增资本，应当冲减盈余公积。公司的盈余公积也可以用于扩大生产经营。

21. 未分配利润

本公司的未分配利润是指小企业实现的净利润，经过弥补亏损、提取法定公积金和任意公积金、向投资者分配利润后，留存在本企业的、历年结存的利润。公司按实收资本比例进行利润分配。

22. 收入

本公司的收入是指在日常生产经营活动中形成的、会导致所有者权益增加、与所有者投入资本无关的经济利益的总流入，主要是销售商品（或产成品、材料）取得的收入、让渡资产使用权取得的利息收入和使用费收入。

（1）通常应在发出商品且收到货款或取得收款权利时，确认销售商品收入。①销售商品采用托收承付方式的，在办妥托收手续时确认收入。②销售商品采取预收款方式的，在发出商品时确认收入。③销售商品采用分期收款方式的，在合同约定的收款日期确认收入。④销售商品采用支付手续费方式委托代销的，在收到代销清单时确认收入。⑤销售商品以旧换新的，销售的商品作为商品销售处理，回收的商品作为购进商品处理。

（2）公司按照从购买方已收或应收的合同或协议价款，确定销售商品收入金额。销售商品涉及现金折扣的，应当按照扣除现金折扣前的金额确定销售商品收入金额。现金折扣应当在实际发生时，计入当期损益。销售商品涉及商业折扣的，应当按照扣除商业折扣后的金额确定销售商品收入金额。

（3）公司已经确认销售商品收入的售出商品发生的销售退回（不论属于本年度还是属于以前年度的销售），应当在发生时冲减当期销售商品收入。公司已经确认销售商品收入的售出商品发生的销售折让，应当在发生时冲减当期销售商品收入。

23. 费用

本公司的费用是指在日常生产经营活动中发生的、会导致所有者权益减少、与向所有者分配利润无关的经济利益的总流出。主要包括：营业成本、税金及附加、销售费用、管理费用、财务费用等。

费用应当在发生时按照其发生额计入当期损益。

销售商品收入已予确认的，应当在月末一次性将已销售商品的成本作为营业成本结转至当期损益。

（1）营业成本是指本公司销售商品和材料的成本。

（2）税金及附加是指本公司开展日常生产经营活动应负担的城市维护建设税、资源税、土地增值税、城镇土地使用税、房产税、车船税、印花税和教育费附加、矿产资源补偿费、排污费等。本公司纳税鉴定见表2-10。

表2-10 纳税鉴定表

税（费）种名称	税（费）率	计缴依据
城市维护建设税	7%	已交增值税×7%
教育费附加	3%	已交增值税×3%
地方教育费附加	2%	已交增值税×2%
企业所得税	25%	应纳税所得额×25%
房产税	1.2%	房产原值×（1－30%）×1.2%
城镇土地使用税	5元/平方米	土地面积×5

（3）销售费用是指本公司在销售商品过程中发生的各种费用，主要包括：销售人员的职工薪酬、商品维修费、运输费、装卸费、包装费、保险费、广告费、业务宣传费、展览费等费用。

（4）管理费用，是指本公司为组织和管理生产经营发生的其他费用，主要包括：公司在筹建期间内发生的开办费、行政管理部门发生的费用（包括：固定资产折旧费、修理费、办公费、水电费、差旅费、管理人员的职工薪酬等）、业务招待费、研究费用、技术转让费、相关长期待摊费用摊销、财产保险费、聘请中介机构费、咨询费（含顾问费）、诉讼费等费用。

本公司的差旅费管理办法主要有：①职工出差3日内由部门负责人批准，超过3日的还要经过总经理批准。②出差申请表中应列明具体行程、交通工具、住宿宾馆档次，车费、住宿费据实报销。③本地区市的其他县级市区伙食补助每人每天80元，本省其他地区每人每天100元，外省每人每天180元。

（5）财务费用，是指本公司为筹集生产经营所需资金发生的筹资费用。包括：利息费用（减利息收入）、汇兑损失、银行相关手续费、小企业给予的现金折扣（减享受的现金折扣）等费用。

（6）所得税费用，是本公司根据企业所得税法确定的应从当期利润总额中扣除的所得税费用。公司根据企业所得税法规定补交的所得税，也通过本科目核算。公司按照规定实行企业所得税先征后返的，实际收到返还的企业所得税，在"营业外收入"科目核算，不在本科目核算。

所得税费用的计算采用应付税款法。应付税款法与纳税影响法相对，是指本期税前会计利润与应纳税所得额之间的差异造成的影响纳税的金额直接计入当期损益，而不递延到以后各期的会计处理方法。在应付税款法下，当期计入损益的所得税费用等于当期应缴纳的所得税。

企业所得税税率应根据应纳税额所得额的具体情况选择适用的税收法规政策执行。

经税务主管机关核定，企业所得税按季预缴，下年度汇算清缴。

三、财务报表主要项目注释

金额单位为人民币元。"年初"指2019年1月1日，"期末"指2019年11月30日；"上年"指2018年度，"本年"指2019年度。

（1）货币资金：期末余额为388,534.29元，见表2-11。

表2-11 货币资金变动表

单位：元

项目	年初余额	本年增加额	本年减少额	期末余额
库存现金	1,880.00	22,340.00	21,085.00	3,135.00
银行存款	125,410.24	23,375,764.48	23,049,510.55	385,399.29
其中：活期	125,410.24	23,375,764.48	23,049,510.55	385,399.29
七日通知存款	0	0	0	0
合计	127,290.24	23,398,104.48	23,070,595.55	388,534.29

（2）应收账款：期末余额为778,000.00元，见表2-12。

表 2-12 主要客户及应收账款变动表

单位：元

客户类别	年初账面余额	期末账面余额
扬州中宝宠物用品有限公司	0	250,000.00
泰州神华文化用品有限公司	100,000.00	213,000.00
武汉市够派宠物用品有限公司	0	295,000.00
泰州市荣光宠物玩具有限公司	0	20,000.00
泰州昌华宠物玩具有限公司	80,000.00	0
扬州庭顺纺织品有限公司	6,372.00	0
晋江市磁灶富明玩具有限公司	0	0
合计	186,372.00	778,000.00

（3）其他应收款：期末余额为 0，见表 2-13。

表 2-13 其他应收款明细及债务人

单位：元

客户类别	年初账面余额	期末账面余额
夏天	3,200.00	0
合计	3,200.00	0

（4）存货：期末余额为 1,384,604.00 元，见表 2-14~表 2-18。

表 2-14 存货的类别

单位：元

项目	年初余额	本年增加额	本年减少额	期末余额
原材料	99,800.00	1,854,765.00	1,738,120.00	216,445.00
其中：毛绒布	64,414.00	1,205,080.75	1,129,774.75	139,700.00
人造皮革	22,130.00	408,225.30	382,390.30	47,995.00
玩具配件	13,256.00	241,448.95	225,954.95	28,750.00
在产品	24,648.96	1,680,036.24	1,426,826.20	277,859.00
其中：唐装兔	4,848.00	303,945.60	258,136.00	50,657.60
——直接材料	3,039.00	190,512.00	161,799.00	31,752.00
——直接人工	623.00	39,060.00	33,173.00	6,510.00
——制造费用	1,186.00	74,373.60	63,164.00	12,395.60
公主熊	19,800.96	1,376,090.64	1,168,690.20	227,201.40
——直接材料	13,502.00	1,160,058.00	985,217.00	193,343.00
——直接人工	4,059.96	70,672.24	64,267.20	10,465.00
——制造费用	2,239.00	140,360.40	119,206.00	23,393.40
库存商品（产成品）	128,780.00	4,210,200.00	3,470,280.00	868,700.00
其中：唐装兔	37,532.00	1,684,080.00	1,388,112.00	333,500.00

续表

项目	年初余额	本年增加额	本年减少额	期末余额
公主熊	91,248.00	2,526,120.00	2,082,168.00	535,200.00
周转材料（包装物、低值易耗品）	11,285.00	129,600.00	119,285.00	21,600.00
其中：包装物——包装纸箱	11,285.00	129,600.00	119,285.00	21,600.00
合计	264,513.96	7,874,601.24	6,754,511.20	1,384,604.00

表 2-15　期末原材料明细表

品名	数量	单价/元	单位	金额/元
毛绒布	7,000.00	19.9571	米	139,700.00
人造皮革	1,500.00	31.9967	米	47,995.00
玩具配件	5,000.00	5.75	只	28,750.00
合计				216,445.00

表 2-16　期末周转材料明细表

品名	数量	单价/元	单位	金额/元
纸箱	720	30	个	21,600.00

表 2-17　期末在产品明细表

品名	直接材料/元	直接人工/元	制造费用/元	约当产量	金额合计/元
唐装兔	31,752.00	6,510.00	12,395.60	80	50,657.60
公主熊	193,343.00	10,465.00	23393.4	200	227,201.40
合计	225,095.00	19,122.04	35,789.00		277,859.00

表 2-18　期末库存商品明细表

品名	数量	单价/元	单位	金额/元
唐装兔	500	667	箱	333,500.00
公主熊	400	1338	箱	535,200.00
合计				868,700.00

（5）固定资产：期末账面原值为 4,415,025.00 元，见表 2-19。

表 2-19　固定资产结构表

编号	品名规格	固定资产类别	使用部门	单位	数量	原值/元	累计折旧/元	以前年度累计折旧/元	投入使用日期	预计使用月份
ZC-001	办公用房	房屋、建筑物	办公室	间	1	1,200,000.00	96,000.00	43,200.00	2018-03-01	240
ZC-002	冲棉机	机器机械生产设备	生产部	台	1	360,000.00	57,600.00	25,920.00	2018-03-01	120
ZC-003	打棉机	机器机械生产设备	生产部	台	1	540,000.00	86,400.00	38,880.00	2018-03-01	120
ZC-004	检针器	机器机械生产设备	生产部	台	1	111,600.00	17,856.00	8,035.20	2018-03-01	120

续表

编号	品名规格	固定资产类别	使用部门	单位	数量	原值/元	累计折旧/元	以前年度累计折旧/元	投入使用日期	预计使用月份
ZC-005	洗布机	机器机械生产设备	生产部	台	1	32,025.00	5,124.00	2,305.80	2018-03-01	120
ZC-006	缝纫机	机器机械生产设备	生产部	台	1	90,000.00	14,400.00	6,480.00	2018-03-01	120
ZC-007	冲床机	机器机械生产设备	生产部	台	1	160,000.00	25,600.00	11,520.00	2018-03-01	120
ZC-008	激光切割机	机器机械生产设备	生产部	台	1	90,000.00	14,400.00	6,480.00	2018-03-01	120
ZC-009	自动加料机	机器机械生产设备	生产部	台	1	825,000.00	132,000.00	59,400.00	2018-03-01	120
ZC-010	自动装订包装机	机器机械生产设备	生产部	台	1	368,000.00	58,880.00	26,496.00	2018-03-01	120
ZC-011	自动机床	机器机械生产设备	研发部	套	1	300,000.00	48,000.00	21,600.00	2018-03-01	120
ZC-012	办公桌椅	办公家具	生产部	个	1	3,600.00	1,152.00	518.40	2018-03-01	60
ZC-013	办公桌椅	办公家具	办公室	个	1	8,400.00	2,688.00	1,209.60	2018-03-01	60
ZC-014	办公桌椅	办公家具	销售部	个	1	3,600.00	1,152.00	518.40	2018-03-01	60
ZC-015	文件柜	办公家具	办公室	个	1	4,800.00	1,536.00	691.20	2018-03-01	60
ZC-016	文件柜	办公家具	销售部	个	1	1,800.00	576.00	259.20	2018-03-01	60
ZC-017	文件柜	办公家具	生产部	个	1	2,400.00	768.00	345.60	2018-03-01	60
ZC-018	电脑	电子设备	办公室	台	1	4,200.00	2,240.00	1,008.00	2018-03-01	36
ZC-019	电脑	电子设备	办公室	台	1	4,200.00	2,240.00	1,008.00	2018-03-01	36
ZC-020	电脑	电子设备	办公室	台	1	4,200.00	2,240.00	1,008.00	2018-03-01	36
ZC-021	电脑	电子设备	办公室	台	1	4,200.00	2,240.00	1,008.00	2018-03-01	36
ZC-022	电脑	电子设备	办公室	台	1	4,200.00	2,240.00	1,008.00	2018-03-01	36
ZC-023	电脑	电子设备	办公室	台	1	4,200.00	2,240.00	1,008.00	2018-03-01	36
ZC-024	电脑	电子设备	办公室	台	1	4,200.00	2,240.00	1,008.00	2018-03-01	36
ZC-025	电脑	电子设备	办公室	台	1	4,200.00	2,240.00	1,008.00	2018-03-01	36
ZC-026	电脑	电子设备	销售部	台	1	4,200.00	2,240.00	1,008.00	2018-03-01	36
ZC-027	电脑	电子设备	销售部	台	1	4,200.00	2,240.00	1,008.00	2018-03-01	36
ZC-028	电脑	电子设备	销售部	台	1	4,200.00	2,240.00	1,008.00	2018-03-01	36
ZC-029	电脑	电子设备	生产部	台	1	4,200.00	2,240.00	1,008.00	2018-03-01	36
ZC-030	电脑	电子设备	生产部	台	1	4,200.00	2,240.00	1,008.00	2018-03-01	36
ZC-031	电脑	电子设备	生产部	台	1	4,200.00	2,240.00	1,008.00	2018-03-01	36
ZC-032	打印机	电子设备	办公室	台	1	6,000.00	3,200.00	1,440.00	2018-03-01	36
ZC-033	打印机	电子设备	办公室	台	1	6,000.00	3,200.00	1,440.00	2018-03-01	36
ZC-034	打印机	电子设备	销售部	台	1	6,000.00	3,200.00	1,440.00	2018-03-01	36
ZC-035	美的空调	电子设备	办公室	台	1	12,000.00	6,400.00	2,880.00	2018-03-01	36

续表

编号	品名规格	固定资产类别	使用部门	单位	数量	原值/元	累计折旧/元	以前年度累计折旧/元	投入使用日期	预计使用月份
ZC-036	美的空调	电子设备	销售部	台	1	6,000.00	3,200.00	1,440.00	2018-03-01	36
ZC-037	美的空调	电子设备	生产部	台	1	30,000.00	16,000.00	7,200.00	2018-03-01	36
ZC-038	传真机	电子设备	生产部	台	1	4,500.00	2,400.00	1,080.00	2018-03-01	36
ZC-039	传真机	电子设备	办公室	台	1	4,500.00	2,400.00	1,080.00	2018-03-01	36
ZC-040	三菱汽车	运输工具	办公室	辆	1	180,000.00	72,000.00	32,400.00	2018-03-01	48
		合计				4,415,025.00	707,492.00	318,371.40		

（6）长期待摊费用：期末余额为200,000.00元，见表2-20。

表 2-20　长期待摊费用变动表

单位：元

项目	年初余额	本年增加额	本年减少额	期末余额
经营租入固定资产的改建支出（房屋装修费）	255,000.00	0	55,000.00	200,000.00
合计	255,000.00	0	55,000.00	200,000.00

（7）短期借款：期末余额为1,200,000.00元，见表2-21。

表 2-21　短期借款变动表

单位：元

项目	年初余额	本年增加额	本年减少额	期末余额
中国建设银行泰州市海陵区支行（一次支付本息）	200,000.00	1,000,000.00	0	1,200,000.00
合计	200,000.00	1,000,000.00	0	1,200,000.00

（8）应付票据：期末余额为0，见表2-22。

表 2-22　主要供应商及应付票据变动表

单位：元

项目	出票日至到期日	年初余额	期末余额
绍兴君晨针织有限公司		202,700.00	0
合计		202,700.00	0

（9）应付账款：期末余额为604,312.00元，见表2-23。

表 2-23 主要供应商及应付账款变动表

单位：元

项目	年初余额	期末余额
扬州市邗江区通达塑料厂	0	4,896.00
扬州海威文化用品有限公司	0	300,000.00
泰州市光明皮革厂	58,896.00	10,000.00
扬州优文针纺织品有限公司	100,000.00	0
绍兴君晨针织有限公司	0	0
扬州市博得织造厂	120,000.00	0
南通东宏皮革有限公司	289,416.00	289,416.00
合计	568,312.00	604,312.00

（10）预收账款：期末余额为 136,000.00 元，见表 2-24。

表 2-24 主要客户及预收账款变动表

单位：元

项目	年初余额	期末余额
扬州庭顺纺织品有限公司	136,000.00	0
合计	136,000.00	0

（11）应付职工薪酬：期末余额为 277,415.50 元，见表 2-25。

表 2-25 应付职工薪酬变动表

单位：元

项目	年初余额	本年增加额	本年支付额	期末账面余额
职工工资	171,174.50	1,299,700.00	1,270,574.50	200,300.00
奖金、津贴和补贴	0	0	0	0
住房公积金	24,036.00	155,964.00	155,964.00	24,036.00
社会保险费	53,079.50	344,420.50	344,420.50	53,079.50
职工福利费	0	181,958.00	231,958.00	−50,000.00
职工教育经费	0	103,976.00	53,976.00	50,000.00
工会经费	0	25,994.00	25,994.00	0
合计	248,290.00	2,112,012.50	2,082,887.00	277,415.50

（12）应交税费：期末余额为 102,546.15 元，见表 2-26。

表 2-26 应交税费变动表

单位：元

项目	年初余额	本年增加额	本年减少额	期末余额
应交增值税	0	752,341.84	752,341.84	0
进项税额	0	0	354,153.91	354,153.91
转出未交增值税	0	0	398,187.93	398,187.93

续表

项目	年初余额	本年增加额	本年减少额	期末余额
销项税额	0	752,341.84		752,341.84
未交增值税	50,486.64	430,831.55	398,187.93	83,130.26
应交所得税	0.00	33,915.67	27,721.33	6,194.34
应交城市维护建设税	3,534.06	30,158.22	27,873.16	5,819.12
应交房产税	0	10,080.00	10,080.00	0
应交个人所得税	1,864.77	19,475.46	18,094.32	3,245.91
教育费附加	1,514.60	12,924.95	11,945.64	2,493.91
地方教育费附加	1,009.73	8,616.64	7,963.76	1,662.61
合计	58,409.8	1,298,344.33	1,254,208.98	102,546.15

（13）应付利息：期末余额为 30,000.00 元，见表 2-27。

表 2-27　应付利息变动表

单位：元

项目	年初余额	本年增加额	本年减少额	期末余额
中国建设银行泰州市海陵区支行	0	30,000	0	30,000.00
合计	0	30,000.00	0	30,000.00

（14）实收资本：期末余额为 3,600,000.00 元，见表 2-28。

表 2-28　实收资本变动表

单位：元

投资者名称	年初余额		本年增加额	本年减少额	期末余额	
	投资金额	所占比例 /%			投资金额	所占比例 /%
张明	2,160,000.00	60	0	0	2,160,000.00	60
于伟	1,440,000.00	40	0	0	1,440,000.00	40
合计	3,600,000.00	100.00	0	0	3,600,000.00	100.00

（15）未分配利润：期末余额为 644,397.64 元，见表 2-29。

表 2-29　未分配利润变动表

单位：元

项目	金额
年初未分配利润	−80,682.00
加：本年末分配利润	725,079.64
其中：本年净利润	725,079.64
减：提取盈余公积	0
减：应付股利	0
期末未分配利润	644,397.64

（16）制造费用：本年发生额合计明细见表 2-30。

表 2-30 制造费用发生额明细

单位：元

明细科目编号	明细科目名称	本年增加额	本年减少额
4101001	生产管理人员职工薪酬	90,975.00	90,975.00
4101002	机物料消耗	32,039.00	32,039.00
4101003	职工福利费	0	0
4101004	职工教育经费	0	0
4101005	工会经费	0	0
4101006	社会保险费	0	0
4101007	住房公积金	0	0
4101008	水电费	276,250.00	276,250.00
4101009	租赁费	220,000.00	22,000.00
4101010	设计制图费	0	0
4101011	劳保费用	12,035.00	12,035.00
4101012	折旧费	241,515.78	241,515.78
4101013	长期待摊费用摊销	55,000.00	55,000.00
4101014	其他	1,589.00	1,589.00
	合计	929,403.78	929,403.78

（17）营业收入：本年发生额合计 5,690,900.00 元，明细见表 2-31。

表 2-31 营业收入发生额明细

单位：元

会计期间	主营业务收入			其他业务收入		
	唐装兔销售	公主熊销售	小计	材料销售	包装物出租	小计
1-11 月	2,204,000.00	3,481,900.00	5,685,900.00	5000.00	0	0
12 月						
合计	2,204,000.00	3,481,900.00	5,685,900.00	5000.00	0	0

（18）营业成本：本年发生额合计 3,490,492.80 元，明细见表 2-32。

表 2-32 营业成本发生额明细

单位：元

会计期间	主营业务成本			其他业务成本		
	唐装兔销售	公主熊销售	小计	材料销售	包装物出租	小计
1-11 月	1,389,932.00	2,096,368.00	3,486,300.00	4,192.80	0	0
12 月						
合计	1,389,932.00	2,084,898.00	3,486,300.00	4,192.80	0	0

（19）税金及附加：本年发生额合计 40,261.76 元，明细见表 2-33。

表 2-33　税金及附加发生额明细

单位：元

明细科目编号	明细科目名称	本年增加额	本年减少额
5403001	城市维护建设税	22,403.36	22,403.36
5403002	教育费附加	9,601.44	9,601.44
5403003	地方教育费附加	6,400.96	6,400.96
5403004	房产税	0	0
5403005	印花税	1,532.00	1,532.00
5403006	车船使用税	324.00	324.00
5403007	其他	0	0
	合计	40,261.76	40,261.76

（20）营业外收入：本年发生额合计 8,991.00 元，明细见表 2-34。

表 2-34　营业外收入发生额明细

单位：元

明细科目编号	明细科目名称	本年增加额	本年减少额
5301001	非流动资产处置净收益	0	0
5301002	政府补助	0	0
5301003	捐赠收益	0	0
5301004	盘盈收益	8,991.00	8,991.00
	合计	8,991.00	8,991.00

（21）销售费用：本年发生额合计 755,807.75 元，明细见表 2-35。

表 2-35　销售费用发生额明细

单位：元

明细科目编号	明细科目名称	本年增加额	本年减少额
5601001	销售人员职工薪酬	320,250.00	320,250.00
5601002	业务招待费	0	0
5601003	修理费	0	0
5601004	办公费	0	0
5601005	水电费	0	0
5601006	差旅费	27,239.35	27,239.35
5601007	折旧费	55,286.40	55,286.40
5601008	摊销费	0	0
5601009	展览费	0	0
5601010	商品维修费	0	0
5601011	运输费	45,000.00	45,000.00
5601012	装卸费	0	0
5601013	包装费	0	0
5601014	保险费	15,050.00	15,050.00

续表

明细科目编号	明细科目名称	本年增加额	本年减少额
5601015	广告费	290,000.00	290,000.00
5601016	业务宣传费	0	0
	合计	755,807.75	755,807.75

（22）管理费用：本年发生额合计 509,462.50 元，明细见表 2-36。

表 2-36 管理费用发生额明细

单位：元

明细科目编号	明细科目名称	本年增加额	本年减少额
5602001	管理人员职工薪酬	234,625.00	234,625.00
5602002	业务招待费	77,880.00	77,880.00
5602003	修理费	5,485.00	5,485.00
5602004	办公费	37,900.00	37,900.00
5602005	水电费	32,800.00	32,800.00
5602006	差旅费	36,000.00	36,000.00
5602007	折旧费	53,704.00	53,704.00
5602008	摊销费	0	0
5602009	开办费	0	0
5602010	研究费用	24,568.50	24,568.50
5602011	咨询费	6,500.00	6,500.00
5602012	长期待摊费用摊销	0	0
	合计	509,462.50	509,462.50

（23）财务费用：本年发生额合计 67,271.08 元，明细见表 2-37。

表 2-37 财务费用发生额明细

单位：元

明细科目编号	明细科目名称	本年增加额	本年减少额
5603001	利息费用	63,434.86	63,434.86
5603002	手续费	1,090.82	360.00
5603003	汇兑损益	0	0
5603004	现金折扣	2,745.40	1,290.00
	合计	67,271.08	67,271.08

（24）营业外支出：本年发生额合计 177,599.80 元，明细见表 2-38。

表 2-38 营业外支出发生额明细

单位：元

明细科目编号	明细科目名称	本年增加额	本年减少额
5711001	非流动资产处置净损失	1,642.80	1,642.80
5711002	赞助支出	5,000.00	5,000.00
5711003	捐赠支出	145,000.00	145,000.00

续表

明细科目编号	明细科目名称	本年增加额	本年减少额
5711004	盘亏损失	957.00	957.00
5711005	坏账损失	0	0
5711006	存货毁损报废损失	9,000.00	9,000.00
5711007	无法收回的长期债券投资损失	0	0
5711008	无法收回的长期股权投资损失	0	0
5711009	自然灾害等不可抗力因素造成的损失	0	0
5711010	税收滞纳金	6,000.00	6,000.00
5711011	罚款支出	10,000.00	10,000.00
	合计	177,599.80	177,599.80

(25) 2019年7—9月利润表, 见表2-39。

表2-39 利润表

编制单位: 江苏东风宠物玩具有限公司　　　2019年9月30日　　　会小企02表　单位: 元

项目	行次	7—9月金额	本年累计金额
一、营业收入	1	2,411,250.00	4,726,400.00
减: 营业成本	2	1,447,750.00	2,911,392.80
税金及附加	3	16,626.08	33,611.33
其中: 消费税	4	0	0
城市维护建设税	6	9,698.53	18,523.95
资源税	7	0	0
土地增值税	8	0	0
城镇土地使用税、房产税、车船税、印花税	9	0	0
教育费附加、矿产资源补偿费、排污费	10	4,156.53	7,980.52
销售费用	11	354,000.50	614,207.55
其中: 商品维修费	12	0	0
广告费和业务宣传费	13	59,000.00	170,280.00
管理费用	14	254,450.00	407,682.50
其中: 开办费	15	0	0
业务招待费	16	8,000.00	12,960.00
研究费用	17	0	0
财务费用	18	17,865.00	60,125.08
其中: 利息费用 (收入以"-"号填列)	19	5,290.00	10,006.80
加: 投资收益 (亏损以"-"号填列)	20	0	100,000.00
二、营业利润 (亏损以"-"号填列)	21	320,558.43	799,380.74
加: 营业外收入	22	3,500.00	7,591.00
其中: 政府补助	23	0	0

续表

项目	行次	7—9月金额	本年累计金额
减：营业外支出	24	14,341.68	171,863.13
其中：坏账损失	25	0	0
无法收回的长期债券投资损失	26	0	0
无法收回的长期股权投资损失	27	0	0
自然灾害等不可抗力因素造成的损失	28	0	0
税收滞纳金	29	0	0
三、利润总额（亏损总额以"-"号填列）	30	309,716.75	635,108.61
减：所得税费用	31	15,485.85	27,721.33
四、净利润（净亏损以"-"号填列）	32	294,230.90	607,387.28

（26）2019年11月份利润表，见表2-40。

表2-40 利润表

编制单位：江苏东风宠物玩具有限公司　　　2019年11月　　　会小企02表　单位：元

项目	行次	本月金额	本年累计金额
一、营业收入	1	578,700.00	5,690,900.00
减：营业成本	2	347,460.00	3,490,492.80
税金及附加	3	3,990.26	40261.76
其中：消费税	4	0	0
城市维护建设税	6	2,327.65	22,403.36
资源税	7	0	0
土地增值税	8	00	0
城镇土地使用税、房产税、车船税、印花税	9	0	1,856.00
教育费附加、矿产资源补偿费、排污费	10	997.57	16,002.4
销售费用	11	84,960.12	755,807.75
其中：商品维修费	12	0	0
广告费和业务宣传费	13	14,160.00	290,000.00
管理费用	14	61,068.00	509,462.5
其中：开办费	15	0	0
业务招待费	16	1,920.00	77,880.00
研究费用	17	0	24,568.5
财务费用	18	4,287.60	67,271.08
其中：利息费用（收入以"-"号填列）	19	4,269.60	63,434.86
加：投资收益（亏损以"-"号填列）	20	0	100,000.00
二、营业利润（亏损以"-"号填列）	21	76,934.02	927,604.11
加：营业外收入	22	840.00	8,991.00
其中：政府补助	23	0	0

续表

项目	行次	本月金额	本年累计金额
减：营业外支出	24	3,442.00	177,599.80
其中：坏账损失	25	0	0
无法收回的长期债券投资损失	26	0	0
无法收回的长期股权投资损失	27	0	0
自然灾害等不可抗力因素造成的损失	28	0	0
税收滞纳金	29	0	6,000.00
三、利润总额（亏损总额以"-"号填列）	30	74,332.02	758,995.31
减：所得税费用	31	3,716.60	33,915.67
四、净利润（净亏损以"-"号填列）	32	70,615.42	725,079.64

四、或有事项的说明

本公司无其他或有事项的说明。

五、资产负债表日后事项的说明

本公司无需要披露的资产负债表日后事项。

六、关联方关系及其交易

本公司无关联方关系及其交易事项。

七、本公司上年年报审计中注册会计师未提出调整事项，出具的无保留意见的审计报告

八、所得税汇算清缴及增值税纳税事项

本公司能按照企业所得税汇算清缴实施管理办法及时办理所得税汇算清缴；能正确核算增值税进项税额、销项税额及应纳税额，本年度增值税涉税事项无违纪行为。

九、财务报表的批准

本年度财务报表已于2019年12月12日经公司执行董事批准。

十、其他

本公司无其他需披露的内容。

江苏东风宠物玩具制造有限公司

项目三

业务核算与管理

【情境导入】

财务是经济发展到一定阶段的产物。如果财务管理脱离了业务经营,就财务论财务,显然背离了"会计是一门商业语言"的本质。因而"业财融合"其实是财务商业本质的回归。财务通过反映报告职能、分析预测职能、管理控制职能帮助企业实现价值。

企业在推行业财融合之前,必须面对并认清现实,不能盲目的行动。对于一个年收入几百万,公司二三十人的企业,老板对各种收支和能赚多少钱都清清楚楚,对财务的需求一般是资金收付、记账报账、报税缴税,这类企业一般出于成本考虑寻求代理记账。所以,当企业规模很小、业务单一的时候,业财融合是难有基础的,做好风险控制、流程优化、保证持续经营比较重要。

随着企业规模扩大和业务繁杂,老板觉得自己搞不定或没精力时,开始需要专职财务人员、设置财务机构。企业规模越大、业务越复杂,对业财融合的需求会越来越高。在推行之前先要判断企业是否具备业财融合的条件,如股东会是否支持、公司的整体目标是否统一、公司的硬件(财务体系、信息系统)是否能支持、财务人员的能力(商业技能、会计与财务管理技术、人际影响技能)是否具备等。如果在条件不具备的情况下贸然推行,结果不仅适得其反,更有可能为本部门和其他部门增添额外的工作量,甚至造成或加剧部门之间的摩擦和矛盾。

职业院校三年级同学组建的出纳、成本、总账三个角色分岗实操小组,在初始建账的基础上,对经济业务按照时间发生的顺序进行分类、综合地核算与管理,掌握小企业资金运动的基本规律,构建财务、业务、信息技术之间的互动关系,在"做中学"中获得核算与监督技术技能,在"学中做"中获得预测、决策、评价、控制等职业能力,用数据为业务发展提供决策支持,帮助小企业实现价值最大化目标以持续经营。

子项目一 分类业务核算与管理

分类实操是对具体经济业务,采用分角色、一人多岗的方式,进行会计业务处理。尽管小企业所处行业不同、规模有大有小、经济业务多少各异,但从小企业的核算特点及人力成本考虑,分三个角色、八类典型业务进行核算与管理比较合适。学生在学习时需要明了线上线下学什么、做什么、怎么学、怎么做,做的依据是什么、流程是什么,充分发挥团队协同作用,在规定时间内高质量完成学习任务。

在项目二初始建账的基础上,对子项目一先按经济业务类别、再按经济业务发生时间顺序进行分类核算与管理,形成年度财务报告和纳税申报表。

表 3-1 列举了分类核算与管理的业务类型、核算程序、业务题及相关附件编号，以反映它们之间的对应关系，便于实操顺利进行，促进职业能力的生成。附件可在化学工业出版社教学资源网（www.cipedu.com.cn）下载。

表 3-1 分类核算与管理对应关系

任务	流程图号	业务题号	岗位分工及流程表号	附件编号
任务1 资本业务核算与管理	资本业务核算与管理流程图 3-1	业务 3-1-1 接受货币资产投资	表 3-2	附件 3-1-1、附件 3-1-2
		业务 3-1-2 接受货币资产投资		附件 3-1-3、附件 3-1-4
		业务 3-1-3 接受非货币性资产投资	表 3-3	附件 3-1-5～附件 3-1-9
		业务 3-1-4 支付资产评估费用	表 3-4	附件 3-1-10～附件 3-1-12
任务2 借款业务核算与管理	借款业务核算与管理流程图 3-2	业务 3-1-5 取得短期借款	表 3-5	附件 3-1-13、附件 3-1-14
		业务 3-1-6 取得长期借款		附件 3-1-15、附件 3-1-16
		业务 3-1-7 收到存款利息	表 3-6	附件 3-1-17
		业务 3-1-8 支付银行手续费	表 3-7	附件 3-1-18～附件 3-1-20
		业务 3-1-9 支付短期借款本金利息	表 3-8	附件 3-1-21～附件 3-1-24
		业务 3-1-10 计提并支付短期借款利息	表 3-9	附件 3-1-25、附件 3-1-26
		业务 3-1-11 计提长期借款利息		附件 3-1-27
任务3 采购业务核算与管理	采购业务核算与管理流程图 3-3	业务 3-1-12 申请办理银行汇票	表 3-10	附件 3-1-28、附件 3-1-29
		业务 3-1-13 用银行汇票采购原材料	表 3-11	附件 3-1-30～附件 3-1-33
		业务 3-1-14 采购原材料用电汇结算	表 3-12	附件 3-1-34～附件 3-1-40
		业务 3-1-15 银行承兑汇票结算采购款	表 3-13	附件 3-1-41～附件 3-1-45
		业务 3-1-16 采购原材料验收入库	表 3-14	附件 3-1-46
		业务 3-1-17 采购办公用品	表 3-15	附件 3-1-47～附件 3-1-49
		业务 3-1-18 采购人员报销业务招待费	表 3-16	附件 3-1-50、附件 3-1-51
		业务 3-1-19 采购材料用网银结算	表 3-17	附件 3-1-52～附件 3-1-55

续表

任务	流程图号	业务题号	岗位分工及流程表号	附件编号
任务3 采购业务核算与管理	采购业务核算与管理流程图3-3	业务3-1-20 采购周转材料用网银结算		附件3-1-56～ 附件3-1-59
		业务3-1-21 预付购货款	表3-18	附件3-1-60、 附件3-1-61
		业务3-1-22 网银预付购货款	表3-19	附件3-1-62～ 附件3-1-65
		业务3-1-23 购买低值易耗品		附件3-1-66～ 附件3-1-68
		业务3-1-24 购买固定资产	表3-20	附件3-1-69～ 附件3-1-81
		业务3-1-25 网银结算采购材料款		附件3-1-82～ 附件3-1-85
		业务3-1-26 采购材料退货收款	表3-21	附件3-1-86～ 附件3-1-89
		业务3-1-27 采购暂估入账		附件3-1-90
任务4 成本费用核算与管理	成本费用核算与管理流程图3-4	业务3-1-28 生产科研领用材料	表3-22	附件3-1-91～ 附件3-1-99
		业务3-1-29 生产科研领用材料		附件3-1-100～ 附件3-1-106
		业务3-1-30 生产领用材料		附件3-1-107～ 附件3-1-112
		业务3-1-31 厂房租金核算		附件3-1-113～ 附件3-1-115
		业务3-1-32 劳保用品购进并发放核算		附件3-1-116、 附件3-1-117
		业务3-1-33 发放工资核算	表3-23	附件3-1-118、 附件3-1-119
		业务3-1-34 交纳社会保险核算	表3-24	附件3-1-120～ 附件3-1-122
		业务3-1-35 交纳住房公积金核算	表3-25	附件3-1-123、 附件3-1-124
		业务3-1-36 工会经费上缴的核算		
		业务3-1-37 支付员工培训费核算		附件3-1-125、 附件3-1-126
		业务3-1-38 公益性捐赠核算		附件3-1-127、 附件3-1-128
		业务3-1-39 报刊费核算		附件3-1-129、 附件3-1-130

续表

任务	流程图号	业务题号	岗位分工及流程表号	附件编号
任务4 成本费用核算与管理	成本费用核算与管理流程图 3-4	业务 3-1-40 罚款支出核算		附件 3-1-131、 附件 3-1-132
		业务 3-1-41 管理部门电脑维修费核算		附件 3-1-133、 附件 3-1-134
		业务 3-1-42 印花税支出的核算		附件 3-1-135
		业务 3-1-43 工资计算与分配的核算	表 3-26	附件 3-1-136 ~ 附件 3-1-139
		业务 3-1-44 职工福利费计提与分配的核算	表 3-27	附件 3-1-140
		业务 3-1-45 社会保险费计提与分配的核算	表 3-28	附件 3-1-141
		业务 3-1-46 住房公积金计提与分配的核算	表 3-29	附件 3-1-142
		业务 3-1-47 工会经费计提与分配的核算	表 3-30	附件 3-1-143
		业务 3-1-48 职工教育经费计提与分配核算	表 3-31	附件 3-1-144
		业务 3-1-49 材料费用归集与分配的核算	表 3-32、 表 3-33	附件 3-1-145 ~ 附件 3-1-150
		业务 3-1-50 水费核算	表 3-34	附件 3-1-151 ~ 附件 3-1-154
		业务 3-1-51 电费核算		附件 3-1-155 ~ 附件 3-1-158
		业务 3-1-52 长期待摊费用分摊核算	表 3-35	附件 3-1-159
		业务 3-1-53 计提固定资产折旧核算	表 3-36	附件 3-1-160、 附件 3-1-161
		业务 3-1-54 摊销无形资产核算		附件 3-1-162
		业务 3-1-55 研发支出费用化核算		附件 3-1-163
		业务 3-1-56 处置固定资产核算（一）		附件 3-1-164
		业务 3-1-57 处置固定资产核算（二）		附件 3-1-165
		业务 3-1-58 处置固定资产核算（三）		附件 3-1-166、 附件 3-1-167
		业务 3-1-59 处置固定资产核算（四）		附件 3-1-168
		业务 3-1-60 结转并分配制造费用核算		附件 3-1-169
		业务 3-1-61 结转完工产品成本核算	表 3-37	附件 3-1-170、 附件 3-1-171

续表

任务	流程图号	业务题号	岗位分工及流程表号	附件编号
任务5 营销业务核算与管理	营销业务核算与管理流程图3-5	业务3-1-62 提取现金核算	表3-38	附件3-1-172、附件3-1-173
		业务3-1-63 借出现金核算	表3-39	附件3-1-174
		业务3-1-64 报销差旅费核算	表3-40	附件3-1-175～附件3-1-180
		业务3-1-65 报销销售费用核算	表3-41	附件3-1-181～附件3-1-183
		业务3-1-66 销售商品（现销）核算	表3-42	附件3-1-184～附件3-1-187
		业务3-1-67 销售商品（现金折扣）核算		附件3-1-188～附件3-1-190
		业务3-1-68 销售商品（商业折扣）核算		附件3-1-191～附件3-1-194
		业务3-1-69 销售商品（赊销）核算		附件3-1-195～附件3-1-200
		业务3-1-70 销售商品（销售折让）核算	表3-43	附件3-1-201
		业务3-1-71 销售商品（银行承兑汇票结算）核算	表3-44	附件3-1-202～附件3-1-207
		业务3-1-72 销售商品（现金折扣）核算	表3-45	附件3-1-208
		业务3-1-73 销售原材料核算	表3-46	附件3-1-209～附件3-1-211
		业务3-1-74 货款送存银行核算	表3-47	附件3-1-212
		业务3-1-75 结转已售存货成本核算	表3-48	附件3-1-213、附件3-1-214
任务6 纳税业务核算与管理	纳税业务核算与管理流程图3-6	业务3-1-76 缴纳税款核算	表3-49	附件3-1-215～附件3-1-218
		业务3-1-77 计提税费核算	表3-50	附件3-1-219、附件3-1-220
		业务3-1-78 计提房产税核算		附件3-1-221
任务7 财产清查核算与管理	财产清查核算与管理流程图3-7	业务3-1-79 库存现金清查核算（一）	表3-51	附件3-1-222
		业务3-1-80 库存现金清查核算（二）	表3-52	附件3-1-223
		业务3-1-81 库存现金清查核算（三）	表3-53	附件3-1-224

续表

任务	流程图号	业务题号	岗位分工及流程表号	附件编号
任务7 财产清查核算与管理	财产清查核算与管理流程图3-7	业务3-1-82 银行存款清查核算	表3-54	附件3-1-225~附件3-1-227
		业务3-1-83 原材料清查核算（一）	表3-55	附件3-1-228、附件3-1-229
		业务3-1-84 原材料清查核算（二）	表3-56	附件3-1-230
		业务3-1-85 固定资产清查核算（一）	表3-57	附件3-1-231
		业务3-1-86 固定资产清查核算（二）	表3-58	附件3-1-232
		业务3-1-87 应收款项清查核算	表3-59	附件3-1-233、附件3-1-234
		业务3-1-88 应付款项清查核算	表3-60	附件3-1-235、附件3-1-236
任务8 损益结转核算与管理	损益结转核算与管理流程图3-8	业务3-1-89 所得税费用核算	表3-61、表3-62	附件3-1-237
		业务3-1-90 损益结转核算	表3-63	附件3-1-238
		业务3-1-91 计提法定盈余公积核算	表3-64	附件3-1-239
		业务3-1-92 利润分配核算	表3-65	附件3-1-240、附件3-1-241
		业务3-1-93 股息代扣个人所得税核算	表3-66	附件3-1-242
		业务3-1-94 结转利润分配明细科目核算		附件3-1-243
		业务3-1-95 编制财务报告及纳税申报表		

任务1　资本业务核算与管理

【任务描述】

资本金在不同类型的企业中的表现形式有所不同。股份有限公司的资本金被称为股本，股份有限公司以外的一般企业的资本金被称为实收资本。我国《企业财务通则》规定："设立企业必须有法定的资本金。资本金是指企业在工商行政管理部门登记的注册资金。"我国《中华人民共和国公司法》（2018）规定"有限责任公司的注册资本为在公司登记机关登记的全体股东认缴的出资额"，即实行认缴资本制，也就是说在资本缴足之前存在实缴资本与注册资金不一致的情形。

（1）学习《企业财务通则》《中华人民共和国公司法》（2018），掌握资本业务的管理原则。

（2）学习资本业务核算与管理流程（图3-1），明确东风公司不同资本业务核算的岗位分工，正确履行岗位职责。

（3）学习《小企业会计准则》（2011）中有关收到、增加、减少资本的核算规定，正确进行账务处理，帮助企业设计合理的股权结构及股权激励机制。

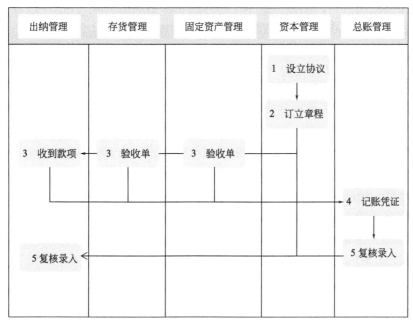

图 3-1 资本业务核算与管理流程

【做中学】

业务 3-1-1 接受货币资产投资

资料：（1）2019年12月6日东风公司收到股东张明通过银行本票转账投入的银行存款 320,000.00 元，公司已向股东张明出具《出资证明书》。（原始凭证：银行回单见附件3-1-1、收款收据见附件3-1-2）

（2）根据《国家税务总局关于企业向自然人借款的利息支出企业所得税税前扣除问题的通知》（国税函〔2009〕777号）规定，企业向股东借款的利息支出，应根据《中华人民共和国企业所得税法》第四十六条及《财政部、国家税务总局关于企业关联方利息支出税前扣除标准有关税收政策问题的通知》（财税〔2008〕121号）规定的条件，计算企业所得税扣除额。

任务：根据上述资料，①分析股东为何这时出资？不在该时间段出资会承担什么责任？②填制表3-2，明确核算岗位分工及核算流程。③进行账务处理。

表 3-2 资本业务核算岗位分工及核算流程

序号	角色	接受货币资产投资业务岗位工作内容（制单、复核、记账）
1	业务员	
2	出纳员	
3	成本会计	
4	总账会计	

业务 3-1-2　接受货币资产投资

资料：2019 年 12 月 6 日东风公司收到股东于伟通过网银转来的 210,000.00 元投资款，公司已向股东张明出具《出资证明书》。（原始凭证：银行回单见附件 3-1-3、收款收据见附件 3-1-4）

任务：根据上述资料，①分析股东于伟与股东张明的出资额为何不同？假如股东于伟与股东张明在注册资本中的出资份额相等，即各 50%，会出现什么状况？如何解决？②进行账务处理。

业务 3-1-3　接受非货币性资产投资

资料：（1）2019 年 12 月 6 日，公司收到股东张明和于伟的非货币性资产投资。《财政部 国家税务总局关于个人非货币性资产投资有关个人所得税政策的通知》（财税〔2015〕41 号）规定：①非货币性资产，是指现金、银行存款等货币性资产以外的资产，包括股权、不动产、技术发明成果以及其他形式的非货币性资产。②个人以非货币性资产投资，属于个人转让非货币性资产和投资同时发生。对个人转让非货币性资产的所得，应按照"财产转让所得"项目，依法计算缴纳个人所得税。

（2）股东张明投入数量为 5,000 米的毛绒布，该材料符合企业生产用的材料需求。经企业与股东双方同意的资产评估师评估，该批毛绒布价值 100,000.00 元。（原始凭证：股东会决议见附件 3-1-5、资产评估师出具的评估报告见附件 3-1-6、原材料验收单见附件 3-1-7）

（3）股东张明以有所有权的新型专利技术向东风公司投资，经企业与股东双方同意的资产评估师评估，该项专利技术价值为 120,000.00 元，尚可使用 10 年。已经专利局办理权属变更至东风公司。（原始凭证：股东会决议见附件 3-1-5、资产评估师出具的评估报告见附件 3-1-6、无形资产验收单见附件 3-1-8）

（4）股东于伟投入两台空压机，经资产评估师评估价值为 75,000.00 元 / 台，合计 150,000.00 元，股东会接受评估意见。（原始凭证：股东会决议见附件 3-1-5、资产评估师出具的评估报告见附件 3-1-6、固定资产验收单见附件 3-1-9）

任务：根据上述资料，①学习《小企业会计准则》中非货币资产出资规定。②学习《中华人民共和国公司法》中非货币资产出资规定。③填制表 3-3，明确核算岗位分工及核算流程。④进行账务处理。

表 3-3　资本业务核算岗位分工及核算流程

序号	角色	接受非货币资投资业务岗位工作内容（制单、复核、记账）
1	业务员	
2	出纳员	
3	成本会计	
4	总账会计	

业务 3-1-4　支付资产评估费用

资料：2019 年 12 月 7 日，网银支付泰州中信资产评估有限公司评估费 5,300.00 元，取得增值税专用发票上注明的价款是 5,000.00 元，增值税税额是 300.00 元。（原始凭证：银行回单见附件 3-1-10、增值税专用发票发票联见附件 3-1-11、增值税专用发票抵扣联见附

件 3-1-12）

任务：根据上述资料，①填制表 3-4，明确核算岗位分工及核算流程。②进行账务处理。

表 3-4　资产评估费用核算岗位分工及核算流程

序号	角色	支付投资业务资产评估费用岗位工作内容（制单、复核、记账）
1	业务员	
2	出纳员	
3	成本会计	
4	总账会计	

【学中做】

业务 1　股东出资

资料：《中华人民共和国公司法》（2018）第三十一条规定，有限责任公司成立后，应当向股东签发出资证明书。

任务：①请你根据规定对"做中学"的业务编制《出资证明书》，讨论公司实收资本变化后是否需要到公司登记机关备案登记？②讨论如果股东不按协议或章程规定缴纳出资的怎么处理？对股东张明未按期缴足的 500,000.00 元资本，能否按权责发生制作如下账务处理？

　　借：其他应收款——张明　　500 000.00
　　　　贷：实收资本　　　　　　500 000.00

业务 2　非货币财产出资

资料：《中华人民共和国公司法》（2018）第二十七条规定，股东可以用货币出资，也可以用实物、知识产权、土地使用权等可以用货币估价并可以依法转让的非货币财产作价出资；但是，法律、行政法规规定不得作为出资的财产除外。对作为出资的非货币财产应当评估作价，核实财产，不得高估或者低估作价。

任务：①讨论出资的非货币财产应当由谁来评估，以什么作为原始凭证入账？②学习《公司注册资本登记管理规定》（2014，国家市场监督管理总局令第 64 号），讨论股东如以债权、股权、存货、固定资产、知识产权、土地使用权等可以用货币估价并可以依法转让的非货币财产出资，如何依法分类办理其财产权的转移手续？

业务 3　转增资本

资料：（1）《小企业会计准则》第五十五条规定，资本公积是指小企业收到的投资者出资额超过其在注册资本或股本中所占份额的部分。小企业用资本公积转增资本，应当冲减资本公积。

（2）《小企业会计准则》第五十六条规定，盈余公积是指小企业按照法律规定在税后利润中提取的法定公积金和任意公积金。小企业用盈余公积弥补亏损或者转增资本，应当冲减盈余公积。

任务：①编制资本公积转增资本的会计分录，并注明原始凭证、绘制核算流程图。②编制盈余公积转增资本的会计分录，并注明原始凭证、绘制核算流程图。

业务 4　设计资本运作模式

资料：学生 A 某跟张老师说：我有 5,000 万，你告诉我该怎么办？张老师问：你有什么要求？他说：我这5,000万在银行存着，你别给我动。张老师说：你能把这5,000万的存单给我吗？名字不变。他说：可以。

拿到存单后，张老师找到B某，他拿这个存单到香港做抵押，贷出5,000万，香港的贷款利率比大陆低，张老师拿着这5,000万到意大利找C某，在意大利给A某买了个酒庄，还在意大利申请了两个以上的移民资格。买了酒庄以后，C某把酒庄抵押给了意大利银行，贷出5,000万，贷款利率比香港利率还低。张老师拿着5,000万买成红酒和橄榄油运回国内，交给A某去卖。结果他一卖，赚了，5,000千万变成了8,000万，赚到了3,000万（利率忽略未计）。剩余了5,000万从香港拿回了存单，又去意大利赎回了酒庄，最后A某得到了什么？3,000万的利润，一个酒庄外加两个移民的机会。资本的流动和运作就是这么神奇。一元钱变成十元用，真正的高手懂得价值的增值。

资本运作的核心是整合资源，它以资本为纽带，使社会资源迅速向投入产出高的地方集中，以创造出更多的财富。

任务：请实操团队讨论该案例，分析资本运作本质，制作资本运作的路径和模式图。

业务5　股权结构设计

资料：（1）股东完成对企业出资后即取得股权，股东凭股权享有企业经营获得的收益，分红是股东获得收益的最重要的方式。

根据《中华人民共和国个人所得税法》（2018修正，中华人民共和国主席令第九号）第二条规定，下列各项个人所得，应当缴纳个人所得税：（六）利息、股息、红利所得；第三条规定：（三）利息、股息、红利所得，财产租赁所得，财产转让所得和偶然所得，适用比例税率，税率为百分之二十。

《刑法》第二百零一条规定，纳税人采取欺骗、隐瞒手段进行虚假纳税申报或者不申报，逃避缴纳税款数额较大并且占应纳税额百分之十以上的，处三年以下有期徒刑或者拘役，并处罚金；数额巨大并且占应纳税额百分之三十以上的，处三年以上七年以下有期徒刑，并处罚金。扣缴义务人采取前款所列手段，不缴或者少缴已扣、已收税款，数额较大的，依照前款的规定处罚。

（2）根据《中华人民共和国个人所得税法实施条例》的规定，扣缴义务人在向个人支付应税款项时，应当依照税法规定代扣税款，按时缴库，并专项记载备查。前款所说的支付，包括现金支付、汇拨支付、转账支付和以有价证券、实物以及其他形式的支付。

另据《国家税务总局关于利息、股息、红利所得征税问题的通知》（国税函〔1997〕656号）的规定，扣缴义务人将属于纳税义务人应得的利息、股息、红利收入，通过扣缴义务人的往来会计科目分配到个人名下，收入所有人有权随时提取，在这种情况下，扣缴义务人将利息、股息、红利所得分配到个人名下时，即应认为所得的支付，应按税收法规规定及时代扣代缴个人应缴纳的个人所得税。

（3）目前社会上的一些做法：①自然人注册个人独资企业，先由税务局核定征收；用个人独资企业去向目标企业投资。②自然人直接持股变为间接持股方式，暂缓缴纳个人所得税：几个自然人在有税收优惠或者财政返还地区成立一家合伙企业，让合伙企业成为目标公司的股东，则自然人通过合伙企业间接持股。几个自然人在有税收优惠或者财政返还地区先成立一家有限公司，让有限公司成为目标公司的股东，则自然人通过有限公司间接持股。（《中华人民共和国企业所得税法》第二十六条规定：居民企业之间的股息、红利等权益性投资收益为免税收入；《中华人民共和国企业所得税法实施条例》第十七条规定：股息、红利等权益性投资收益，是指企业因权益性投资从被投资方取得的收入。）③通过股权置换，利用税收洼地的税收返还政策，降低个人分红的个人所得税比例。④把分红计入薪酬的年终奖计征个人所得税，先将当月取得的全年一次性奖金/12个月，按照累进的个人所得税税率（3%～45%）和速算扣除数计算缴纳个人所得税。⑤有的企业会让股东拿发票来报销，股东把报销的钱拿走，这样减少企业利润。这种将自己个人的消费项目转化为企业的费用，以达到变相分红是虚开发票的违法行为，风险太高。⑥股东借款不还长期挂账，这种方式虽然不用交税，但必须在一个纳税年度内归还。每年要还旧借新一次，既操作麻烦，更为致命缺点是无法完成物权的转移。财政部国家税务总局《关于规范个人投资者个人所得税征收管理的通知》（财税〔2003〕158号）第二条规定，纳税年度内个人投资者从其投资企业（个人独资企业、合伙企业除外）借款，在该纳税年度终了后既不归还，又未用于企业生产经营的，其未归还的借款可视为企业对个人投资者的红利分配，依照"利息、股息、红利所得"项目计征个人所得税。

（4）案例：公司成立于2000年12月，注册类型为其他有限责任公司，注册（实收）资本4,008万元，法人代表投资比例占99%，主要从事制造业。2007年销售营业收入3,297万元、账面利润-107万元；2008年销售营业收入4,697万元、账面利润-164万元。通过数据三期查询了该公司的涉税相关信息：该公司企业所得税实行查账征收方式，2007年申报缴纳个人所得税178,423.95元，2008年申报缴纳个人所得税127,672.07元，全部为工资薪金所得个人所得税。而根据对该公司经营情况和行业特点的了解和测算，该公司实际经营状况较好，企业发展态势较为强劲，因此，可能存在通过其他方式转移个人所得，少缴个人所得税。根据信息比对以及疑点分析情况，我们在对该公司的组织章程、发展规模、经营收入等情况有了大致的了解后，向该公司发出纳税评估核实通知书，就该公司2007—2008年的经营状况和分析的疑点情况向该公司法人代表进行了询问，该法人代表反映了以下几个情况：①该公司2000年12月前是县属集体企业，2000年底，根据县委县政府要求实行改制成为有限责任公司，由现法人代表和另一自然人投资人成立，由于市场竞争激烈，加之管理不到位，虽然看上去很美，其实效益不是很好。②对于我们要求提供的两年收入与往来的明细账，该法人代表推诿说，由于单位实行了电脑记账，且会计人手不够，因此纸质账簿未打出，故无法提供。③由于竞争激烈，市场行情不好，大量产品发出而无法组织资金回笼，因此存在"应收账款"科目2008年底为零，而"其他应收款"科目2008年底大幅增加，且为大量整笔资金。

约谈询问结束，我们对该公司解释情况进行分析讨论，都认为对该公司现金、往来账户进行实地核实十分重要，在此基础上，决定对该公司进行了实地评估核实。

由于发现问题涉及数额较大，为防止出现其他情况，在约谈结束后，我们立即赶赴该公司财务室，运用掌握的电脑技术和财务会计软件知识，对该公司银行存款、往来账户进行核实和取证，发现了以下几个问题：① 2008年度"其他应收款"明细中，该公司法人代表个人借款28,530,000.00元，超过纳税年度仍未归还。② 2007年度支付个人借款利息43,120.00元，2008年度支付个人借款利息43,120.00元，未按规定扣缴个人所得税。③ 2007年度取得外单位和个人归还的借款利息4,000,000.00元冲减财务费用，2008年度取得外单位和个人归还的借款利息747,400.00元冲减财务费用，未申报营业税和其他税费。

发现问题后，我们再次对该公司法人代表进行了询问，就其2008年个人从企业借款28,530,000.00元超过纳税年度仍未归还的情况，要求他进行说明。在大量事实和翔实数据面前，该法人代表终于承认，是其个人从企业借款后，用于新办一家公司进行资本注册。

据此，我们制作纳税评估报告，并向纳税人发出《纳税评估建议书》：该单位2007年度应扣未扣利息股息红利个人所得税5,714,624.00元、未申报缴纳营业税200,000.00元、城市维护建设税10,000.00元教育费附加6,000.00元。2008年度应扣未扣利息股息红利个人所得税8,624.00元、未申报缴纳营业税82,370.00元、城市维护建设税4,118.50元、教育费附加2,471.10元。各项税（费），及相应的滞纳金应由该单位自行补缴。

（5）股权结构是指公司总股本中不同性质的股份所占的比例及其相互关系。基于股东地位（身份）可对公司主张的权利就是股权。股权结构是公司治理结构的基础，公司治理结构则是股权结构的具体运行形式。不同的股权结构决定了不同的企业组织结构，从而决定了不同的企业治理结构，最终决定了企业的行为和绩效。

任务：①分析出税务机关对投资者从企业长期借款征收个人所得税的必要条件。②阅读关于股权架构的案例，用框架图设计出东风公司股权结构的优化方案。

任务2 借款业务核算与管理

【任务描述】

融资通常是指货币资金的持有者和需求者之间，直接或间接地进行资金融通的活动。小企业由于资产规模小、可用于担保的资产少，因而融资较难。通常做法是向银行贷款、民间借款。银行贷款的流程一般有：提出申请；落实担保；签订合同；获得贷款。流动资金贷款是为满足企业在生产经营过程中短期资金需求，保证生产经营活动正常进行而发放的贷款。按贷款期限可分为一年期以内的短期流动资金贷款和一年至三年期的中期流动资金贷款；按贷款方式可分为担保贷款和信用贷款，其中担保贷款又分保证、抵押和质押等形式；按使用方式可分为逐笔申请、逐笔审贷的短期周转贷款，在银行规定时间及限额内随借、随用、随还的短期循环贷款。流动资金贷款作为一种高效实用的融资手段，具有贷款期限短、手续简便、周转性较强、融资成本较低的特点。

（1）加强《财务管理》中"筹资管理"知识应用，掌握资金需要量的预测，科学决策短期负债筹资的渠道和方式，合理选择贷款金融机构，商定贷款期限、利率、贷款方式等。实操团队合作根据东风公司的资金需要量拟草一份流动资产信用贷款的申请书、贷款合同，并分析出风险控制点。

（2）学习借款业务核算与管理流程（见图3-2），明确东风公司借款业务核算的岗位分工，正确履行岗位职责。

（3）学习《小企业会计准则》（2011）中有关短期借款、银行承兑汇票的相关核算规定，正确进行账务处理。

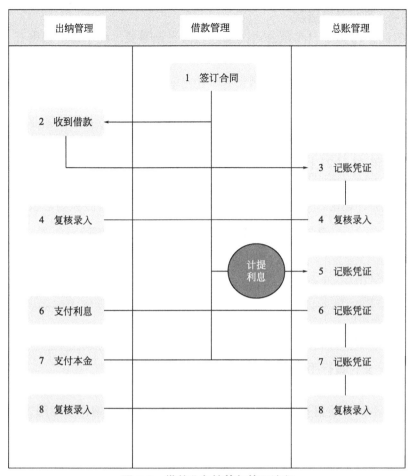

图 3-2　借款业务核算与管理流程

【做中学】

业务 3-1-5　取得短期借款

资料：2019 年 12 月 1 日东风公司因业务发展需要发生流动资产周转困难，开户银行对东风公司信用等级评估为 AA，经申请获得开户行 6 个月、年利率 6%、按月付息到期还本的信用贷款 600,000.00 元，付息日为每月 25 日。（原始凭证：借款借据见附件 3-1-13、借款合同见附件 3-1-14）

任务：根据以上经济业务活动，①分析东风公司做出短期借款决策的依据，编制 12 月资金安排计划表。②如果该笔借款是抵押贷款，需要经过什么程序、提供哪些资料、办理哪些手续？③填制表 3-5，明确核算岗位分工及核算流程。④进行借款业务账务处理。

表 3-5　借款业务核算岗位分工及核算流程

序号	角色	借款业务岗位工作内容（制单、复核、记账）
1	业务员	
2	出纳员	
3	成本会计	
4	总账会计	

业务 3-1-6 取得长期借款

资料：2019 年 12 月 1 日东风公司因购建仓储设施需要，经申请，获得开户行 2 年期、年利率 10% 的到期一次还本付息贷款 600,000.00 元，该笔贷款为信用贷款。（原始凭证：借款借据见附件 3-1-15、借款合同见附件 3-1-16）

任务：根据以上经济业务活动，①分析东风公司做出长期借款决策的依据，理解长期借款用途、本金及利息的偿还方式，制订风险预防措施。②进行长期借款业务账务处理。

业务 3-1-7 收到存款利息

资料：2019 年 12 月 21 日，收到银行存款的利息。（原始凭证：银行回单见附件 3-1-17）

任务：根据上述经济业务，①填制表 3-6，明确核算岗位分工及核算流程。②注意"财务费用"科目在会计理论、会计信息化中表达的区别，进行银行存款利息核算。

表 3-6 银行存款利息核算岗位分工及核算流程

序号	角色	银行存款利息岗位工作内容（制单、复核、记账）
1	业务员	
2	出纳员	
3	成本会计	
4	总账会计	

业务 3-1-8 支付银行手续费

资料：2019 年 12 月 23 日，支付开户银行办理业务的手续费 30.00 元。（原始凭证：银行回单见附件 3-1-18、增值税专用发票发票联见附件 3-1-19、增值税专用发票抵扣联见附件 3-1-20）

任务：根据上述经济业务，①填制表 3-7，明确核算岗位分工及核算流程。②进行银行手续费核算。

表 3-7 银行手续费核算岗位分工及核算流程

序号	角色	支付银行手续费岗位工作内容（制单、复核、记账）
1	业务员	
2	出纳员	
3	成本会计	
4	总账会计	

业务 3-1-9 支付短期借款本金利息

资料：（1）根据《营业税改征增值税试点实施办法》（财税〔2016〕36 号）附件 1 第二十七条规定，购进的旅客运输服务、贷款服务、餐饮服务、居民日常服务和娱乐服务的进项税额不得从销项税额中抵扣。附件 2 中进一步明确，纳税人接受贷款服务向贷款方支付的与该笔贷款直接相关的投融资顾问费、手续费、咨询费等费用，其进项税额不得从销项税额中抵扣。

（2）2019 年 12 月 26 日，东风公司归还 2019 年 6 月 25 日取得的半年期借款本金和利息。其中 7—11 月份利息已经计提了 30,000.00 元，本期支付本利合计 1,236,000.00 元。（原始凭证：贷款还款凭证见附件 3-1-21、贷款还息凭证见附件 3-1-22、借款利息的普通发票见附件 3-1-23、借款合同见附件 3-1-24）

任务：根据上述经济业务，①分析不能按期偿还银行借款本息的风险，制订逾期不能偿还的补救措施。②填制表 3-8，明确核算岗位分工及核算流程。③进行银行借款利息支付核算。

表 3-8　银行借款本息核算岗位分工及核算流程

序号	角色	支付银行借款本息岗位工作内容（制单、复核、记账）
1	业务员	
2	出纳员	
3	成本会计	
4	总账会计	

业务 3-1-10　计提并支付短期借款利息

资料：2019 年 12 月 25 日，东风公司计提并支付 2019 年 12 月 1 日的短期借款的利息。（原始凭证：借款利息计提清单见附件 3-1-25、借款利息支付回单见附件 3-1-26）

任务：根据上述经济业务，①小企业按照合同约定在应付利息日按照合同利率计算并支付的利息费用，账务处理可否为：

借：财务费用（在建工程等）
　　贷：银行存款

②填制表 3-9，明确核算岗位分工及核算流程。③进行银行短期借款利息计提并支付的核算。

表 3-9　银行借款利息核算岗位分工及核算流程

序号	角色	计提并支付银行借款利息岗位工作内容（制单、复核、记账）
1	业务员	
2	出纳员	
3	成本会计	
4	总账会计	

业务 3-1-11　计提长期借款利息

资料：2019 年 12 月 25 日东风公司计提 2019 年 12 月 5 日因购建仓储设施借入的长期借款利息。（原始凭证：长期借款利息计提清单见附件 3-1-27）

任务：根据上述经济业务，进行银行长期借款利息计提的核算。

【学中做】

业务 1　抵押担保风险控制

资料：银行贷款担保方式主要有：

（1）抵押担保，是指债务人或第三人不转移对财产的占有，而将该财产作为抵押的担保方式。其中，作为担保的抵押物可以是动产，也可以是不动产，而且在抵押物被抵押后，不影响借款人对抵押物的使用权，但是当借款人不履行债务时，银行可按照担保法的规定将抵押物进行拍卖、变卖，所得价款优先用于偿还贷款本息。

（2）质押担保，是指借款人可以用自己享有所有权的动产或合法权利凭证作质押申请贷款。但在使用质押担保的时候，借款人必须注意两点：质押物必须符合法律规定；借款人必须签订书面的质押合同。

（3）保证担保，是指借款人申请贷款时，提供银行认可的保证人作担保。不过从目前来看，选择这种担保方式有一定的难度，因为保证人需要承担连带责任，很多人不愿意做这样的事情，另外并不是所有的保证人都满足银行要求。

任务：请实操团队查找相关资料，针对东风公司的资产特点，拟草一份抵押担保合同，绘制抵押担保贷款流程，注明风险控制点。

业务2　银行承兑汇票兑付

资料：银行承兑汇票首现逾期未偿付。

任务：①编制银行承兑汇票兑付流程图；②进行不能按期偿付本息时的账务处理；③银行承兑汇票逾期未偿付的风险及应对措施。

业务3　民间借款风险控制

资料：小微企业由于固定资金少、经营风险大、信用度低，一直以来难以从银行等正规金融机构获得贷款。所以，大量的小微企业为维持经营不得不通过民间借贷方式获取流动资金。现在，民间借贷主体趋向多元化，逐渐由以往的亲朋好友之间转变为营利性的放贷主体与中小企业之间。但通过民间借贷的资金成本高昂，跟银行7%左右的年贷款利率相比，目前国内民间借贷的平均年利率为23.5%，是银行贷款利率的3倍还多。面临如此高昂的借贷利率，如果自己回款出现问题，或者经营遇到困难，资金链就很有可能断裂，在无力偿债的情况下，这些借贷人也存在非常大的风险。

任务：请实操团队查找相关资料，针对东风公司的资产特点，草拟一份民间借款合同和借条，注明风险控制点。

业务4　撰写融资计划书

资料：大学生创业是一种以在校大学生和毕业大学生的特殊群体为创业主体的创业过程。通过创业训练，激发创新精神，把学到的理论知识在创业实践中验证与创新，获得直接的工作经验，推动社会进步。融资计划是商业计划书的一部分，一般具有核心内容：财务分析、风险分析、融资额度、融资期限、融资用途、保障措施、融资要求等。

任务：请实操小组就东风公司发展战略充分讨论：项目的可行性和项目的收益率、融资途径的选择、融资的分配、融资的归还，撰写一份融资计划书。

任务3　采购业务核算与管理

【任务描述】

为了保证生产经营活动的顺利进行，企业需要通过市场采购获取资源。在采购过程中，会发生各种费用，构成采购成本。企业追求采购经济效益的最大化，就是控制采购成本，以尽可能少的成本去获取最大的效益。而要做到这一点，关键是要努力追求科学采购。企业采购过程中涉及物流、资金流和信息，三者在时间可能会不一致。

（1）加强《财务管理》知识应用，掌握存货决策技术，科学决定进货项目、选择供应单位、决定进货时间和进货批量。

（2）学习采购业务核算与管理流程（见图3-3），明确东风公司采购业务核算的岗位分工，正确履行岗位职责。

（3）学习《小企业会计准则》（2011）中有关原材料、辅助材料、周转材料增加、减少的核算规定，正确进行账务处理。

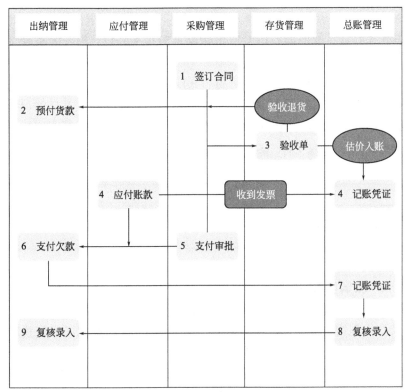

图 3-3　采购业务核算与管理流程

【做中学】

业务 3-1-12　申请办理银行汇票

资料：2019 年 12 月 6 日，出纳员许秋菊申请办理银行汇票，金额 60,000.00 元，收款人为南通东宏皮革有限公司。（原始凭证：银行汇票申请回单见附件 3-1-28、银行汇票复印件见附件 3-1-29）

任务：请根据上述经济业务，①银行汇票结算具有票随人走、钱货两清的特点。如果持有可以背书转让的票据发生被窃、遗失或者丢失，请根据法律规定提出相应的补救措施。②填制表 3-10，明确核算岗位分工及核算流程。③进行申请办理银行汇票的核算。

表 3-10　采购业务核算岗位分工及核算流程

序号	角色	申请办理银行汇票核算岗位工作内容（制单、复核、记账）
1	业务员	
2	出纳员	
3	成本会计	
4	总账会计	

业务 3-1-13　用银行汇票采购原材料

资料：2019 年 12 月 7 日，采购人员张一运持银行汇票 60,000.00 元，从南通东宏皮革有限公司购入人造皮革 1,600 米，不含税单价 30 元/米，收到的增值税专用发票注明不含税价款 48,000.00 元，增值税 6,240.00 元，银行汇票实际结算金额 54,240.00 元，余款已入账，材料已验收入库，供应方支付运费。（原始凭证：收料单见附件 3-1-30，增值税专用发票发票联见附件 3-1-31，增值税专用发票抵扣联见附件 3-1-32，银行多余款项收账通知单见附件 3-1-33）

任务：请根据上述经济业务，①分析材料采购量决策的依据和采购流程中的关键风险点，根据合同订单、企业材料库存、供应商价格比对、资金支付等具体情况，绘制"材料采购决策表"。②填制表 3-11，明确核算岗位分工及核算流程。③进行支付购货款的核算。

表 3-11　采购业务核算岗位分工及核算流程

序号	角色	用银行汇票采购原材料核算岗位工作内容（制单、复核、记账）
1	业务员	
2	出纳员	
3	成本会计	
4	总账会计	

业务 3-1-14　采购原材料用电汇结算

资料：2019 年 12 月 8 日，从扬州市博得织造厂购入原材料人造皮革 1,000 米，不含税单价 33 元/米；收到增值税专用发票注明不含税价款 33,000.00 元，增值税税率 13%，增值税 4,290.00 元，货款通过电汇汇给博得织造厂；材料运费不含税价 2,000.00 元，增值税税率 9%，增值税 180.00 元，运输企业为泰州新城运输有限公司，材料已验收入库，运费已通过银行转账支票支付给新城公司。（原始凭证：收料单见附件 3-1-34，银行电汇凭证回单见附件 3-1-35，转账支票存根见附件 3-1-36，原材料增值税专用发票发票联见附件 3-1-37，原材料专用发票抵扣联见附件 3-1-38，运费增值税专用发票发票联见附件 3-1-39，运费专用发票抵扣联见附件 3-1-40）

任务：请根据上述经济业务，①填制表 3-12，明确核算岗位分工及核算流程。②采购原材料用电汇结算的核算。

表 3-12　采购业务核算岗位分工及核算流程

序号	角色	采购原材料用电汇结算核算岗位工作内容（制单、复核、记账）
1	业务员	
2	出纳员	
3	成本会计	
4	总账会计	

业务 3-1-15　银行承兑汇票结算采购款

资料：2019 年 12 月 8 日从扬州海威文化用品有限公司采购玩具配件 8,000.00 只，不含税单价 5 元/只，收到的增值税专用发票注明不含税材料价款 40,000.00 元，增值税 5,200.00 元，材料尚未运达企业。合同约定以银行承兑汇票支付，东风公司向开户银行申请不带息的银行承兑汇票一张，面额 45,200.00 元，出票日期 12 月 8 日，期限 6 个月。（原始凭证：

银行承兑汇票申请书见附件 3-1-41，银行承兑汇票协议见附件 3-1-42，银行承兑汇票复印件见附件 3-1-43，增值税专用发票发票联见附件 3-1-44，增值税专用发票抵扣联见附件 3-1-45）

任务：请根据上述经济业务，①分析采购业务中先付款后验货的风险点，并提出控制措施。②填制表 3-13，明确核算岗位分工及核算流程。③进行采购原材料用银行承兑汇票结算的核算。

表 3-13　采购业务核算岗位分工及核算流程

序号	角色	用银行承兑汇票结算核算岗位工作内容（制单、复核、记账）
1	业务员	
2	出纳员	
3	成本会计	
4	总账会计	

业务 3-1-16　采购原材料验收入库

资料：2019 年 12 月 10 日收到 12 月 8 日从扬州海威文化用品有限公司购入玩具配件 8,000 只，材料已验收入库。（原始凭证：收料单见附件 3-1-46）

任务：请根据上述经济业务，①分析采购业务中材料验收入库的依据及风险点，并提出控制措施。②填制表 3-14，明确核算岗位分工及核算流程。③进行材料验收入库的核算。

表 3-14　采购业务核算岗位分工及核算流程

序号	角色	材料验收入库核算岗位工作内容（制单、复核、记账）
1	业务员	
2	出纳员	
3	成本会计	
4	总账会计	

业务 3-1-17　采购办公用品

资料：2019 年 12 月 8 日，用网银支付采购办公用品费用，取得增值税专用发票，办公用品直接发放相关部门使用。（原始凭证：银行回单见附件 3-1-47、增值税专用发票发票联见附件 3-1-48、增值税专用发票抵扣联见附件 3-1-49）

任务：请根据上述经济业务，①填制表 3-15，明确核算岗位分工及核算流程。②进行采购办公用品的核算。

表 3-15　采购业务核算岗位分工及核算流程

序号	角色	采购并发放办公用品核算岗位工作内容（制单、复核、记账）
1	业务员	
2	出纳员	
3	成本会计	
4	总账会计	

业务 3-1-18　采购人员报销业务招待费

资料：2019 年 12 月 9 日，采购人员张一运招待供货商，用网银支付招待费 2,120.00 元，取得增值税普通发票。（原始凭证：银行回单见附件 3-1-50、增值税普通发票见附件 3-1-51）

任务：请根据上述经济业务，①查找法规，解答：业务招待费是否可以开增值税专用发票？是否可以抵扣进项税额？假如东风公司举办周年庆典活动，有120人客户参加。外购皮草服装120件用于赠送客户，购进不含税单价2,600.00元/件，支付价税合计金额35,256.00元。判断如下会计分录是否正确？

购买皮草服装，验收入库

借：库存商品——皮草服装　　　　　　　　312,000.00
　　应交税费——应交增值税（进项税额）　 40,560.00
　　贷：银行存款　　　　　　　　　　　　352,560.00

赠送皮草服装时

借：管理费用——业务招待费　　　　　　　312,000.00
　　贷：库存商品——皮草服装　　　　　　312,000.00

②企业发生的业务招待费，按照发生额的60%扣除，但最高不得超过当年销售（营业）收入的5‰，可以在企业所得税税前扣除。储备并扩充该知识点，灵活运用到东风公司的业财融合实践中。③填制表3-16，明确核算岗位分工及核算流程。④进行采购办公用品的核算。

表3-16　采购业务核算岗位分工及核算流程

序号	角色	报销业务招待费核算岗位工作内容（制单、复核、记账）
1	业务员	
2	出纳员	
3	成本会计	
4	总账会计	

业务3-1-19　采购材料用网银结算

资料：2019年12月9日东风公司从扬州市通达塑料厂购入玩具配件2,000只，不含税单价每只8元，收到的增值税专用发票注明的不含税价款16,000.00元，增值税2,080.00元，玩具配件已验收入库，款项通过网上银行结算。（原始凭证：收料单见附件3-1-52、银行回单见附件3-1-53、增值税专用发票发票联见附件3-1-54、增值税专用发票抵扣联见附件3-1-55）

任务：请根据上述经济业务，①填制表3-17，明确核算岗位分工及核算流程。②进行采购材料用网银结算的核算。

表3-17　采购业务核算岗位分工及核算流程

序号	角色	网银结算核算岗位工作内容（制单、复核、记账）
1	业务员	
2	出纳员	
3	成本会计	
4	总账会计	

业务3-1-20　采购周转材料用网银结算

资料：2019年12月9日公司东风从扬州海威文化用品有限公司购入包装纸箱1,000只，单价30元/只，增值税专用发票上注明的不含税价款30,000.00元，增值税税额3,900.00元，款项通过网上银行结算。（原始凭证：收料单见附件 3-1-56、增值税专用发票发票联见附件 3-1-57、增值税专用发票抵扣联见附件 3-1-58、银行回单见附件 3-1-59）

任务：请根据上述经济业务，进行采购用网银结算周转材料的核算。

业务 3-1-21　预付购货款

资料：2019 年 12 月 9 日向扬州市博得织造厂预付 50,000.00 元，用于购买原材料毛绒布，款项通过网上银行结算。（原始凭证：银行回单见附件 3-1-60，采购合同见附件 3-1-61）

任务：请根据上述经济业务，①填制表 3-18，明确核算岗位分工及核算流程。②进行采购材料用网银预付的核算。

表 3-18　采购业务核算岗位分工及核算流程

序号	角色	网银预付核算岗位工作内容（制单、复核、记账）
1	业务员	
2	出纳员	
3	成本会计	
4	总账会计	

业务 3-1-22　网银预付购货款

资料：2019 年 12 月 10 日收到扬州市博得织造厂发来的毛绒布 3,000 米，单价 21 元/米，收到的增值税专用发票上注明的不含税价款 63,000.00 元，增值税税额 8,190.00 元，材料已验收入库，余款 21,190.00 元，通过网上银行结算。（原始凭证：收料单见附件 3-1-62、增值税专用发票发票联见附件 3-1-63、增值税专用发票抵扣联见附件 3-1-64、银行回单见附件 3-1-65）

任务：请根据上述经济业务，①填制表 3-19，明确核算岗位分工及核算流程。②进行采购材料用网银预付的核算。

表 3-19　采购业务核算岗位分工及核算流程

序号	角色	网银结算预付款核算岗位工作内容（制单、复核、记账）
1	业务员	
2	出纳员	
3	成本会计	
4	总账会计	

业务 3-1-23　购买低值易耗品

资料：2019 年 12 月 11 日，用网上银行支付泰州永久五金商店 525.00 元，购买 5 只水桶，取得增值税普通发票，水桶作为低值易耗品已入仓库。（原始凭证：网银回单见附件 3-1-66、增值税普通发票见附件 3-1-67、收料单见附件 3-1-68）

任务：请根据上述经济业务，进行采购低值易耗品用网银预付的核算。

业务 3-1-24　购买固定资产

资料：2019 年 12 月 14 日，购买 4.5 吨卡车一辆，价款 150,000.00 元，增值税税额 19,500.00 元，价税合计 169,500.00 元，取得增值税专用发票，用建行存款支付。车辆购置税税率为 10%，支付车辆购置税 15,000 元。支付工本费 125 元，印花税 45.00 元，交强险 1,007.00 元，机动车辆综合险 4,240.00 元，车购税、交强险、机动车辆综合险等相关手续由汽车销售公司代办。（原始凭证：机动车专用发票发票联见附件 3-1-69、机动车专用发票抵扣联见附件 3-1-70、缴款书见附件 3-1-71、印花税税票见附件 3-1-72、车辆购置税发票见附件 3-1-73、机动车交通事故责任强制保险专用发票见附件 3-1-74、机动车交通事故责任强制保险专用发票抵扣联见附件 3-1-75、机动车综合险专用发票见附件 3-1-76、机动车综合险专用发票抵扣联见附件 3-1-77、银行回单见附件 3-1-78、车船税缴款书见附件 3-1-79、新增固定资产登记表见附件 3-1-80、银行回单见附件 3-1-81）

任务：请根据上述经济业务，①分析购买固定资产的决策依据及对单位经济效益的影响。②填制表 3-20，明确核算岗位分工及核算流程。③进行采购材料用网银预付的核算。

表 3-20　采购业务核算岗位分工及核算流程

序号	角色	银行支付购买卡车核算岗位工作内容（制单、复核、记账）
1	业务员	
2	出纳员	
3	成本会计	
4	总账会计	

业务 3-1-25　网银结算采购材料款

资料：2019 年 12 月 15 日从扬州市通达塑料厂购入玩具配件 1,000 只，不含税单价每只 8 元，收到的增值税专用发票注明的不含税价款 8,000.00 元，增值税 1,040.00 元，玩具配件已验收入库，款项通过网上银行结算。（原始凭证：收料单见附件 3-1-82、银行回单见附件 3-1-83、增值税专用发票发票联见附件 3-1-84、增值税专用发票抵扣联见附件 3-1-85）

任务：请根据上述经济业务，进行采购材料用网银结算的核算。

业务 3-1-26　采购材料退货收款

资料：(1)《国家税务总局关于红字增值税发票开具有关问题的公告》（国家税务总局公告 2016 年第 47 号）规定，增值税一般纳税人开具增值税专用发票后，发生销货退回、开票有误、应税服务中止等情形但不符合发票作废条件，或者因销货部分退回及发生销售折让，需要开具红字专用发票的，按以下方法处理：购买方取得专用发票已用于申报抵扣的，购买方可在增值税发票管理新系统中填开并上传《开具红字增值税专用发票信息表》（以下简称《信息表》），在填开《信息表》时不填写相对应的蓝字专用发票信息，应暂依《信息表》所列增值税税额从当期进项税额中转出，待取得销售方开具的红字专用发票后，与《信息表》一并作为记账凭证。购买方取得专用发票未用于申报抵扣，但发票联或抵扣联无法退回的，购买方填开《信息表》时应填写相对应的蓝字专用发票信息。销售方开具专用发票尚未交付购买方，以及购买方未用于申报抵扣并将发票联及抵扣联退回的，销售方可在新系统中填开并上传《信息表》。销售方填开《信息表》时应填写相对应的蓝字专用发票信息。

（2）2019 年 12 月 18 日，发现从扬州市通达塑料厂购入玩具配件 1,000 只，不符合质量要求，经过与对方协商，全部退货，收到退货款。（原始凭证：领料单见附件 3-1-86、银行回单见附件 3-1-87、增值税专用发票见附件 3-1-88、增值税专用发票抵扣联见附件 3-1-89）（注：实际工作中，发票开具当月全部退货的，一般随退货退回发票，跨月的才出具红字发票；入账凭证需附"开具红字增值税专用发票信息表"。）

任务：请根据上述经济业务，①分析退货的具体原因及因退货对生产的影响，协调退货运费、补偿金额，进一步考察供应商的信誉，提出如何建立该类原材料供应商的备选方案。②学习政策：国家税务总局关于修订《增值税专用发票使用规定》的通知（国税发〔2006〕156号）、《国家税务总局关于红字增值税发票开具有关问题的公告》（国家税务总局公告2016年第47号）、《国家税务总局关于修改〈中华人民共和国发票管理办法实施细则〉的决定》（国家税务总局令第37号），掌握因退货引起的发票管理技能。③填制表3-21，明确退货核算岗位分工及核算流程。④进行采购材料退货的应收款核算。

表 3-21 采购业务核算岗位分工及核算流程

序号	角色	采购材料退货核算岗位工作内容（制单、复核、记账）
1	业务员	
2	出纳员	
3	成本会计	
4	总账会计	

业务 3-1-27　采购暂估入账

资料：2019年12月31日，从扬州海威文化用品有限公司购入玩具配件1,600只，材料已到达并已验收入库，但发票等结算凭证尚未收到，货款尚未支付，月末按照玩具配件暂估价格入账，暂估价格为9,040.00元。（原始凭证：收料单见附件3-1-90）

任务：请根据上述经济业务，进行采购材料暂估入账的核算。

【学中做】

业务 1　发票及增值税抵扣凭证

资料：（1）学习《中华人民共和国发票管理办法》（2019），查找案例"最高法判例：开具发票＝已收款！发票就是收款证明"。

（2）《国家税务总局关于取消增值税扣税凭证认证确认期限等增值税征管问题的公告》（国家税务总局公告2019年第45号）规定：①增值税一般纳税人取得2017年1月1日及以后开具的增值税专用发票、海关进口增值税专用缴款书、机动车销售统一发票、收费公路通行费增值税电子普通发票，取消认证确认、稽核比对、申报抵扣的期限。纳税人在进行增值税纳税申报时，应当通过本省（自治区、直辖市和计划单列市）增值税发票综合服务平台对上述扣税凭证信息进行用途确认。②增值税一般纳税人取得2016年12月31日及以前开具的增值税专用发票、海关进口增值税专用缴款书、机动车销售统一发票，超过认证确认、稽核比对、申报抵扣期限，但符合规定条件的，仍可按照《国家税务总局关于逾期增值税扣税凭证抵扣问题的公告》（2011年第50号，国家税务总局公告2017年第36号、2018年第31号修改）《国家税务总局关于未按期申报抵扣增值税扣税凭证有关问题的公告》（2011年第78号，国家税务总局公告2018年第31号修改）规定，继续抵扣进项税额。

（3）《中华人民共和国增值税暂行条例》（国务院令第538号）第九条规定，纳税人购进货物或者应税劳务，取得的增值税扣税凭证不符合法律、行政法规或者国务院税务主管部门有关规定的，其进项税额不得从销项税额中抵扣。

《中华人民共和国增值税暂行条例实施细则》（财政部　国家税务总局第50号令）第十九条规定，条例第九条所称增值税扣税凭证，是指增值税专用发票、海关进口增值税专用缴款书、农产品收购发票和农产品销售发票以及运输费用结算单据。

《国家税务总局关于停止使用货物运输业增值税专用发票有关问题的公告》（国家税务总局公告 2015 年第 99 号）规定，自 2016 年 1 月 1 日起，增值税一般纳税人提供货物运输服务，使用增值税专用发票和增值税普通发票，开具发票时应将起运地、到达地、车种车号以及运输货物信息等内容填写在发票备注栏中，如内容较多可另附清单。为避免浪费，方便纳税人发票使用衔接，货运专票最迟可使用至 2016 年 6 月 30 日，7 月 1 日起停止使用。

《财政部　国家税务总局关于全面推开营业税改征增值税试点的通知》（财税〔2016〕36 号）第二十六条规定，纳税人取得的增值税扣税凭证不符合法律、行政法规或者国家税务总局有关规定的，其进项税额不得从销项税额中抵扣。

增值税扣税凭证，是指增值税专用发票、海关进口增值税专用缴款书、农产品收购发票、农产品销售发票和完税凭证。

根据以上文件规定不难看出：自 2016 年 7 月 1 日起，增值税扣税凭证只有增值税专用发票（含机动车销售统一发票）、海关进口增值税专用缴款书、农产品收购发票、农产品销售发票和完税凭证 5 种。纳税人取得的增值税扣税凭证不属于以上 5 种抵扣凭证的，国家税务总局有规定的除外，其进项税额不得从销项税额中抵扣。

（4）一般纳税人取得增值税专用发票但税法不允许抵扣，是否需要认证？甲公司是一般纳税人，购进一批货物用于集体福利，取得增值税专用发票，但按税法不允许抵扣进项税额，甲公司是否需要认证这些货物发票？税法不允许抵扣的增值税专用发票，纳税人可以选择认证或不认证。有观点建议最好认证，因为认证可以对增值税专用发票进行真伪辨别，也不会形成滞留票，纳税申报时需要进行进项税额转出。若选择不认证，视同普通发票进行账务处理。

任务：（1）判断下列关于"发票"概念的正确或错误。

A. 发票是指一切单位和个人在购销商品、提供或接受服务以及从事其他经营活动中，所开具和收取的业务凭证，是记录经济活动内容的载体，是会计核算的原始依据，也是审计机关、税务机关执法检查的重要依据。收据才是收付款凭证，发票只能证明业务发生了，不能证明款项是否收付。（　　）

B. 发票是指在购销商品、提供或者接受服务以及从事其他经营活动中，开具、收取的收付款凭证。（　　）

（2）在买卖合同约定中，购买方经常会要求收到销售方开具的增值税专用发票后再付款。但是这种约定有效吗？

对于合同约定先开票后付款，未开发票是否可拒绝付款，有两种截然相反的意见。一种观点是认为既然合同已经有了明确约定，应遵守契约精神，按照合同约定先收到发票后再履行付款义务，另一种观点是将合同义务区分为主给付义务、次给付义务和附随义务。先开发票属于附随义务的范畴，不能用先开具发票对抗主债务的履行。

最高人民法院在福建省惠三建设发展有限公司、漳州市龙文区桂溪房地产开发有限公司买卖合同纠纷再审审查与审判监督民事裁定书〔（2019）最高法民申 4730 号〕对上述问题做出了认定。

最高人民法院认为："开具发票系案涉合同的附随义务，不论广厦公司开具发票先后，均不能成为惠三公司不履行支付货款义务的抗辩理由。"依据最高人民法院的判决理由，即使在合同中约定了先开发票后付款，该条款也不能对抗支付货款的主给付义务。

讨论与理解经济合同中的出具发票顺序：是买方验收货物后"先卖方开票后买方再付

款"还是"先卖方收款后再开票给买方",抑或有其他的降低财务风险的策略？

（3）深度学习增值税抵扣政策，编制表格列出东风公司的原辅材料、周转材料、固定资产、办公用品、电费、水费、修理费、饮用桶装水、宣传用品、差旅费中的交通费和住宿费、运输费用、广告费、咨询费、邮政电信费、快递费、租赁费、培训费、会议费、高速公路通行费、ETC充值、财产保险费、物业费、保安服务费、劳务派遣费、金融机构手续费等项目的税率、政策依据、抵扣认定程序。

业务2　银行承兑汇票结算流程

资料：2012年2月9日，龙湾一位坐拥3家贸易公司的女老板管某利用伪造的购销合同，骗取银行承兑汇票1,000万元并贴现使用。之后管某还清银行贷款1,000万元并要求该银行给予续贷。为了顺利办理贷款，管某利用与浙江某金属有限公司业务往来时留存的已盖好该公司印章的空白合同，在无真实货物交易的情况下，填报虚假的购销合同，送交银行。银行顺利为她办出共计1,000万元的银行承兑汇票，期限半年。后因经营不善，投资失败，贷款到期后无法归还银行的借款，给银行造成重大损失。

任务：①查找并学习《中华人民共和国票据法》《支付结算办法》《票据管理实施办法》《票据交易管理办法》（中国人民银行公告〔2016〕第29号）《电子商业汇票业务管理办法》（中国人民银行令2009年第2号）中有关"银行承兑汇票"的知识与技术，掌握银行承兑汇票结算的业务流程、资信评估要点、保证金的比例及银行承兑汇票授信额度确定方式、"银行承兑协议"签订注意事项等。②阅读该案例，并讨论实际工作如何理解与运用"交易双方经过协商，签订商品交易合同，并在合同中注明采用银行承兑汇票进行结算"，形成讨论小结。

业务3　采购合同的成本与风险控制

资料：采购风险通常是指采购过程可能出现的一些意外情况，包括人为风险、经济风险和自然风险。企业物资采购外因型风险主要有：①意外风险；②价格风险；③采购质量风险；④技术进步风险；⑤合同欺诈风险。企业物资采购内因型风险主要有：①计划风险；②合同风险；③验收风险；④存量风险；⑤责任风险。

任务：请实操团队查找相关资料，针对小企业采购特点，选择合适的合同类型，拟草一份采购合同，达到"买方易于控制总成本、风险最小"的目的。

业务4　享受现金折扣

资料：现金折扣是为敦促顾客尽早付清货款而提供的一种价格优惠。现金折扣的表示方式为：2/10，1/20，n/50（即10天内付款，货款折扣2%，10天为付款期；20天内付款，货款折扣1%，20天为付款期；50天内全额付款，不享受折扣，50天为信用）。一般来说，购货企业若享受这一现金折扣，即意味着购货公司为取得2%的折扣，假如货款为30,000.00元，即30,000×2%=600.00元而准备放弃29,400.00元在40天内的使用权，相当于承担年息为18.6%=（0.02/0.98×365/40）的利息成本。由于增值税是代国家收取的，一般在合同中约定折扣的总价中不含税款。

对购货企业来说，其决策机制是：①如果购货公司有闲置资金或能募得年息低于18.6%的闲置资金，则享受此现金折扣有利。②如果购货公司出现资金短缺现象，而在剩余40天内按照商业利率筹集29,400.00元的利息成本或者购货公司利用29,400.00元投资其他的机会成本高于18.6%。则购货公司在享受"2%"折扣（即节省600.00元）的同时，损失更多，可能会放弃此折扣。

任务：根据上述资料，设计实用的"享受现金折扣决策表"，服务企业业财融合的管理决策。

业务 5　采购成本控制

资料：采购成本包括购买价款、相关税费、运输费、装卸费、保险费以及其他可归属于存货采购成本的费用。对于一般纳税人而言，采购成本不包含进项税额；但对于小规模纳税人而言，进项税额包含在采购成本之中。一般而言，物料采购成本在产品生产成本构成中所占比例最高，也是企业成本控制中比较困难的环节之一。有的企业一提出降价要求，供应商马上停止供货；也有供应商表面答应降价，但在物料中掺杂不良品，由于挑选、报废等导致采购成本不降反升；还有供应商甚至提出加价要求。

公司的根本是追求利润最大化。增加利润的方法之一就是增加销售额。假设某公司购进 50,000.00 元的原材料，加工成本为 50,000.00 元，若销售利润为 10,000.00 元，需实现销售额 110,000.00 元。如果将销售利润提高到 15,000.00 元而利润率不变，那么销售额就需实现 165,000.00 元。这意味着公司的销售能力必须提高 50%，这是非常困难的。还有一种方法也可实现，假定加工成本不变，可以通过有效的管理使原材料只花费 45,000.00 元，节余的 5,000.00 元就直接转化为利润，从而在 110,000.00 元的销售额上把利润提高到 15,000.00 元。

任务：请实操团队阅读上述案例，讨论后提出降低采购成本的流程、合同、风险控制的 1～2 个方案。

任务 4　成本费用核算与管理

【任务描述】

产品是指企业日常生产经营活动中持有以备出售的产成品、商品。东风公司的产品成本是指在生产产品过程中所发生的材料费用、职工薪酬等直接费用，以及不能直接计入而按一定标准分配计入的各种间接费用。成本核算是成本管理工作的重要组成部分，它是将企业在生产经营过程中发生的各种耗费按照一定的对象进行分配和归集，以计算总成本和单位成本。加强企业产品成本核算，有利于保证产品成本信息真实完整、制订有效的价格策略、正确核算盈亏，促进企业可持续发展。因此，成本核算对企业成本计划的实施、成本水平的控制和目标成本的实现起着至关重要的作用。

《企业财务通则》（2006）第三十六条规定，企业应当建立成本控制系统，强化成本预算约束，推行质量成本控制办法，实行成本定额管理、全员管理和全过程控制。第三十七条规定，企业实行费用归口、分级管理和预算控制，应当建立必要的费用开支范围、标准和报销审批制度。

《企业产品成本核算制度（试行）》（2013）第五条要求，企业应当根据所发生的有关费用能否归属于使产品达到目前场所和状态的原则，正确区分产品成本和期间费用。第六条规定，企业应当根据产品生产过程的特点、生产经营组织的类型、产品种类的繁简和成本管理的要求，确定产品成本核算的对象、项目、范围，及时对有关费用进行归集、分配和结转。企业产品成本核算采用的会计政策和估计一经确定，不得随意变更。

（1）深度学习《企业财务通则》（2006年财政部令第41号）《企业产品成本核算制度（试行）》（财会〔2013〕17号），掌握成本控制原则。

（2）学习生产成本核算与管理流程（见图3-4），明确东风公司生产成本核算的岗位分工，正确履行岗位职责。

（3）学习《小企业会计准则》（2011）中有关生产费用的归集与分配、产品生产成本的计算与结转、成本报告编制的核算规定，正确进行账务处理。

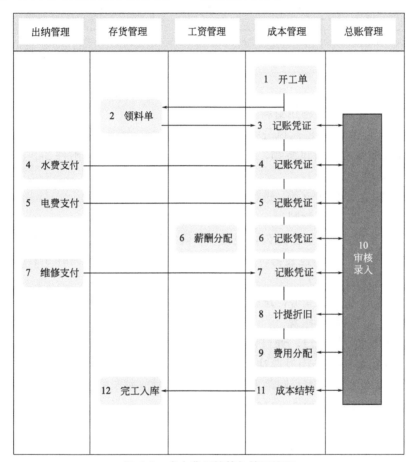

图 3-4　成本费用核算与管理流程

【做中学】

业务 3-1-28　生产科研领用材料

资料：（1）会计核算中，企业的投料方式主要有：①原材料在开始生产时一次投入，这时不论在产品完工程度如何，材料已全部投入，所以完工产品与在产品中所含的直接材料费用是一样的，投料程度为100%。②原材料不是开始生产时一次投入，而是在每道工序的开始一次性投入。③原材料随着生产进度陆续投入，且在每一道工序也是陆续投入。

（2）2019年12月1日东风公司根据订单确定生产计划，生产领用毛绒布、人造皮革、玩具配件原材料和纸箱包装物。（原始凭证：开工单见附件3-1-91、领料单见附件3-1-92～附件3-1-99）

任务：请根据上述经济业务，①分析东风公司采用的是哪种投料方式？②分析该项业务领料数量的依据，判断领料的合理性。③东风公司发出材料的计价方式是什么？发出材料的成本是如何计算的？这笔业务中的单价能否确定？④填制表 3-22，明确生产领料核算岗位分工及核算流程。⑤进行生产科研领料的核算。

表 3-22　成本费用核算岗位分工及核算流程

序号	角色	领用材料核算岗位工作内容（制单、复核、记账）
1	业务员	
2	出纳员	
3	成本会计	
4	总账会计	

业务 3-1-29　生产科研领用材料

资料：2019 年 12 月 11 日东风公司根据订单确定生产计划，生产领用原材料：毛绒布、人造皮革、玩具配件、纸箱包装物、水桶。（原始凭证：开工单见附件 3-1-100、领料单见附件 3-1-101～附件 3-1-106）

任务：请根据上述经济业务，进行生产科研领料的核算。

业务 3-1-30　生产领用材料

资料：2019 年 12 月 21 日东风公司根据订单确定生产计划，生产领用原材料：毛绒布、人造皮革、玩具配件、纸箱包装物、水桶。（原始凭证：开工单见附件 3-1-107、领料单见附件 3-1-108～附件 3-1-112）

任务：请根据上述经济业务，进行生产领料的核算。

业务 3-1-31　厂房租金核算

资料：2019 年 12 月 10 日，通过网上银行支付泰州海通物业有限公司 12 月厂房租金 21,800.00 元，取得增值税专用发票注明不含税价 20,000.00 元，增值税税率 9%，增值税税额 1,800.00 元。（原始凭证：银行回单见附件 3-1-113、增值税专用发票发票联见附件 3-1-114、增值税专用发票抵扣联见附件 3-1-115）

任务：请根据上述经济业务，进行厂房租金的核算。

业务 3-1-32　劳保用品购进并发放核算

资料：2019 年 12 月 11 日，用网银支付泰州世纪联华超市 3,390.00 元，为生产车间工人购进劳保用品，增值税普通发票上注明的价款为 3,000.00 元，增值税税率 13%，购入后分发给车间生产工人。（原始凭证：银行回单见附件 3-1-116、增值税普通发票见附件 3-1-117）

任务：请根据上述经济业务，①思考：东风公司能否从泰州世纪联华超市取得增值税专用发票？购进劳保用品的进项税额可否抵扣？②进行劳保用品购进并发放的核算。

业务 3-1-33　发放工资核算

资料：2019 年 12 月 11 日，发放 11 月份工资，应发数为 200,300.00 元，实际发放数为 151,986.59 元。（原始单据：银行转账支票存根见附件 3-1-118、工资明细表见附件 3-1-119）

任务：请根据上述业务，①讨论：东风公司可否用支付宝或微信给职工发放工资？如果可以，写出操作流程。②填制表 3-23，明确发放工资核算岗位分工及核算流程。③进行发放工资的核算。

表 3-23　成本费用核算岗位分工及核算流程

序号	角色	发放工资核算岗位工作内容（制单、复核、记账）
1	业务员	
2	出纳员	
3	成本会计	
4	总账会计	

业务 3-1-34　交纳社会保险核算

资料：（1）国务院、人社部印发《国税地税征管体制改革方案》，自 2019 年 1 月 1 日起，全国各地社保征收工作由税务部门统一征收。

（2）2019 年 12 月 15 日，税务局代扣上月员工社会保险共计 74,111.00 元，其中：单位应缴 53,079.50 元、个人应缴 21,031.50 元。（原始凭证：社会保险费通用缴款书见附件 3-1-120、银行回单见附件 3-1-121、社会保险明细表见附件 3-1-122）

任务：请根据上述业务，①填制表 3-24，明确交纳社会保险费核算岗位分工及核算流程。②进行交纳社会保险费的核算。

表 3-24　成本费用核算岗位分工及核算流程

序号	角色	交纳社会保险费核算岗位工作内容（制单、复核、记账）
1	业务员	
2	出纳员	
3	成本会计	
4	总账会计	

业务 3-1-35　交纳住房公积金核算

资料：（1）《住房公积金管理条例》规定，单位应当于每月发放职工工资之日起 5 日内将单位缴存的和为职工代缴的住房公积金汇缴到住房公积金专户内，由受委托银行计入职工住房公积金账户。

（2）2019 年 12 月 15 日，通过银行交纳上月员工住房公积金共计 48,072.00 元，其中单位应缴 24,036.00 元，个人应缴 24,036.00 元。（原始凭证：银行回单见附件 3-1-123、住房公积金明细表见附件 3-1-124）

任务：请根据上述业务，①掌握职工新增、办理、转移、提取住房公积金的相关程序及手续，更好服务职工。②填制表 3-25，明确交纳住房公积金核算岗位分工及核算流程。③进行交纳住房公积金的核算。

表 3-25　成本费用核算岗位分工及核算流程

序号	角色	交纳住房公积金核算岗位工作内容（制单、复核、记账）
1	业务员	
2	出纳员	
3	成本会计	
4	总账会计	

业务 3-1-36　工会经费上缴的核算

资料：（1）根据《国家税务总局关于工会经费企业所得税税前扣除凭据问题的公告》（国家税务总局公告 2010 年第 24 号）规定，自 2010 年 7 月 1 日起，企业拨缴的职工工会经费，不超过工资薪金总额 2% 的部分，凭工会组织开具的《工会经费收入专用收据》在企业所得税税前扣除。同时，《国家税务总局关于税务机关代收工会经费企业所得税税前扣除凭据问题的公告》（国家税务总局公告 2011 年 30 号）规定，自 2010 年 1 月 1 日起，在委托税务机关代收工会经费的地区，企业拨缴的工会经费，也可凭合法、有效的工会经费代收凭据依法在税前扣除。

（2）江苏省总工会《关于贯彻落实全国总工会〈基层工会经费收支管理办法〉的实施细则》（苏工发〔2018〕13 号）；江苏省总工会、江苏省地方税务局联合下发了《江苏省工会经费（工会筹备金）收缴管理办法（试行）》，明确从 2016 年 1 月 1 日起，工会经费由地方税务机关代收。

（3）通过税务局网上申报系统进行申报。缴费单位因缴费方式变化或计算错误等原因，导致上半年少申报缴纳的工会经费，应在第 3 或第 4 季度申报时并入当期申报数进行补充申报。缴费单位少缴或拖延上缴工会经费的，并催缴无效的，从欠缴之日起加收滞纳金。滞纳金按照中国人民银行规定的金融机构计收逾期贷款利息的标准计算。

（4）税务局代收工会经费统一使用税收票证，银行出具的《电子缴税（费）付款凭证》可以作为征缴凭证，市总工会不再开具《工会经费收入专用收据》。缴费单位拨缴工会经费按规定在企业所得税前扣除。

任务：①查找项目二的表 2-21，分析为何"应付职工薪酬——工会经费"没有期末余额？判断这样的账务处理是否正确。②请计算东风公司的 2019 年全年应缴纳的工会经费总额，得出是否需要补交以及补交多少的结论。

业务 3-1-37　支付员工培训费核算

资料：（1）根据《财政部　税务总局关于企业职工教育经费税前扣除政策的通知》（财税〔2018〕51 号）的规定，自 2018 年 1 月 1 日起，企业发生的职工教育经费支出，不超过工资薪金总额 8% 的部分，准予在计算企业所得税应纳税所得额时扣除；超过部分，准予在以后纳税年度结转扣除。

（2）根据财税〔2012〕27 号规定：软件生产企业发生的职工教育经费中的职工培训费用，应单独进行核算并按实际发生额在计算应纳税所得额时扣除。

（3）2019 年 12 月 12 日，用银行存款支付员工培训费 1,200.00 元。（增值税普通发票见附件 3-1-125、银行回单见附件 3-1-126）

任务：请根据上述业务，①一般纳税人企业发生的员工培训费可否取得增值税专用发票？可否抵扣进项税额？②进行员工培训费的核算。

业务 3-1-38　公益性捐赠核算

资料：（1）《企业所得税法实施条例》第五十一条规定：公益性捐赠，是指企业通过公益性社会团体或者县级以上人民政府及其部门，用于《中华人民共和国公益事业捐赠法》规定的公益事业的捐赠。

（2）《关于公益性捐赠支出企业所得税税前结转扣除有关政策的通知》（财税〔2018〕15 号）规定：企业通过公益性社会组织或者县级（含县级）以上人民政府及其组成部门和直属机构，用于慈善活动、公益事业的捐赠支出，在年度利润总额 12% 以内的部分，准予在计算应纳税所得额时扣除；超过年度利润总额 12% 的部分，准予结转以后三年内在计算应纳税所得额时扣除。年度利润总额，是指企业依照国家统一会计制度的规定计算的大于零的数额。

（3）2019 年 12 月 24 日，东风公司通过泰州市民政机构捐赠给泰州福利院 5,000.00 元。（原始凭证：捐赠统一收据见附件 3-1-127、银行回单见附件 3-1-128）

任务：请根据上述业务，①编制东风公司企业所得税费用扣除表。②进行公益性捐赠的核算。

业务 3-1-39　报刊费核算

资料：2019 年 12 月 26 日，用网银支付下年度订阅报刊费 1,800.00 元。（中国邮政集团公司及其所属邮政企业提供的邮政普遍服务和邮政特殊服务，免征增值税。邮政报刊发行服务属于邮政普遍服务，是免税的）（原始凭证：增值税普通发票见附件 3-1-129、银行回单见附件 3-1-130）

任务：请根据上述业务，进行报刊费的核算。

业务 3-1-40　罚款支出核算

资料：2019 年 12 月 26 日，东风公司支付环保局罚款支出 1,000.00 元。（原始凭证：罚款收据见附件 3-1-131、银行回单见附件 3-1-132）

任务：请根据上述业务，进行罚款支出的核算。

业务 3-1-41　管理部门电脑维修费核算

资料：2019 年 12 月 26 日，东风公司支付给小规模纳税人泰州友好家电维修有限公司修理管理部门电脑 515.00 元。（原始凭证：增值税普通发票见附件 3-1-133、银行回单见附件 3-1-134）

任务：请根据上述业务，进行管理部门电脑维修费的核算。

业务 3-1-42　印花税支出的核算

资料：（1）学习税收法规：《中华人民共和国印花税暂行条例》（中华人民共和国国务院令第 11 号）《财政部　税务总局关于对营业账簿减免印花税的通知》（财税〔2018〕50 号）《国家税务总局江苏省税务局关于调整印花税计税依据核定征收标准的公告》（国家税务总局江苏省税务局公告 2018 年第 19 号）。

（2）2019 年 12 月 26 日，现金购买 300.00 元印花税税票。（原始凭证：印花税票见附件 3-1-135）

任务：请根据上述业务，①编制涉及本单位的印花税政策表，在业务中灵活运用。②进行印花税支出的核算。

业务 3-1-43　工资计算与分配的核算

资料：（1）《国务院办公厅关于全面推进生育保险和职工基本医疗保险合并实施的意见》（国办发〔2019〕10 号）规定，生育保险基金并入职工基本医疗保险基金，统一征缴。

（2）企业发生的合理的工资、薪金支出，在企业所得税前据实扣除。

（3）应发工资是指根据劳动者付出的劳动，应当得到的工资待遇。应发工资 = 基本工资 + 奖金 + 津贴或者补贴 + 加班加点工资 + 特殊情况下支付的工资 − 劳动者因个人原因缺勤或旷工造成的工资或者奖金减少的部分。

实发工资是指劳动者应当实际得到或者用人单位应当实际支付给劳动者的工资报酬，不包括企业的职工福利费、职工教育经费、工会经费，实发工资 = 应发工资 − 四险一金个人缴纳部分－应缴个人所得税。四险一金包括养老保险、医疗保险、失业保险、工伤保险、住房公积金，其中养老保险、医疗保险和失业保险，这三种险是由企业和个人共同缴纳的保费，工伤保险和生育保险完全是由企业承担的，个人不需要缴纳。

最低工资是劳动者的应发工资，而不是实发工资。

（4）激励性薪酬是组织根据员工的工作绩效，付给员工基本工资以外的起到激励作用的报酬。分为个人层面和组织层面。前者包括红包、佣金、计件率、绩效工资等；后者包括利润分享、收益分享、员工股权计划等。

（5）《中华人民共和国个人所得税法实施条例》（中华人民共和国国务院令第707号，自2019年1月1日起施行）第六条规定，个人所得税法规定的各项个人所得的范围包括：工资、薪金所得，是指个人因任职或者受雇取得的工资、薪金、奖金、年终加薪、劳动分红、津贴、补贴以及与任职或者受雇有关的其他所得。利息、股息、红利所得，是指个人拥有债权、股权等而取得的利息、股息、红利所得。财产转让所得，是指个人转让有价证券、股权、合伙企业中的财产份额，不动产、机器设备、车船以及其他财产取得的所得。偶然所得，是指个人得奖、中奖、中彩以及其他偶然性质的所得。

（6）2019年12月31日，计算12月份应发工资，本月生产总工时2,100工时，其中生产唐装兔耗用840工时，生产公主熊耗用1,260工时。（原始凭证：生产工时统计表见附件3-1-136、12月份员工考勤表见附件3-1-137、12月份员工工资计算表见附件3-1-138、工资费用分配表附件3-1-139）

任务：请根据上述业务，①针对东风公司采取的"基本工资＋计时工资"方案，分析其优缺点，针对东风公司生产经营特点提出合理的激励性薪酬方案。②填制表3-26，明确计算工资核算岗位分工及核算流程。③进行工资计算与分配的核算。

表3-26　成本费用核算岗位分工及核算流程

序号	角色	工资计算与分配核算岗位工作内容（制单、复核、记账）
1	业务员	
2	出纳员	
3	成本会计	
4	总账会计	

业务3-1-44　职工福利费计提与分配的核算

资料：（1）《财政部关于企业加强职工福利费财务管理的通知》（财企〔2009〕242号）规定，企业职工福利费是指企业为职工提供的除职工工资、奖金、津贴、纳入工资总额管理的补贴、职工教育经费、社会保险费和补充养老保险费（年金）、补充医疗保险费及住房公积金以外的福利待遇支出，包括发放给职工或为职工支付的以下各项现金补贴和非货币性集体福利：企业尚未分离的内设集体福利部门所发生的设备、设施和人员费用，包括职工食堂、职工浴室、理发室、医务所、托儿所、疗养院、集体宿舍等集体福利部门设备、设施的折旧、维修保养费用以及集体福利部门工作人员的工资薪金、社会保险费、住房公积金、劳务费等人工费用。

（2）《中华人民共和国企业所得税法实施条例》（中华人民共和国国务院令第512号）第四十条规定，企业发生的职工福利费支出，不超过工资、薪金总额14%的部分，准予扣除。

（3）列入企业员工工资薪金制度、固定与工资薪金一起发放的福利性补贴，符合《国家税务总局关于企业工资薪金及职工福利费扣除问题的通知》（国税函〔2009〕3号）规定的，可作为企业发生的工资薪金支出，按规定在税前扣除。

（4）2019年12月31日，计提12月份职工福利费，本月生产总工时2,100工时，其中生产唐装兔耗用840工时，生产公主熊耗用1,260工时。（原始凭证：12月份员工职工福利费计提表见附件3-1-140）

任务：根据上述经济业务，①填制表3-27，明确职工福利费核算岗位分工及核算流程。②进行职工福利费计提与分配的核算。

表3-27　成本费用核算岗位分工及核算流程

序号	角色	职工福利费核算岗位工作内容（制单、复核、记账）
1	业务员	
2	出纳员	
3	成本会计	
4	总账会计	

业务3-1-45　社会保险费计提与分配的核算

资料：（1）企业年金是一种补充性养老金制度，是指企业及其职工在依法参加基本养老保险的基础上，自愿建立的补充养老保险制度。2004年劳动和社会保障部相继出台了《企业年金试行办法》和《企业年金基金管理试行办法》。

（2）按照政府规定的范围和标准缴纳"五险一金"，准予企业所得税前扣除。《财政部 国家税务总局关于补充养老保险费、补充医疗保险费有关企业所得税政策问题的通知》（财税〔2009〕27号）中规定，自2008年1月1日起，企业根据国家有关政策规定，为在本企业任职或者受雇的全体员工支付的补充养老保险费、补充医疗保险费，分别在不超过职工工资总额5%标准内的部分，在计算应纳税所得额时准予扣除；超过的部分，不予扣除。

（3）2019年12月31日，计提12月份社保费用，本月生产总工时2,100工时，其中生产唐装兔耗用840工时，生产公主熊耗用1,260工时。（原始凭证：12月份员工社会保险费计提分配表见附件3-1-141）

任务：根据上述经济业务，①尝试在不增加企业负担的情况下改革工资发放结构，学习个人所得税申报中企业年金的扣除标准，探索制订个人所得税筹划方案。②填制表3-28，明确社会保险费核算岗位分工及核算流程。③进行社会保险费计提与分配的核算。

表3-28　成本费用核算岗位分工及核算流程

序号	角色	社会保险费核算岗位工作内容（制单、复核、记账）
1	业务员	
2	出纳员	
3	成本会计	
4	总账会计	

业务3-1-46　住房公积金计提与分配的核算

资料：（1）《住房公积金管理条例》（国务院令第350号）第十六条第（二）款规定，单位为职工缴存的住房公积金的月缴存额为职工本人上一年度月平均工资乘以单位住房公积金缴存比例。

（2）《企业所得税法实施条例》第三十五条第（一）款规定，企业依照国务院有关主管部门或者省级规定的范围和标准为职工缴纳的基本养老保险费、基本疗保险费、失业保险费、工伤保险费、生育保险费等基本社会保险费和住房公积金，准予扣除。

（3）根据《住房公积金管理条例》《建设部、财政部、中国人民银行关于住房公积金管理若干具体问题的指导意见》（建金管〔2005〕5号）等规定精神，单位和个人分别不超过职工本人上一年度月平均工资12%的幅度内，其实际缴存的住房公积金，允许在个人应纳税所得额中扣除。单位和职工个人缴存住房公积金的月平均工资不超过职工工作地所在设区城市上一年度职工月平均工资的3倍，具体标准按照各地有关规定执行。单位和个人超过上述规定比例和标准缴付的住房公积金，应将超过部分并入个人当期的"工资、薪金收入"，计征个人所得税。

（4）2019年12月31日，计提12月份住房公积金，本月生产总工时2,100工时，其中生产唐装兔耗用840工时，生产公主熊耗用1,260工时。（原始凭证：12月份员工住房公积金计提表见附件3-1-142）

任务：根据上述经济业务，①尝试在不增加企业负担的情况下改革工资发放结构，学习个人所得税申报中住房公积金的扣除标准，探索制订个人所得税筹划方案。②填制表3-29，明确住房公积金核算岗位分工及核算流程。③进行住房公积金计提与分配的核算。

表3-29　成本费用核算岗位分工及核算流程

序号	角色	住房公积金核算岗位工作内容（制单、复核、记账）
1	业务员	
2	出纳员	
3	成本会计	
4	总账会计	

业务3-1-47　工会经费计提与分配的核算

资料：（1）工会经费，是指工会活动经费。建立工会组织的单位拨付的活动经费称工会经费，未成立工会组织的单位拨付的经费称工会筹备金。

（2）凡建立工会组织的企业应按照每月全部职工工资总额的2%计算提取并向工会拨缴当月工会经费，其中基层工会留用60%，解缴上级工会40%。其解缴上级工会的40%部分由税务机关代收。基层工会留用的60%部分，仍按现行办法由单位行政直接划拨给本单位工会。对逾期未交或者少交工会经费的单位，经屡次催交无效时，可以正式文件通知缴款单位的开户银行，由银行存款中扣交，并从当月的第16日起，每日扣收千分之五的滞纳金。

未建立工会组织的企业、事业单位和其他经济社会组织开业或设立已满一年仍未依法建立工会组织的，应缴纳建会筹备金，建会筹备金由各级税务机关负责代收。其中，个体工商户暂不须向税务机关申报缴纳工会经费。

全国总工会《关于基层工会组织筹建期间拨缴工会经费（筹备金）事项的通知》（总工办发〔2004〕29号）规定：根据《工会法》第十一条和第四十二条的规定，上级工会派员帮助和指导尚未组建工会组织的企业、事业单位、机关和其他组织（以下简称为有关单位）的职工筹建工会组织，自筹建工作开始的下个月起，由有关单位按每月全部职工工资总额的 2% 向上级工会全额拨缴工会经费（筹备金）。上级工会收到工会经费（筹备金）后向有关单位开具"工会经费拨缴专用收据"，有关单位凭专用收据在税前列支。

（3）《企业所得税法实施条例》第四十一条规定，企业拨缴的工会经费，不超过工资薪金总额 2% 的部分，准予扣除。

企业虽已提取但未拨缴也未取得拨缴收据的工会经费不能在税前扣除，如果已经计提的需要在汇算清缴时作纳税调增处理。

（4）《国家税务总局关于工会经费企业所得税税前扣除凭据问题的公告》（国家税务总局〔2010〕24 号公告）有关规定，自 2010 年 7 月 1 日起，企业拨缴的职工工会经费，不超过工资薪金总额 2% 的部分，凭工会组织开具的《工会经费收入专用收据》在企业所得税税前扣除。

（5）2019 年 12 月 31 日，计提 12 月份工会经费，本月生产总工时 2,100 工时，其中生产唐装兔耗用 840 工时，生产公主熊耗用 1,260 工时。（原始凭证：12 月份员工工会经费计提表见附件 3-1-143）

任务：根据上述经济业务，①本题是基于东风公司建立了工会组织的假设。由于与东风公司建立劳动合同关系的职工只有 21 人，不足法定的 25 人标准，请问是否需要计提工会经费？如果不缴，在税务系统纳税申报时该如何处理？②填制表 3-30，明确工会经费核算岗位分工及核算流程。③进行工会经费计提与分配的核算。

表 3-30　成本费用核算岗位分工及核算流程

序号	角色	工会经费核算岗位工作内容（制单、复核、记账）
1	业务员	
2	出纳员	
3	成本会计	
4	总账会计	

业务 3-1-48　职工教育经费计提与分配核算

资料：（1）《中华人民共和国就业促进法》第 47 条规定，企业应当按照国家有关规定提取职工教育经费，对劳动者进行职业技能培训和继续教育培训。第 67 条规定，企业未按照国家规定提取职工教育经费，或者挪用职工教育经费的，由劳动行政部门责令改正，并依法给予处罚。

（2）《财政部 税务总局关于企业职工教育经费税前扣除政策的通知》要求，自 2018 年 1 月 1 日起，企业发生的职工教育经费支出，不超过工资薪金总额 8% 的部分，准予在计算企业所得税应纳税所得额时扣除；超过部分，准予在以后纳税年度结转扣除。

（3）企业职工教育培训经费列支范围包括：上岗和转岗培训；各类岗位适应性培训；岗位培训、职业技术等级培训、高技能人才培训；专业技术人员继续教育；特种作业人员培训；企业组织的职工外送培训的经费支出；职工参加的职业技能鉴定、职业资格认证等经费支出；购置教学设备与设施；职工岗位自学成才奖励费用；职工教育培训管理费用；有关职工教育的其他开支。

（4）2019 年 12 月 31 日，计提 12 月份职工教育经费，本月生产总工时 2,100 工时，其中生产唐装兔耗用 840 工时，生产公主熊耗用 1,260 工时。（原始凭证：12 月份职工教育经费计提表见附件 3-1-144）

任务：根据上述经济业务，①财政部公布《关于加强企业职工教育经费财务管理的通知》（征求意见稿），请关注政策的变化。②填制表 3-31，明确职工教育经费核算岗位分工及核算流程。③进行职工教育经费计提与分配的核算。

表 3-31　成本费用核算岗位分工及核算流程

序号	角色	职工教育经费核算岗位工作内容（制单、复核、记账）
1	业务员	
2	出纳员	
3	成本会计	
4	总账会计	

业务 3-1-49　材料费用归集与分配的核算

资料：（1）材料费用的归集与分配是对生产经营过程中耗用的各种材料，如各种原料及主要材料、辅助材料和燃料，这些材料应根据手续完备记录正确的领退料凭证，定期按其用途归汇总，编制"材料耗用汇总分配表"，并据以进行材料费用的归集与分配。

① 直接用于产品生产的原料、主要材料以及辅助材料等本料费用，应当计入"生产成本——基本生产本"科目及相应的产品成本计算单中的"间接材料"成本项目。凡可直接计入有关成本计算对象的，应当直接计入；凡是几个成计算对象共同耗用的，应采用既较合理又较简便的分配方法，分配后计入各种成本计算对象的"直接材料"成本项目。材料费用分配通常采用定额消耗量比例法、产品重量比例法等。

② 用于生产车间和企业管理部门的一般消耗性材料，应按照领料部门和材料用途归集计入"制造费用"和"管理费用"科。

③ 材料退回和废料回收时，应根据原料凭证和废料交库凭证按材料领用时的用途归类，扣减原领的材料费用。月末车间结存的材料，即使下月生产需用，也要办理"假退料"手续，不能列为本月的费用支出。

④ 在实际工作中，材料费用的分配一般是通过"材料费用分配表"进行的。

（2）2019 年 12 月 31 日，东风公司对原材料采用实际成本法进行核算，发出材料的成本采用月末一次加权平均法进行计算。2019 年 12 月 31 日汇总发出材料见表 3-32。（原始凭证：发出材料汇总表见附件 3-1-145、发出材料单位成本计算表见附件 3-1-146、原材料发出汇总表见附件 3-1-147、包装物单位成本计算表见附件 3-1-148、包装物发出汇总表见附件 3-1-149、低值易耗品发料汇总表见附件 3-1-150）

表 3-32　发出材料汇总表 2019 年 12 月 1～31 日

材料名称	单位	生产产品		车间一般耗用	管理部门领用	销售部门耗用	研发部门耗用	合计
		唐装兔	公主熊					
毛绒布	米	3,100	4,900	200	0	100	800	9,100
人造皮革	米	700	1,000	100	0	0	0	1,800
玩具配件	只	4,500	6,500	100	0	0	0	11,100
纸箱	只	330	370	0	20	0	0	720
水桶	只	0	0	2	0	0	0	2

制单：李岩　　　　　　　　　　　　　　　　　　　　　　　　　复核：朱胜利

任务：根据上述经济业务，①分析东风公司材料费用分配采用何种方法？选择这种方法的依据是什么？如何科学合理选择材料费用分配方法？②填制表3-33，明确材料费用归集与分配核算岗位分工及核算流程。③计算单位成本和总成本，并根据用途进行分配。④进行材料费用归集与分配的核算。

表3-33 成本费用核算岗位分工及核算流程

序号	角色	材料费用归集与分配核算岗位工作内容（制单、复核、记账）
1	业务员	
2	出纳员	
3	成本会计	
4	总账会计	

业务 3-1-50 水费核算

资料：（1）生产过程发生的间接费用按受益单位、受益数量来承担，分配间接计入费用的分配标准主要有三类：一是成果类，如产品的重量、体积、产量、产值等；二是消耗类，如生产工时、生产工人的工资、机器工时、原材料消耗量等；三是定额类，如定额消耗量、定额费用等。分配时先计算费用分配率，即每一单位分配标准应负担的费用额。然后再根据各种产品的分配标准额乘以费用分配率，即可求得每种产品应分配的间接计入要素费用。

（2）2019年12月10日，通过网上银行支付泰州自来水公司11月份水费。收到的增值税专用发票上注明的不含税金额14,100.00元，增值税税率3%，增值税税额423.00元，价税合计14,523.00元。（原始凭证：银行回单见附件3-1-151、增值税专用发票发票联见附件3-1-152、增值税专用发票抵扣联见附件3-1-153、水费分配表见附件3-1-154）

任务：请根据上述经济业务，①东风公司的水费怎样在受益单位（管理部门、生产部门）之间分配呢？②填制表3-34，明确生产费用料核算岗位分工及核算流程。③进行水费的核算。

表3-34 成本费用核算岗位分工及核算流程

序号	角色	水费核算岗位工作内容（制单、复核、记账）
1	业务员	
2	出纳员	
3	成本会计	
4	总账会计	

业务 3-1-51 电费核算

资料：2019年12月10日，通过网上银行支付泰州市供电公司11月电费。取得增值税专用发票注明不含税价30,000.00元，增值税税率13%，增值税税额3,900.00元。（原始凭证：银行回单见附件3-1-155、增值税专用发票发票联见附件3-1-156、增值税专用发票抵扣联见附件3-1-157、水费分配表见附件3-1-158）

任务：请根据上述经济业务，①东风公司的电费怎样在受益单位（管理部门、生产部门）之间分配呢？②进行电费的核算。

业务 3-1-52　长期待摊费用分摊核算

资料：2019 年 12 月 31 日，长期待摊费用账面 11 月末余额 200,000.00 元，均为厂房装修费的摊余值，其中原值发生额为人民币 300,000.00 元，按 5 年摊销，截至 2019 年 11 月末已摊销 20 个月。（原始凭证：长期待摊费用分摊表见附件 3-1-159）

任务：根据上述经济业务，①填制表 3-35，明确长期待摊费用分摊核算岗位分工及核算流程。②进行长期待摊费用分摊的核算。

表 3-35　成本费用核算岗位分工及核算流程

序号	角色	长期待摊费用分摊核算岗位工作内容（制单、复核、记账）
1	业务员	
2	出纳员	
3	成本会计	
4	总账会计	

业务 3-1-53　计提固定资产折旧核算

资料：（1）《财政部 税务总局关于扩大固定资产加速折旧优惠政策适用范围的公告》（财政部 税务总局公告 2019 年第 66 号）规定，自 2019 年 1 月 1 日起，将固定资产加速折旧优惠的行业范围扩大至全部制造业领域。制造业按照国家统计局《国民经济行业分类与代码（GB/4754—2017）》确定。

（2）2019 年 12 月 31 日，计提本月固定资产折旧，结果保留四位小数。（原始凭证：固定资产折旧明细表见附件 3-1-160、固定资产折旧计提与分配表见附件 3-1-161）

任务：根据上述经济业务，①填制表 3-36，明确计提固定资产折旧核算岗位分工及核算流程。②进行计提固定资产折旧的核算。

表 3-36　成本费用核算岗位分工及核算流程

序号	角色	计提固定资产折旧核算岗位工作内容（制单、复核、记账）
1	业务员	
2	出纳员	
3	成本会计	
4	总账会计	

业务 3-1-54　摊销无形资产核算

资料：2019 年 12 月 31 日，摊销本月无形资产。（原始凭证：摊销无形资产明细表见附件 3-1-162）

任务：根据上述经济业务，进行摊销无形资产的核算。

业务 3-1-55　研发支出费用化核算

资料：2019 年 12 月 31 日，当月发生的研发支出不符合资本化条件，将发生的研发支出全部费用化。（原始凭证：研发支出的摊销计算表见附件 3-1-163）

任务：根据上述经济业务，进行研发支出费用化的核算。

业务 3-1-56　处置固定资产核算（一）

资料：2019 年 12 月 31 日，办公室一台电脑出现了故障，不能正常使用，决定将其出售给废品收购部门，电脑账面价值为 4,200.00 元，已计提折旧 2,352.00 元，当月已经提足

折旧，余额为 1,848.00 元。（原始凭证：固定资产处置清单见附件 3-1-164）

任务：根据上述经济业务，进行处置固定资产的核算。

业务 3-1-57　处置固定资产核算（二）

资料：2019 年 12 月 31 日，处置固定资产支付运费 100.00 元，收到增值税普通发票，款项已通过现金支付。（原始凭证：运费发票见附件 3-1-165）

任务：根据上述经济业务，进行处置固定资产的核算。

业务 3-1-58　处置固定资产核算（三）

资料：（1）《财政部、国家税务总局关于废旧物资回收经营业务有关增值税政策的通知》（财税〔2001〕78 号）所称废旧物资，是指在社会生产和消费过程中产生的各类废弃物品，包括经过挑选、整理等简单加工后的各类废弃物品。《再生资源回收管理办法》（商务部令 2007 年第 8 号）第二条所称的再生资源，即在社会生产和生活消费过程中产生的，已经失去原有全部或部分使用价值，经过回收、加工处理，能够使其重新获得使用价值的各种废弃物。上述加工处理，仅指清洗、挑选、整理等简单加工。

（2）《财政部、国家税务总局关于部分货物适用增值税低税率和简易办法征收增值税政策的通知》（财税〔2009〕9 号）《国家税务总局关于增值税简易征收政策有关管理问题的通知》（国税函〔2009〕90 号）《财政部、国家税务总局关于简并增值税征收率政策的通知》（财税〔2014〕57 号）。

（3）2019 年 12 月 31 日，出售故障电脑取得不含税的变价收入 500.00 元，增值税税率 13%，价税合计 565.00 元。（原始凭证：增值税专用发票记账联见附件 3-1-166，银行回单见附件 3-1-167）

任务：根据上述经济业务，进行处置固定资产的核算。

业务 3-1-59　处置固定资产核算（四）

资料：2019 年 12 月 31 日，结转"固定资产清理"账户。（原始凭证：固定资产处置单见附件 3-1-168）

任务：根据上述经济业务，进行处置固定资产的核算。

业务 3-1-60　结转并分配制造费用核算

资料：（1）制造费用是指企业为生产产品和提供劳务而发生的各项间接费用。企业应当根据生产特点、管理要求、制造费用的性质，根据相关性、相对稳定、易操作的原则，合理地选择制造费用分配方法。制造费用通常分配方法有：生产工人工时比例法（或生产工时比例法）、生产工人工资比例法（或生产工资比例法）、机器工时比例法、直接材料比例法和按年度计划分配率分配法等。制造费用分配表是用来记录多种受益产品之间分配制造费用的分配标准、分配率及分配金额的原始凭证。

（2）2019 年 12 月 31 日，根据系统里生成的制造费用总额，结转并分配本月制造费用。（原始凭证：制造费用分配表见附件 3-1-169）

任务：根据上述经济业务，①教材提供的是生产工时比例法分配制造费用，你认为该方法的选择合理吗？其理由是什么？②进行结转并分配制造费用的核算。

业务 3-1-61　结转完工产品成本核算

资料：（1）完工产品和在产品之间分配费用的方法通常有：①不计算在产品成本法（即在产品成本为零），这种方法适用于月末在产品数量很小的情况。②在产品成本按年初数固定计算法，这种方法适用于月末在产品数量很小，或者在产品数量虽大但各月之间在产品数量变动不大，月初、月末在产品成本的差额对完工产品成本影响不大的情况。③在产品成本按其所耗用的原材料费用计算，这种方法是在产品成本按所耗用的原材料费用计算，其他费用全部由完工产品成本负担。这种方法适合原材料费用在产品成本中所占比重较大，而且原材料是在生产开始时一次就全部投入的情况使用。④约当产量法，是将月末结存的在产品，按其完工程度折合成约当产量，然后再将产品应负担的全部生产费用，按完工产品产量和在产品约当产量的比例进行分配的一种方法。⑤在产品成本按定额成本计算法。按定额比例分配完工产品和月末在产品成本的方法（定额例法）。

（2）企业根据在产品数量的多少、各月的在产品数量变化的大小、各项费用比重的大小、定额管理基础的好坏等具体情况来合理选择生产费用在完工产品与在产品之间进行分配的方法。

（3）2019年12月31日，结转完工产品成本（原始凭证：完工产品计算明细表见附件3-1-170、附件3-1-171）

任务：根据上述经济业务，①本教材提供的是约当产量法，你认为该方法的选择合理吗？其理由是什么？②填制表3-37，明确结转完工产品成本核算岗位分工及核算流程。③进行结转完工产品成本的核算。

表3-37　成本费用核算岗位分工及核算流程

序号	角色	结转完工产品成本核算岗位工作内容（制单、复核、记账）
1	业务员	
2	出纳员	
3	成本会计	
4	总账会计	

【学中做】

业务1　成本费用开支范围

资料：企业职工发生的属于个人的下列支出，不得在成本费用中列支：①娱乐、健身、旅游、招待、购物、馈赠等支出；②购买商业保险、证券、股权、收藏品等支出；③个人行为导致的罚款、赔偿等支出；④购买住房、支付物业管理费等支出；⑤应由个人承担的其他支出。

任务：请讨论《企业财务通则》（2006）作出这样规定的理由。

业务2　产品成本核算对象

资料：《企业产品成本核算制度（试行）》（财会〔2013〕17号）第九条，制造企业一般按照产品品种、批次订单或生产步骤等确定产品成本核算对象。①大量大批单步骤生产产品或管理上不要求提供有关生产步骤成本信息的，一般按照产品品种确定成本核算对象。②小批单件生产产品的，一般按照每批或每件产品确定成本核算对象。③多步骤连续加工产品且管理上要求提供有关生产步骤成本信息的，一般按照每种（批）产品及各生产步骤确定成本核算对象。产品规格繁多的，可以将产品结构、耗用原材料和工艺过程基本相同的产品，适当合并作为成本核算对象。

任务：请联系项目二中的内容，分析东风公司的产品成本核算对象是如何确定的。

业务3　产品成本核算流程

资料：不同的企业，由于生产的工艺过程、生产组织，以及成本管理要求不同，成本计算的方法也不一样。不同成本计算方法的区别主要表现在三个方面：一是成本计算对象不同；二是成本计算期不同；三是生产费用在产成品和半成品之间的分配情况不同。常用的成本计算方法主要有品种法、分批法和分步法。

任务：请结合东风公司的生产特点，表述产品成本核算流程。

业务4　生产领域控制成本

资料：在信息透明的时代，各行各业都在高速发展，企业的盈利模式也发生了重大改变。在这高速发展的今天，企业的同业竞争越来越大，利润越来越薄，而员工薪资又越来越高，如何让企业能够盈利是当下各位企业主时常讨论的焦点。哈佛商学院迈克尔·波特教授将竞争战略总结为三种：总成本领先战略、差异化战略、聚集战略。其中总成本领先战略的外在竞争表现形式便是价格战。"总成本低于竞争对手"意味着当其他公司在竞争中失去利润时，本公司依然可以获利。微波炉行业市场占有率排名第一的格兰仕，便是采用这一竞争战略的典型企业之一。

任务：阅读"企业成本控制的六大方法"，针对东风公司的生产经营特点，提出生产领域控制成本的具体改进措施。

任务5　营销业务核算与管理

【任务描述】

市场营销不是企业发展成功的唯一因素，但一定是成功的关键因素。市场营销是在创造、沟通、传播和交换产品中，为顾客、客户、合作伙伴以及整个社会带来经济价值的活动、过程和体系。马克思把商品转换成货币称为"商品的惊险的跳跃""这个跳跃如果不成功，摔坏的不是商品，但一定是商品占有者"。对于企业而言，市场营销就是指在变化的市场环境中，以满足人类各种需要和欲望为目的。在适当的时间、适当的地点以适当的价格、适当的信息沟通和促销渠道，向适当的消费者提供市场的产品和服务，包括市场调研、选择目标市场、产品开发、产品促销等一系列与市场有关的企业业务经营活动。企业营销过程中涉及物流、资金流和信息，三者在时间上可能会不一致。从空间角度看，包括网络电子商务和实体店营销，需要学习新的业态和模式，更需要学习"电子商务会计"。

（1）学习《企业财务通则》第二十四条规定，企业应当建立合同的财务审核制度，明确业务流程和审批权限，实行财务监控。理解营销业务核算与管理流程（见图3-5），明确东风公司营销业务核算流程，正确履行岗位职责。

（2）加强《财务管理》中"应收款项"知识与技术的学习与应用，评估客户信用风险，跟踪客户履约情况，落实收账责任，减少坏账损失，加速应收款项的周转，提高资金使用效益与效率。

（3）《中华人民共和国电子商务法》（2018年8月31日第十三届全国人民代表大会常务委员会第五次会议通过，自2019年1月1日起施行）第十一条规定，电子商务经营者应当依法履行纳税义务，并依法享受税收优惠。第十四条规定，电子商务经营者销售商品或者提供服务应当依法出具纸质发票或者电子发票等购货凭证或者服务单据。电子发票与纸质发票具有同等法律效力。第四十七条规定，电子商务当事人订立和履行合同，适用本章和《中华人民共和国民法总则》《中华人民共和国合同法》《中华人民共和国电子签名法》等法律的规定。电子商务行业的财务人员需要从整体上掌握电子商务会计的工作模式和流程，从细节上把握电子商务会计具体工作的要点。

（4）学习《小企业会计准则》（2011）中有关商品、原材料的销售、退回的核算规定，正确进行账务处理。

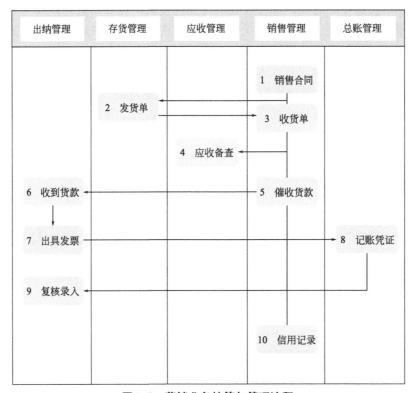

图 3-5　营销业务核算与管理流程

【做中学】

业务 3-1-62　提取现金核算

资料：2019 年 12 月 7 日，出纳员许秋菊从开户银行提取现金 3,000.00 元，用于员工预借的差旅费。（原始凭证：现金支票存根见附件 3-1-172、提现申请单见附件 3-1-173）

任务：请根据上述经济业务，①填制表 3-38，明确提取现金核算岗位分工及核算流程。②进行提取现金的核算。

表 3-38　营销业务核算岗位分工及核算流程

序号	角色	提取现金核算岗位工作内容（制单、复核、记账）
1	业务员	
2	出纳员	
3	成本会计	
4	总账会计	

业务 3-1-63　借出现金核算

资料：2019 年 12 月 7 日，销售部员工夏天去北京出差，财务部借出差旅费 1,500.00 元，支付现金。（原始凭证：借款单见附件 3-1-174）

任务：请根据上述业务，①分析销售部员工夏天去北京出差的行程及交通、住宿等方式，判断借款金额是否合适？②填制表 3-39，明确借出现金核算岗位分工及核算流程。③进行借出现金的核算。

表 3-39　营销业务核算岗位分工及核算流程

序号	角色	借出现金核算岗位工作内容（制单、复核、记账）
1	业务员	
2	出纳员	
3	成本会计	
4	总账会计	

业务 3-1-64　报销差旅费核算

资料：（1）差旅费是指工作人员临时到常驻地以外地区公务出差所发生的费用，在实务中差旅费具体包括：城市间交通费（出差途中的车票、船票、机票等）、住宿费、通信费、伙食补助费（误差补助、交通补贴等）和市内交通费（目的地的公交、出租等费用）、车辆费用（如果是自带车辆，出差路上的油费、过路费、停车费等）、杂费（行李托运、订票费等）。

差旅费报销制度重点关注方面有：①建立企业规范的补贴标准：按职位的不同，设置不同档次出差补贴标准；②建立企业规范的住宿标准：按职位的不同，设置不同住宿酒店的星级标准或住宿费报销标准(需要考虑地区差异)；③建立企业规范的出行交通工具乘坐标准：重点在于限制乘坐头等舱、铁路软卧、高铁豪华商务座等；④建立企业出差的控制流程，从源头上控制差旅费，防止随意出差和假借出差之名办私事等；⑤建立企业的差旅费预支和报账流程，目的在于促进出差人员及时报账；⑥建立企业差旅费报销的处罚制度，对于在差旅费报销中有违纪违规的给予处罚的标准。

（2）《国家税务总局关于国内旅客运输服务进项税抵扣等增值税征管问题的公告》（国家税务总局公告 2019 年第 31 号）规定，纳税人未取得增值税专用发票的，暂按照以下规定确定进项税额：①取得增值税电子普通发票的，为发票上注明的税额；②取得注明旅客身份信息的航空运输电子客票行程单的，为按照下列公式计算进项税额：航空旅客运输进项税额 =（票价 + 燃油附加费）÷（1+9%）×9%；③取得注明旅客身份信息的铁路车票的，为按照下列公式计算的进项税额：铁路旅客运输进项税额 = 票面金额 ÷（1+9%）×9%；④取得注明旅客身份信息的公路、水路等其他客票的，按照下列公式计算进项税额：公路、水路等其他旅客运输进项税额 = 票面金额 ÷（1+3%）×3%。

《国家税务总局关于取消增值税扣税凭证认证确认期限等增值税征管问题的公告》（国家税务总局公告 2019 年第 45 号）

（3）2019 年 12 月 10 日，销售部夏天从北京出差归来，报销差旅费。（原始凭证：差旅费报销单见附件 3-1-175、火车票见附件 3-1-176、附件 3-1-177、借款单见附件 3-1-178、住宿发票见附件 3-1-179、住宿发票抵扣联见附件 3-1-180）

任务：请根据上述经济业务，①分析单位外部人员能在本单位报销差旅费吗？②分析差旅费津贴、误餐补助需要交纳个人所得税吗？③填制表3-40，明确报销差旅费核算岗位分工及核算流程。④进行报销差旅费的核算。

表 3-40　营销业务核算岗位分工及核算流程

序号	角色	报销差旅费核算岗位工作内容（制单、复核、记账）
1	业务员	
2	出纳员	
3	成本会计	
4	总账会计	

业务 3-1-65　报销销售费用核算

资料：2019年12月11日，通过网上银行支付南京会展中心商品展览促销费10,600.00元，取得增值税专用发票注明不含税价10,000.00元，增值税税率6%，增值税税额600.00元。（原始凭证：银行回单见附件3-1-181、增值税专用发票发票联见附件3-1-182、增值税专用发票抵扣联见附件3-1-183）

任务：请根据上述经济业务，①填制表3-41，明确报销差旅费核算岗位分工及核算流程。②进行报销售费用的核算。

表 3-41　营销业务核算岗位分工及核算流程

序号	角色	报销销售费用核算岗位工作内容（制单、复核、记账）
1	业务员	
2	出纳员	
3	成本会计	
4	总账会计	

业务 3-1-66　销售商品（现销）核算

资料：（1）《中华人民共和国增值税暂行条例》（中华人民共和国国务院令第538号）第十九条增值税纳税义务发生时间：销售货物或者应税劳务，为收讫销售款项或者取得索取销售款项凭据的当天；先开具发票的，为开具发票的当天。

增值税的纳税期限分别为1日、3日、5日、10日、15日、1个月或者1个季度。纳税人以1个月或者1个季度为1个纳税期的，自期满之日起15日内申报纳税；以1日、3日、5日、10日或者15日为1个纳税期的，自期满之日起5日内预缴税款，于次月1日起15日内申报纳税并结清上月应纳税款。纳税申报期一般为次月1日起至15日止，遇最后一日为法定节假日的，顺延1日；在每月1日至15日内有连续3日以上法定休假日的，按休假日天数顺延。

（2）2019年12月16日东风公司销售给泰州昌华宠物玩具有限公司宠物玩具一批：唐装兔95箱，不含税单价1,400.00元/箱；公主熊80箱，不含税单价2,000.00元/箱。开具增值税专用发票，增值税税率13%。收到转账支票一张，金额331,090.00元。运费由购货方承担。购买方验收货物与合同一致。（原始凭证：购销合同见附件3-1-184、增值税专用发票记账联见附件3-1-185、库存商品出库单见附件3-1-186、银行结算凭证见附件3-1-187）

任务：请根据上述经济业务，①填制表3-42，明确销售商品核算岗位分工及核算流程。②进行销售商品的核算。

表 3-42　营销业务核算岗位分工及核算流程

序号	角色	销售商品核算岗位工作内容（制单、复核、记账）
1	业务员	
2	出纳员	
3	成本会计	
4	总账会计	

业务 3-1-67　销售商品（现金折扣）核算

资料：(1) 赊销时在购销合同中为了鼓励购买方在授信期前、收到货物并验收合格之后提前付款，通常订立现金折扣条款，销售方将给予该批货款不含税金额的一定比例的折扣，这种行为本质上是一种理财行为。根据《国家税务总局关于确认企业所得税收入若干问题的通知》（国税函〔2008〕875 号）第一条（五）项规定，债权人为鼓励债务人在规定的期限内付款而向债务人提供的债务扣除属于现金折扣，销售商品涉及现金折扣的，应当按扣除现金折扣前的金额确定销售商品收入金额，现金折扣在实际发生时作为财务费用扣除。根据《企业所得税税前扣除办法》第十六条规定，现金折扣可税前列支。

对于销售企业，现金折扣有两方面的积极意义：缩短收款时间，减少坏账损失。副作用是减少现金流量，因为折扣部分冲减了财务费用，实际收到的钱就少了。因此，销售企业都试图将折扣率确定在平衡正面作用和负面作用的水平之上。

(2)《国家税务总局关于确认企业所得税收入若干问题的通知》（国税函〔2008〕875 号）第一条第（五）项第二款规定，债权人为鼓励债务人在规定的期限内付款而向债务人提供的债务扣除属于现金折扣，销售商品涉及现金折扣的，应当按扣除现金折扣前的金额确定销售商品收入金额，现金折扣在实际发生时作为财务费用扣除。

(3) 我国《企业会计准则第 14 号——收入》规定，现金折扣是指债权人为鼓励债务人在规定的期限内付款而向债权人提供的债务折扣。销售商品涉及现金折扣的，应当按照扣除现金折扣前的金额来确认销售商品收入金额。现金折扣在实际发生时计入当期损益。即我国对现金折扣采用总价法核算，现金折扣的会计处理与税务处理一致。

(4) 2019 年 12 月 16 日，东风公司销售给泰州神华文化用品有限公司玩具一批：唐装兔 80 箱，不含税价格为 1,450.00 元 / 箱；公主熊 100 箱，不含税价格为 2,050.00 元 / 箱，增值税税率为 13%，增值税专用发票注明的货款为 321,000.00 元，增值税税金为 41,730.00 元。为了鼓励对方早日付款，采用（2/10,1/20,n/30）的现金折扣方式。（原始凭证：购销合同见附件 3-1-188、增值专用发票记账联见附件 3-1-189、库存商品出库单见附件 3-1-190）

任务：请根据上述经济业务，①假如东风公司的资金利润率为 10%，试确定现金折扣的付款期及相应的现金折扣比例；②进行销售商品的核算。

业务 3-1-68　销售商品（商业折扣）核算

资料：(1)《关于增值税若干具体问题的规定》（国税发〔1993〕154 号）第（二）条对商业折扣的纳税规定，纳税人采取折扣方式销售货物，如果销售额和折扣额在同一张发票上分别注明的，可按折扣后的销售额征收增值税；如果将折扣额另开发票，不论其在财务上如何处理，均不得从销售额中减除折扣额。

根据《中华人民共和国增值税暂行条例实施细则》（财法字〔1993〕38 号）第十一条规定，小规模纳税人以外的纳税人（以下简称一般纳税人）因销货退回或折让而退还给购买方的增值税额，应从发生销货退回或折让当期的销项税额中扣减，因进货退出或折让而收回的增值税额，应从发生进货退出或折让当期的进项税额中扣减。

（2）2019年12月18日，东风公司销售给武汉市够派宠物用品有限公司玩具一批：唐装兔100箱，每箱商品的不含税标价1,400.00元；公主熊100箱，每箱商品的不含税标价2,000.00元，增值税税率为13%，由于是成批销售，给予对方10%的商业折扣，对方通过网上银行结算。（原始凭证：购销合同见附件3-1-191、增值专用发票记账联见附件3-1-192、库存商品出库单见附件3-1-193、银行回单见附件3-1-194）

任务：请根据上述经济业务，进行销售商品的核算。

业务3-1-69 销售商品（赊销）核算

资料：（1）《最高人民法院关于审理买卖合同纠纷案件适用法律问题的解释》（法释〔2012〕8号）规定，出卖人仅以增值税专用发票及税款抵扣资料证明其已履行交付标的物义务，买受人不认可的，出卖人应当提供其他证据证明交付标的物的事实。合同约定或者当事人之间习惯以普通发票作为付款凭证，买受人以普通发票证明已经履行付款义务的，人民法院应予支持，但有相反证据足以推翻的除外。

（2）2019年12月18日，东风公司销售给晋江市磁灶富明玩具有限公司产品一批：唐装兔50箱，每箱商品的不含税标价1,200.00元/箱；公主熊50箱，每箱商品的不含税标价1,960.00元/箱，价税合计金额178,540.00元，采用赊销的方式。以银行存款支付泰州海陵物流有限公司价税合计的运费5,450.00元，取得增值税专用发票。（原始凭证：购销合同见附件3-1-195、增值专用发票记账联见附件3-1-196、库存商品出库单见附件3-1-197、银行回单见附件3-1-198、运输费用增值税专用发票发票联见附件3-1-199、运输费用增值税专用发票抵扣联见附件3-1-200）

任务：请根据上述经济业务，①讨论：如何确认买受人交付标的物的事实？②分析赊销风险，提出赊销风险控制措施。③进行销售商品的核算。

业务3-1-70 销售商品（销售折让）核算

资料：（1）《增值税若干具体问题的规定》国税发〔1993〕154号规定，纳税人采取折扣方式销售货物的，折扣额和销售额在同一张发票的"金额"栏分别注明的，可按折扣后的销售额征收增值税。反之，折扣额不得从销售额中减除。因此，折扣销售的情况下，财务人员向购货方开具发票时必须按要求在同一发票的金额栏内分别注明折扣额、销售额，否则由于计税基数的增加，会多缴税款。

（2）根据《国家税务总局关于红字增值税发票开具有关问题的公告》（国家税务总局公告2016年第47号）《中华人民共和国发票管理办法实施细则》（国家税务总局令第25号公布，国家税务总局令第37号、第44号、第48号修改）第二十七条，红字增值税专用发票开具申请条件：①红字增值税专用发票开具申请，纳税人开具增值税专用发票后，发生销货退回、开票有误、应税服务中止以及发票抵扣联、发票联均无法认证等情形但不符合作废条件，或者因销货部分退回及发生销售折让，需要开具红字专用发票的，需取得税务机关系统校验通过的《开具红字增值税专用发票信息表》。②作废开具红字发票信息表，《开具红字增值税专用发票信息表》填开错误且尚未使用的，纳税人可申请作废。

（3）实物折扣的核算。如果销售方将自产、委托加工或购买的货物进行折扣叫做实物折扣，这部分折扣抵减的款额将不能从销售额中减除，须按增值税暂行条例实施细则有关规定,在会计核算上,作视同销售货物处理,依法计算缴纳增值税。例如京东主打的"买二送一"和"跨万店买三免一"等,销售中所送、所免的商品都应按照正常售价计缴增值税。但是,销售方如果将实际收到的2件商品的货款,按销售货物和赠送货物品名、数量以及按各项商品公允价值的比例分摊确认的价格和金额在同一张发票上注明,那么,销售方便能实现折扣销售。

(4) 使用优惠券的核算。电商购物平台上推出大力度的点击领取优惠券、抢购物券、送红包等促销方式,例如"满100元可用20元优惠券"。此时,从销售方来看,准予购货方抵用优惠券是基于销售已经成立,且购货款达到了商家事前确定的标准,销售方给予购货方的一种优惠。这种方式下,销售方不能将优惠券的金额从应税销售额中扣除,而应按总价计算销项税额。同样的道理,购物满一定额度返还现金,如满200元返20元,对于销售方来说,返还给购货方的现金不能作为折扣额从应税销售额中扣除,也应按200元计算销项税额。

对此商家推出了"抢先预定"的促销手段,即购货方先支付一定的定金,该定金享有"膨胀特权"可用于抵减应付货款(指支付的定金可按一定的倍数,比如"预交100定金可抵200元")。有的商家还同时推出可在支付尾款环节使用优惠券。对于购买方来说这是一种双重利好。这种销售方式下,在计算应纳税额时要将可抵减定金的倍数、优惠券的总额均计入应税总额。

(5) 2019年12月20日,晋江市磁灶富明玩具有限公司发现收到的本公司12月18日销售的货物存在质量瑕疵,经双方协商,给予购货方公主熊和唐装兔各5%的销售折让,开具红字发票。(原始凭证:增值专用发票记账联见附件3-1-201)

任务:请根据上述经济业务,①填制表3-43,明确销售商品折让核算岗位分工及核算流程。②进行销售商品折让的核算。

表 3-43　营销业务核算岗位分工及核算流程

序号	角色	销售商品折让核算岗位工作内容(制单、复核、记账)
1	业务员	
2	出纳员	
3	成本会计	
4	总账会计	

业务 3-1-71　销售商品(银行承兑汇票结算)核算

资料:2019年12月20日,东风公司销售给扬州中宝宠物用品有限公司一批商品:唐装兔70箱,每箱商品的不含税标价1,400.00元/箱,公主熊70箱,每箱商品的不含税标价2,000.00元/箱,增值税税率为13%。收到中宝公司的银行承兑汇票一张,金额为268,940.00元。同时代扬州中宝公司垫付运费2,180.00元,以银行存款支付。(原始凭证:购销合同见附件3-1-202、增值税专用发票记账联见附件3-1-203、销售单见附件3-1-204、银行承兑汇票复印件见附件3-1-205、运输费用增值税专用发票复印件见附件3-1-206、银行回单见附件3-1-207)

任务:请根据上述经济业务,①填制表3-44,明确销售商品(银行承兑汇票结算)核算岗位分工及核算流程。②进行销售商品(银行承兑汇票结算)的核算。

表 3-44　营销业务核算岗位分工及核算流程

序号	角色	销售商品核算岗位工作内容（制单、复核、记账）
1	业务员	
2	出纳员	
3	成本会计	
4	总账会计	

业务 3-1-72　销售商品（现金折扣）核算

资料：(1) 国税函〔2008〕875 号文件第一条第（五）款规定的现金折扣，可凭双方盖章确认的有效合同、根据实际情况计算的折扣金额明细、银行付款凭据、收款收据等证明该业务真实发生的合法凭据据实列支。

(2)《山东省青岛市国家税务局关于 2010 年度企业所得税汇算清缴若干问题的公告》（山东省青岛市国家税务局公告 2011 年第 1 号）规定（十六），问：某企业发生现金折扣业务，协议中注明购货方在规定期限内付款则给予其一定现金折扣，计入财务费用时应当提供哪些凭证？解答：符合国税函〔2008〕875 号文件第一条第（五）款规定的现金折扣，可凭双方盖章确认的有效合同、根据实际情况计算的折扣金额明细、银行付款凭据、收款收据等证明该业务真实发生的合法凭据据实列支。

(3) 2019 年 12 月 22 日，东风公司提前收回客户泰州神华文化用品有限公司的应收账款，合同总计金额为人民币 362,730.00 元。按照 2019 年 12 月 16 日合同规定提前付款给予 2% 的现金折扣。（原始凭证：银行回单见附件 3-1-208）

任务：请根据上述经济业务，①讨论：销售方提供的现金折扣计入财务费用，其入账的原始凭证是什么？能在所得税前列支吗？②学习：电商促销新方式税务处理要合规。提出东风公司电子商务促销的税务风险控制措施。③填制表 3-45，明确销售商品折扣核算岗位分工及核算流程。④进行销售商品折扣的核算。

表 3-45　营销业务核算岗位分工及核算流程

序号	角色	销售商品折扣核算岗位工作内容（制单、复核、记账）
1	业务员	
2	出纳员	
3	成本会计	
4	总账会计	

业务 3-1-73　销售原材料核算

资料：2019 年 12 月 22 日，销售给王明个人原材料，毛绒布 40 米，不含税单价 25.00 元/米，开具增值税普通发票，收到王明现金支付的 1,130.00 元。（原始凭证：收据见附件 3-1-209、增值税普通发票记账联见附件 3-1-210、销售单见附件 3-1-211）

任务：请根据上述经济业务，①讨论：销售商品给个人能出具增值税专用发票吗？销售商品给个人，如果购买方不需要发票，能打折吗？不开票需要交税吗？不开票以什么作为原始凭证记账、怎么进行账务处理？②填制表 3-46，明确销售商品核算岗位分工及核算流程。③进行销售商品的核算。

表 3-46　营销业务核算岗位分工及核算流程

序号	角色	销售原材料核算岗位工作内容（制单、复核、记账）
1	业务员	
2	出纳员	
3	成本会计	
4	总账会计	

业务 3-1-74　货款送存银行核算

资料：2019 年 12 月 22 日，出纳员许秋菊将 1,130.00 元库存现金送存银行。（原始凭证：现金交款单见附件 3-1-212）

任务：请根据上述经济业务，①分析：假如开户银行核定的库存现金限额是 5,000.00 元，原有库存现金 4,000.00 元，加上 1,130.00 元现金货款，你认为需要送存银行多少款项？②填制表 3-47，明确现金送存银行核算岗位分工及核算流程。③进行现金送存银行的核算。

表 3-47　营销业务核算岗位分工及核算流程

序号	角色	现金送存银行核算岗位工作内容（制单、复核、记账）
1	业务员	
2	出纳员	
3	成本会计	
4	总账会计	

业务 3-1-75　结转已售存货成本核算

资料：（1）已售存货为商品、产成品的，企业应采用先进先出法、移动加权平均法、月末一次加权平均法或个别计价法确定已销售商品的实际成本，已售商品的成本计入当期主营业务成本。存货为非商品存货的，如材料等，应将已出售材料的实际成本予以结转，计入当期其他业务成本。

（2）已售存货成本结转的原始凭证是自制单据，如商品销售成本汇总表，主要包括品种、规格、销量、单位成本、成本金额等。

（3）2019 年 12 月 31 日，结转已售商品、材料营业成本。（原始凭证：销售商品材料汇总表见附件 3-1-213、销售商品材料成本汇总表见附件 3-1-214）

任务：请根据上述经济业务，①分析：东风公司采用何种方法确定已售存货的单位成本、总成本，编制 12 月份"商品销售成本汇总表"。②填制表 3-48，明确已售存货成本核算岗位分工及核算流程。③进行已售存货成本的核算。

表 3-48　营销业务核算岗位分工及核算流程

序号	角色	已售存货成本核算岗位工作内容（制单、复核、记账）
1	业务员	
2	出纳员	
3	成本会计	
4	总账会计	

【学中做】

业务 1　制定销售激励方案

资料：销售激励的主要形式是业务提成，企业在制定营销策略时通常给予一线销售人员高额的销售提成作为激励以达成更多销售目标。销售提成可以算作销售人员的工资性收入，也可以算作是奖金。如果是全额现金给销售人员，则企业没有正规凭证入账，企业利润虚高，企业所得税无法承担；如果是企业给销售人员代扣代缴个人所得税，则销售人员到手的收入会减少很多；或者有人说让业务员提供发票来报销，在金税三期后，发票规定越来越严，从外面找发票报账的违法风险极高。

任务：①请你们团队根据东风公司的具体情况制订一份"销售业务提成管理办法"。②公司销售员田美华2018年基本工资6,000.00元/月，2018年度的销售提成600,000.00元，那么田美华全年缴纳多少个人所得税？请你们团队为田美华制订一份销售提成避税方案。

业务 2　制定客户信用政策

资料：市场竞争日益激烈，绝大多数企业都面临"销售难、收款更难"的双重困境。一方面，为争取客户订单，企业需要越来越多地赊销；另一方面，客户拖欠账款，甚至产生大量呆账、坏账，企业面临巨大的商业风险。赊销政策的建立对改善当前企业的销售和财务工作将起到极大作用，是现代企业的财务经理、销售业务人员的必修课。企业在最初制定销售政策时，应对赊销政策做出细致的规定，这种赊销政策的制定会涉及企业的资金实力、市场支持力度、市场拓展目标等因素与赊销点大小的权衡。

任务：请团队结合东风公司的特点，为员工制定易于操作和施行明确的赊销制度、权限、流程以控制赊销风险。

业务 3　分析应收账款账龄

资料：收账政策亦称收账方针，是指当客户违反信用条件，拖欠甚至拒付账款时所采用的收款策略与措施。即企业采取何种合理的方法最大限度收回被拖欠的账款。企业采取的收账策略，属于信用政策的一部分。在其他条件相同时，在一定范围内相应收账费用越高，坏账比率越低，平均收账期也就越短。但是这种关系并不是线性的。初始的收款支出可能只能减少很少的坏账损失。进一步增加收账费用将产生显著作用，直至到某一点后它能减少的坏账损失越来越少。

（1）企业对各种不同超过信用期账款的催收方式，即收账政策是不同的。对过期较短的顾客，不过多地打扰，以免将来失去这一市场；对过期较长的顾客，频繁地信件催款并电话催询；对过期很长的顾客，可在催款时措辞严厉，必要时提请有关部门仲裁或提请诉讼等。

（2）账龄分析表可使管理当局了解收款、欠款情况，判断欠款的可收回程度和可能发生的损失。具体方法是：首先，将应收账款拖欠时间（即账龄）的长短分为若干区间，计列各个区间上应收账款的金额，并为每一个区间估计一个坏账损失百分比。然后，用各区间上的应收账款金额乘以各该区间的坏账损失百分比，估计各个区间上的坏账损失。最后，将各区间上的坏账损失估计数求和，即为坏账损失的估计总额。

任务：①请团队结合东风公司的特点，为公司制订一份"收账管理办法"，以监督应收账款的运行，考核收现保证率。②请总账会计编制东风公司的"2019年应收账款账龄分析表"，并提出控制坏账风险的措施。

业务 4　分析商业承兑汇票的风险

资料：甲企业向乙企业购买一批货物，价款高达数百万元。为支付货款，甲开具一张自己为付款人，乙为收款人的商业承兑汇票交给乙，汇票到期日为六个月以后。乙认为这张商票本质上就是一张白条，如何让我相信你会到期付钱呢？为打消乙的顾虑，甲称，其在某银行有授信额度，不用等到汇票到期，乙现在就可以凭这张商票去某银行办理贴现。乙将信将疑地持商票去办理贴现，果然如甲所称，某银行受理了乙的贴现申请，将扣除贴现利息后的贴现款给了乙。眼见落袋为安，乙这才放了心。

然而，令乙意想不到的事情发生了：六个月以后，某银行将乙告上了法院。理由是商票到期后，某银行作为持票人向甲要求付款，而甲无力付款，根据《中华人民共和国票据法》的规定，"汇票到期被拒绝付款的，持票人可以对背书人、出票人以及汇票的其他债务人行使追索权""汇票的出票人、背书人、承兑人和保证人对持票人承担连带责任"。某银行据此向自己的前手，即乙，行使追索权，要求乙支付全部汇票金额及相关利息。

此时的乙真的是欲哭无泪，虽然咨询律师后得到回复：承担付款义务后可以向甲行使再追索权，但实际上甲此时已负债累累濒临破产，不可能再有能力支付汇票金额。就这样，原本的商票收款人，却变成了商票付款义务人。最终，乙企业因无力支付上述巨额款项而被迫停产倒闭。

任务：分析商业承兑汇票结算风险，提出控制风险措施。

业务 5　电商企业积分的会计和税务处理

资料：（1）积分会计上的处理。"某些情况下企业在销售产品或提供劳务的同时会授予客户奖励积分，如航空公司给予客户的里程累计等，客户在满足一定条件后将奖励积分兑换为企业或第三方提供的免费或折扣的商品或服务……销售方应当将销售取得的货款或应收货款在本次商品销售或劳务提供产生的收入与奖励积分的公允价值之间进行分配，将取得的货款或应收货款扣除奖励积分公允价值的部分确认为收入，奖励积分的公允价值确认为递延收益。奖励积分的公允价值为单独销售可取得的金额。如果奖励积分的公允价值不能够直接观察到，授予企业可以参考被兑换奖励的公允价值或其他估值技术估计奖励积分的公允价值。在下列情况下，授予企业可能减少奖励积分的公允价值：向未从初始销售中获得奖励积分的客户提供奖励积分的公允价值；奖励积分中预期不会被客户兑换的部分。"

（2）案例：A 电商企业在电商平台（B2C）上销售商品含税价为 11,700.00 元，A 电商企业返积分给顾客可作为 234.00 元使用。A 电商企业账务处理如下：

① 确认收入时：

借：其他货币资金——支付宝等　　　　　　　　11,700.00
　　贷：主营业务收入　　　　10000×10000/（10000+200 元）=9,803.92
　　　　递延收益　　　　　　200×10000/（10000+200）=196.08
　　　　应交税费——增值税（销项税额）　　　　　1,700.00

② 兑换积分或积分作废时：

借：递延收益　　　　　　　　　　　　　　　196.08
　　贷：主营业务收入　　　　　　　　　　　　　　　196.08

积分本质上是对未来期限内消费的折扣承诺，会计基于权责发生制原则将积分公允价值确认为递延收益，待积分使用或过期时，再行转入营业收入，以提高会计信息质量。

（3）积分在税务上的处理。在税务处理上，应在商品销售时全额计算缴纳增值税，并确认企业所得税收入。下次购买商品时，则按照折扣后（积分兑换后）的实收金额缴纳增值税，积分自递延收益转主营业务收入部分不再计算缴纳增值税。上述案例在税务上处理应该是：A 电商企业在收款时确认增值税和企业所得税销售货物收入 10,000.00 元，同时计算增值税销项税额 1,700.00 元，将来积分兑现时不再确认相应收入，也无需再行计算缴纳增值税。

任务：新的经济模式不断出现，需要财务人员及时更新知识，才能从容应对新问题。

任务6 纳税业务核算与管理

【任务描述】

税收是国家以法律规定向经济单位和个人无偿征收实物或货币所形成的特殊分配关系。税收是保证国家机器运转的经济基础和宏观调控的重要手段，具有无偿性、强制性、法定规范性的特点。社会主义税收"取之于民，用之于民"，依法诚信纳税是企业、公民的义务。纳税是企业按照相关税法规定，向税务机关提交纳税事项书面报告，并在规定的日期内向指定的银行缴纳税款的行为。

（1）学习《中华人民共和国税收征收管理法》（2015年修正）第二十五条规定，纳税人必须依照法律、行政法规规定或者税务机关依照法律、行政法规的规定确定的申报期限、申报内容如实办理纳税申报，报送纳税申报表、财务会计报表以及税务机关根据实际需要要求纳税人报送的其他纳税资料。扣缴义务人必须依照法律、行政法规规定或者税务机关依照法律、行政法规的规定确定的申报期限、申报内容如实报送代扣代缴、代收代缴税款报告表以及税务机关根据实际需要要求扣缴义务人报送的其他有关资料。

理解纳税业务核算与管理流程（见图 3-6），明确东风公司纳税业务核算流程，正确履行岗位职责。

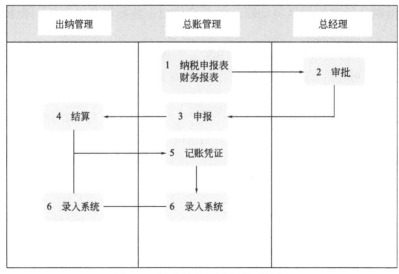

图 3-6 纳税业务核算与管理流程

（2）"减税降费"具体包括"税收减免"和"取消或停征行政事业性收费"两个部分。系统学习《国家税务总局关于进一步落实好简政减税降负措施更好服务经济社会发展有关工作的通知》（税总发〔2018〕150号）《财政部、税务总局关于实施小微企业普惠性税收减免政策的通知》（财税〔2019〕13号）等普惠性、结构性减税降费政策，结合东风公司的业务特点，前瞻性提出 1~3 条运用减税降费政策激发企业创新活力的具体措施。

（3）学习《小企业会计准则》（2011）中有关纳税申报、税款缴纳的核算规定，正确进行账务处理。

【做中学】

业务 3-1-76　缴纳税款核算

资料：（1）纳税期限是指税法规定的关于税款缴纳时间方面的限定。税法关于纳税期限的规定有：纳税义务发生时间、纳税期限、缴库期限。纳税期限是负有纳税义务的纳税人向国家缴纳税款的最后时间限制。确定纳税期限，包含两方面的含义：一是确定结算应纳税款的期限，即多长时间纳一次税。一般有 1 天、3 天、5 天、10 天、15 天、一个月等几种。二是确定缴纳税款的期限，即纳税期满后税款多长时间必须入库。各税种纳税申报的期限合集，方便纳税人及时进行纳税申报，包括增值税纳税申报期限、消费税纳税申报期限、营业税纳税申报期限、企业所得税纳税申报期限、个人所得税纳税申报期限。

（2）《国家税务总局关于调整部分政府性基金有关征管事项的公告》（国家税务总局公告 2019 年第 24 号）文件，贯彻落实《财政部关于调整部分政府性基金有关政策的通知》（财税〔2019〕46 号），修订了《城市维护建设税教育费附加地方教育附加申报表》及填表说明，完善了优惠政策减免代码选择项，缴费人勾选并填报投资额后，即可自动带出减免性质和本期抵免金额。

（3）进项增值税专票勾选认证抵扣操作指南。一般纳税人，进项发票可抵扣，除了去税务现场认证之外，可以自己登录增值税发票认证平台进行。把金税盘插入电脑，百度搜索增值税发票选择确认平台。增值税确认平台后，输入金税盘的密码，点击登录。如果是首次登录，点击登录下方的驱动程序，下载安装驱动。①连接金税盘，打开"增值税发票选择确认平台"，输入"证书密码"（一般是 12345678），点"登录"进入，选择"发票勾选"，进入增值税确认平台主界面，点击"当期的所属期"。页面跳转，选择需要"认证发票的起始日期"（月份跨度可以大一点，比如现在是八月初要认证七月的，可以选择一月到七月 31 号，这样就不会拉下有没认证的了），然后点击"查询"，这样没有认证过的发票都会出现在下面。②页面弹出相应时间段内的进项发票，对照自己手上的发票，在"发票勾选"对话框上一张一张的勾选（点前面的方框就可以），勾选完之后，点击"保存"，会出现"数据保存成功"的提示框，点击"确定"即可。有的系统上显示，手里没有发票可能是对方开了，没有寄到。③此时返回"增值税发票选择确认平台"首页，点击"确认勾选"模块，选择"已勾选未确认"，再点击"查询"。④确认后会依次显示"提交后您当前所有已勾选未确认的发票将被确认，且结果不可变动"的各种提示框，可以再根据显示核对一下发票张数、发票总金额、税额，核对无误之后就点击"确定"确认。⑤页面弹出提示，如果是次月勾选上月的，点击"未完成申报"；如果当月勾选当月的，点击"已完成申报"，再点击确定。页面再次弹出提示，点击"确定"。⑥最后确认完后，可打印出"发票确认汇总"表，核对无误之后，点击最下方的"提交"。提交成功之后，页面弹出"本次发票勾选认证成功"，点击"确定"即可，导出确认明细打印出来，附在发票后面。

（4）《财政部 国家税务总局关于扩大有关政府性基金免征范围的通知》（财税〔2016〕12号）规定，将免征教育费附加、地方教育附加、水利建设基金的范围，由现行按月纳税的月销售额或营业额不超过3万元（按季度纳税的季度销售额或营业额不超过9万元）的缴纳义务人，扩大到按月纳税的月销售额或营业额不超过10万元（按季度纳税的季度销售额或营业额不超过30万元）的缴纳义务人。

（5）《国家税务总局关于办理2019年度个人所得税综合所得汇算清缴事项的公告》（国家税务总局公告2019年第44号）规定，2019年度终了后，居民个人需要汇总2019年1月1日至12月31日取得的工资薪金、劳务报酬、稿酬、特许权使用费等四项所得的收入额，减除费用6万元以及专项扣除、专项附加扣除、依法确定的其他扣除和符合条件的公益慈善事业捐赠（以下简称"捐赠"）后，适用综合所得个人所得税税率并减去速算扣除数，计算本年度最终应纳税额，再减去2019年度已预缴税额，得出本年度应退或应补税额，向税务机关申报并办理退税或补税。

（6）2019年12月15日，东风公司缴纳11月已预计的相关税费，其中：增值税83,130.26元、城市维护建设税5,819.12元、教育费附加2,493.91元、地方教育费附加1,662.61元、个人所得税3,245.91元（原始凭证：税收缴款书见附件3-1-215、银行回单见附件3-1-216～附件3-1-218）。

任务：请根据上述经济业务，①分析东风公司缴纳税款的资金安排特点，查找法律规定：是否可以延缓缴纳？②填制表3-49，明确缴纳税款核算岗位分工及核算流程。③进行缴纳税款的核算。

表3-49　纳税业务核算岗位分工及核算流程

序号	角色	缴纳税款核算岗位工作内容（制单、复核、记账）
1	业务员	
2	出纳员	
3	成本会计	
4	总账会计	

业务3-1-77　计提税费核算

资料：（1）财政部2016年12月3日印发《增值税会计处理规定》的通知（财会〔2016〕22号）规定，①增值税一般纳税人应在"应交增值税"明细账内设置"进项税额""销项税额抵减""已交税金""转出未交增值税""减免税款""出口抵减内销产品应纳税额""销项税额""出口退税""进项税额转出""转出多交增值税"等专栏。②"未交增值税"明细科目，核算一般纳税人月度终了从"应交增值税"或"预交增值税"明细科目转入当月应交未交、多交或预缴的增值税额，以及当月交纳以前期间未交的增值税额。

（2）多缴税款的原因主要是没有享受应该享受的优惠政策或没有行使有关权利。因没有筹划导致的多缴税款，属于重大决策风险防控的内容。主要原因有：①不知道可以享受的优惠或可行使的权利。②没有及时办理备案或审批手续。③因大意丧失享受优惠的资格。

少缴税风险是纳税申报中最常见的风险。少缴税风险的产生，主要包括以下几个原因：①办税人员不了解相关税种的风险点。如增值税的风险点主要是视同销售和进项税转出，如果应视同销售而没有作视同销售，则少计销项税。如果应进项税转出而没有转出，则多计进项税。这都导致少缴增值税。企业所得税的风险点在收入确认方面，主要是视同销售没有确认收入；在扣除方面，是不该扣除的支出扣除了，或限定比例扣除的支出全部扣除了，也都导致少计应纳税所得，少缴所得税。②办税人员没有权利或途径了解公司发生的应该作相应税务处理的事项。如仓库发生存货被盗、丢失或霉烂变质现象，则应作进项税转出处理。及时了解上述事实，是办税人员进行税务处理的前提。许多公司没有相应的内部信息传导机制，办税人员无法及时了解相关信息，也就无法进行相应的税务处理，导致少缴税款。③缺乏相互验证的内部控制流程。即使办税人员了解全部涉税信息，在计算税款的过程中，也可能出现计算差错，或因对税法理解错误，导致少算税款。如果不能有一种发现并纠正错误的内控机制，则发生的错误难以及时发现并纠正。

（3）《财政部、国家税务总局关于营业税改征增值税试点有关文化事业建设费政策及征收管理问题的通知》（财税〔2016〕25号）规定，在中华人民共和国境内提供广告服务的广告媒介单位和户外广告经营单位，应按照本通知规定缴纳文化事业建设费。《财政部关于调整部分政府性基金有关政策的通知》（财税〔2019〕46号）第一条规定，自2019年7月1日至2024年12月31日，对归属中央收入的文化事业建设费，按照缴纳义务人应缴费额的50%减征；对归属地方收入的文化事业建设费，各省（区、市）财政、党委宣传部门可以结合当地经济发展水平、宣传思想文化事业发展等因素，在应缴费额50%的幅度内减征。

（4）2019年12月31日，计提本月的增值税、城市维护建设税、教育费附加、地方教育费附加。（增值税计算表见附件3-1-219、税费计算表见附件3-1-220）

任务：请根据上述经济业务，①为什么有的税费需要计提，而有的税费不需要计提？请详细分析东风公司纳税项目，列表说明需要与不需要计提的税费清单。②填制表3-50，明确计提税费核算岗位分工及核算流程。③进行计提税费的核算。

表3-50 纳税业务核算岗位分工及核算流程

序号	角色	计提税费核算岗位工作内容（制单、复核、记账）
1	业务员	
2	出纳员	
3	成本会计	
4	总账会计	

业务3-1-78　计提房产税核算

资料：（1）规定：《中华人民共和国房产税暂行条例》（1986年9月15日国务院发布，根据2011年1月8日《国务院关于废止和修改部分行政法规的决定》修订）《房地产交易税收服务和管理指引》《财政部国家税务总局关于房产税城镇土地使用税有关问题的通知》（财税〔2009〕128号）

房产税以房屋为征税对象。所谓房产，是指有屋面和围护结构，能够遮风避雨，可供人们在其中生产、学习、工作、娱乐、居住或储藏物资的场所。但独立于房屋的建筑物如围墙、暖房、水塔、烟囱、室外游泳池等不属于房产。但室内游泳池属于房产。

（2）房产税的计税依据有从价或从租两种情况：①以房产原值为计税依据的从价计征的，其计税依据为房产原值一次减去10%～30%后的余值，具体减除幅度由省、自治区、直辖市人民政府确定，应纳税额＝房产原值×（1-10%～30%）×税率（1.2%）。②以房产租金收入为计税依据的从租计征的（即房产出租的），以房产租金收入为计税依据，应纳税额＝房产租金收入×税率（12%）。

房产税按年征收、分期缴纳。纳税期限由省、自治区、直辖市人民政府规定。房产税由产权所有人缴纳。房屋产权属于全民所有的，由经营管理的单位缴纳。

（3）2019年12月31日，计提本季度（月）的房产税。（房产税计算表见附件3-1-221）

任务：请根据上述经济业务，进行计提房产税的核算。

【学中做】

业务1　企业所得税税前扣除凭证

资料：《企业所得税税前扣除凭证管理办法》（国家税务总局公告2018年第28号）规定：税前扣除凭证是指企业在计算企业所得税应纳税所得额时，证明与取得收入有关的、合理的支出实际发生，并据以税前扣除的各类凭证。企业应将与税前扣除凭证相关的资料，包括合同协议，公司内部的文件、会议纪要和制度，生产车间领料单、退料单、入库单、水电耗用、工资支出，出库单或发货单、销售清单、验货确认单，书面的咨询报告及支出依据、付款凭证等留存备查，以证实税前扣除凭证的真实性。

任务：（1）多项选择题：下列选项中，企业发生的支出能在企业所得税前扣除的有（　　）。

　　A. 不少企业从第三方给税点购买发票入账

　　B. 企业采购原材料时，给予供应商税点要求供应商多开金额部分的发票

　　C. 企业虚列农民工人数造的工资表入账

　　D. 企业利用培训公司、造价事务所、会计师事务所、税务师事务所、咨询公司等中介机构虚签合同开具发票入账

（2）多项选择题：下列选项中，在企业所得税汇算清缴前没有支出、不准税前扣除的有（　　）。

　　A. 企业预提职工工资入账在下一年度5月31日之前没有支付的

　　B. 没有实际缴纳只是计提的企业所得税和允许抵扣的增值税以外的各项税金及其附加

　　C. 企业计提的职工福利费、教育经费、工费经费没有发生支付

　　D. 企业计提的五险一金没有发生支付

（3）讨论：企业应当取得而未取得发票、其他外部凭证或者取得不合规发票、不合规其他外部凭证的，如何补救？

业务2　不同收款方式对纳税影响

资料：在合法合规的前提下开展税务安排，既可以为企业带来更高的税后利润，还能为企业的长期发展打下良好基础。而会计政策的合理选择，则能够使企业的税务安排工作更加合理有效。

企业销售货物，如果选择预收款方式，则收入确认时间是商品发出时间；如果选择分期收款方式，则确认收入时间为合同约定收款时间，也就是纳税义务发生时间。在这种情况下，如果企业能够结合自身实际经营情况，在合法的前提下，选择不同的收款方式，则可以延缓收入确认时间，进而延缓其企业所得税纳税时间，从而降低企业资金占用，提高资金流通性。

任务：请实操团队结合东风公司的营销特点和具体业务，列举出不同收款方式的选择

情形。

业务3　存货管理政策对纳税影响

资料：在市场经济环境下，企业存货虽然历史成本固定，但其市场价格却是动态变化的。采用不同计价方法，得到的存货成本会出现较大的差异，而选择最为合适的计价方法，自然也有利于企业将应纳税额降到最低。存货的计价方法一经选择，在一个会计年度内，不得随意变更。

在存货市场价格呈下降趋势的情况下，选择先进先出法，以先入库的存货成本计算发出存货的成本，有利于抵御市价下跌带来的虚增账面资产风险，与其他方法相比，企业当期企业所得税应纳税额更低。也就是说，在存货市场价格持续下降时，选择先进先出法对企业有利，而在存货市场价格波动较大或持续升高时，则不宜选择此计价方法。

任务：请实操团队结合东风公司的采购业务特点，讨论如何适时修订存货管理制度，降低税负。

业务4　无形资产研发对纳税影响

资料：(1) 按照《财政部 国家税务总局 科技部关于完善研究开发费用税前加计扣除政策的通知》(财税〔2015〕119号)规定，研发活动，是指企业为获得科学与技术新知识，创造性运用科学技术新知识，或实质性改进技术、产品（服务）、工艺而持续进行的具有明确目标的系统性活动。企业研发活动主要分为研究阶段和开发阶段。

(2)《财政部 税务总局 科技部关于提高研究开发费用税前加计扣除比例的通知》(财税〔2018〕99号)规定，①企业开展研发活动中实际发生的研发费用，未形成无形资产计入当期损益的，在按规定据实扣除的基础上，在2018年1月1日至2020年12月31日期间，再按照实际发生额的75%在税前加计扣除；形成无形资产的，在上述期间按照无形资产成本的175%在税前摊销。②企业享受研发费用税前加计扣除政策的其他政策口径和管理要求按照《财政部 税务总局科技部关于企业委托境外研究开发费用税前加计扣除有关政策问题的通知》(财税〔2018〕64号)《国家税务总局关于企业研究开发费用税前加计扣除政策有关问题的公告》(国家税务总局公告2015年第97号)等文件规定执行。

任务：请实操团队结合东风公司的具体情况，提出无形资产研发活动的税务时间和空间安排措施，促进企业创新发展。

任务7　财产清查核算与管理

【任务描述】

企业在编制财务报表前需要进行全面的财产清查，通过账实、账账相符来保证提供的会计信息真实可靠。财产清查是对各项财产物资进行实物盘点、账面核对以及对各项往来款项进行查询、核对，以保证账账、账实相符的一种专门方法。通过财产清查，可以查明各项财产物资、债权债务、所有者权益情况，加强物资管理，合理安排生产经营活动，充分利用各项财产物资，加速资金周转，提高资金使用效果，监督财产物资是否安全完整，并为核算损益提供正确的资料。

(1) 学习《会计基础工作规范》(2019年修订财政部令第98号)第七十六条规定，会计机构、会计人员应当对实物、款项进行监督，督促建立并严格执行财产清查制度。发现账簿记录与实物、款项不符时，应当按照国家有关规定进行处理。超出会计机构、会计人员职权范围的，应当立即向本单位领导报告，请求查明原因，作出处理。第九十三条规定，各单位应当建立财产清查制度。主要内容包括：财产清查的范围；财产清查的组织；财产清查的期限和方法；对财产清查中发现问题的处理办法；对财产管理人员的奖惩办法。

理解财产清查核算与管理流程（图 3-7），明确东风公司财产清查核算的岗位分工及工作流程，正确履行岗位职责。

（2）学习《企业财务通则》第三十三条规定：企业发生的资产损失，应当及时予以核实、查清责任，追偿损失，按照规定程序处理。查找并阅读《关于核销应收账款坏账的公告》，理解坏账核销依据及核销坏账对公司财务状况、经营成果的影响。

（3）学习《小企业会计准则》（2011）中有关库存现金、银行存款、往来款项存货、固定资产的清查及核算规定，正确进行账务处理。

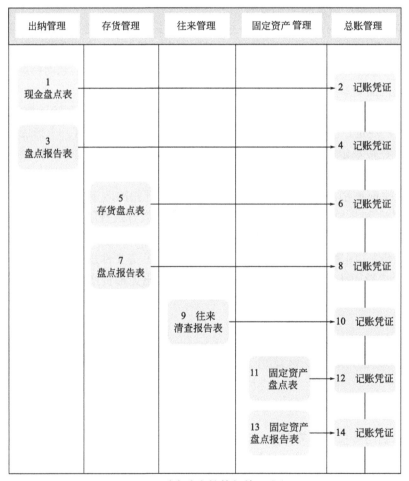

图 3-7　财产清查核算与管理流程

【做中学】

业务 3-1-79　库存现金清查核算（一）

资料：（1）根据国务院《现金管理暂行条例》的规定，国家加强现金使用方面的限制和管理，主要是为了促进商品生产和流通，加强对社会经济活动的监督。

企业超限额大量使用现金，一是企业大量保存现金，不利于安全，存在被盗的风险，另外还会给社会造成不安定的因素；二是既加大企业自身的安全保卫、人员增加、假币鉴定等费用，也会增加银行货币发行的额度，增加国家发钞的成本。

中国人民银行《现金管理暂行条例实施细则》规定，各开户单位的库存现金都要核定限额，库存现金限额由开户单位提出计划，报开户银行审批。经核定的库存现金限额，开户单位必须严格遵守。

（2）2019年12月31日，在财产清查中盘点库存现金，发现盘亏现金200元，填制"库存现金盘点报告表"，原因待查。（原始凭证：库存现金盘点表见附件3-1-222）

任务：请根据上述经济业务，①分析企业大量使用现金风险、库存现金长期不盘点风险，找出关键控制点，优化现金管理流程。②填制表3-51，明确库存现金清查核算岗位分工及核算流程。③进行库存现金清查的核算。

表3-51　财产清查核算岗位分工及核算流程

序号	角色	库存现金清查核算岗位工作内容（制单、复核、记账）
1	出纳员	
2	成本会计	
3	总账会计	

业务3-1-80　库存现金清查核算（二）

资料：（1）国家税务总局关于发布《企业资产损失所得税税前扣除管理办法》的公告（国家税务总局公告2011年第25号，条款失效）第二十条规定，现金损失应依据以下证据材料确认：①现金保管人确认的现金盘点表（包括倒推至基准日的记录）；②现金保管人对于短缺的说明及相关核准文件；③对责任人由于管理责任造成损失的责任认定及赔偿情况的说明；④涉及刑事犯罪的，应有司法机关出具的相关材料；⑤金融机构出具的假币收缴证明。

（2）2019年12月31日，出纳员许秋菊说明，因自己工作疏忽造成库存现金短缺。经责任认定并报批准，该笔现金短缺应由出纳员许秋菊赔偿。（原始凭证：库存现金盘点结果审批表见附件3-1-223）

任务：请根据上述经济业务，①分析库存现金清查不符的原因，列出库存现金盘盈、盘亏及其结果处理的会计分录。②填制表3-52，明确库存现金清查核算岗位分工及核算流程。③进行库存现金清查的核算。

表3-52　财产清查核算岗位分工及核算流程

序号	角色	库存现金清查核算岗位工作内容（制单、复核、记账）
1	出纳员	
2	成本会计	
3	总账会计	

业务3-1-81　库存现金清查核算（三）

资料：2019年12月31日，公司收到出纳员许秋菊赔偿盘亏的现金200.00元。（原始凭证：收款收据见附件3-1-224）

任务：请根据上述经济业务，①填制表 3-53，明确库存现金清查核算岗位分工及核算流程。②进行库存现金清查的核算。

表 3-53　财产清查核算岗位分工及核算流程

序号	角色	库存现金清查核算岗位工作内容（制单、复核、记账）
1	出纳员	
2	成本会计	
3	总账会计	

业务 3-1-82　银行存款清查核算

资料：（1）《国家税务总局关于发布〈企业资产损失所得税税前扣除管理办法〉的公告》（国家税务总局公告 2011 年第 25 号）第二十一条规定，企业因金融机构清算而发生的存款类资产损失应依据以下证据材料确认：①企业存款类资产的原始凭证；②金融机构破产、清算的法律文件；③金融机构清算后剩余资产分配情况资料。金融机构应清算而未清算超过三年的，企业可将该款项确认为资产损失，但应有法院或破产清算管理人出具的未完成清算证明。

（2）2019 年 12 月 31 日，核对银行存款日记账和银行存款对账单。（会计档案：银行存款日记账见附件 3-1-225、银行对账单见附件 3-1-226、银行存款余额调节表见附件 3-1-227）

任务：请根据上述经济业务，①分析银行存款清查中的风险，判断核对时能否只核对余额而不核对发生额？②填制表 3-54，明确银行存款清查核算岗位分工及核算流程。③编制银行存款余额调节表。

表 3-54　财产清查核算岗位分工及核算流程

序号	角色	银行存款清查核算岗位工作内容（制单、复核、记账）
1	出纳员	
2	成本会计	
3	总账会计	

业务 3-1-83　原材料清查核算（一）

资料：（1）存货盘点清查环节的主要风险是：存货盘点清查制度不完善、计划不可行，可能导致工作流于形式、无法查清存货真实状况。

（2）期末财产物资库存数量的确定，一般分为两个步骤：首先，进行实地盘点，确定盘存数量，盘点的结果要填制"盘存单"，列明各种存货的盘存数量；其次，调整盘存数量，即如果月末有已经销售但尚未提运出库的存货或已经提运出库但尚未作销售入账的存货，都要进行调整，以确定实际库存数量。调整计算公式为：

实际库存数量＝盘点数量＋已提未销数量－已销未提数量

（3）2019 年 12 月 31 日，对仓库内的原材料进行盘点：盘盈毛绒布 50 米、盘亏人造皮革 100 米，原因待查。（原始凭证：盘存单见附件 3-1-228、实存账存对比表见附件 3-1-229）

任务：请根据上述经济业务，①根据东风公司的生产经营特点，制订存货盘点清查制度。②填制表 3-55，明确原材料清查核算岗位分工及核算流程。③进行原材料清查的核算。

表 3-55　财产清查核算岗位分工及核算流程

序号	角色	原材料清查核算岗位工作内容（制单、复核、记账）
1	业务员	
2	出纳员	
3	成本会计	
4	总账会计	

业务 3-1-84　原材料清查核算（二）

资料：(1) 根据《中华人民共和国企业所得税法》(中华人民共和国主席令第 63 号)规定，企业以货币形式和非货币形式从各种来源取得的收入，为收入总额。包括：(九) 其他收入。根据《中华人民共和国企业所得税法实施条例》(中华人民共和国国务院令第 512 号) 第二十二条，企业所得税法第六条第 (九) 项所称其他收入，是指企业取得的除企业所得税法第六条第 (一) 项至第 (八) 项规定的收入外的其他收入，包括企业资产溢余收入、逾期未退包装物押金收入、确实无法偿付的应付款项、已作坏账损失处理后又收回的应收款项、债务重组收入、补贴收入、违约金收入、汇兑收益等。

(2)《财政部、国家税务总局关于企业资产损失税前扣除政策的通知》(财税〔2009〕57 号)《企业资产损失所得税税前扣除管理办法》(国家税务总局公告 2011 年第 25 号) 第九条规定，企业各项存货发生的正常损耗应以清单申报的方式向税务机关申报扣除。第十条规定，对于正常损耗之外的存货其他损失应以专项申报的方式向税务机关申报扣除。企业无法准确判别是否属于清单申报扣除的资产损失，可以采取专项申报的形式申报扣除。

(3) 国家税务总局关于发布《企业资产损失所得税税前扣除管理办法》的公告 (国家税务总局公告 2011 年第 25 号) 第二十六条规定，存货盘亏损失，为其盘亏金额扣除责任人赔偿后的余额，应依据以下证据材料确认：①存货计税成本确定依据；②企业内部有关责任认定、责任人赔偿说明和内部核批文件；③存货盘点表；④存货保管人对于盘亏的情况说明。

第二十七条规定，存货报废、毁损或变质损失，为其计税成本扣除残值及责任人赔偿后的余额，应依据以下证据材料确认：①存货计税成本的确定依据；②企业内部关于存货报废、毁损、变质、残值情况说明及核销资料；③涉及责任人赔偿的，应当有赔偿情况说明；④该项损失数额较大的 (指占企业该类资产计税成本 10% 以上，或减少当年应纳税所得、增加亏损 10% 以上，下同)，应有专业技术鉴定意见或法定资质中介机构出具的专项报告等。

第二十八条规定，存货被盗损失，为其计税成本扣除保险理赔以及责任人赔偿后的余额，应依据以下证据材料确认：①存货计税成本的确定依据；②向公安机关的报案记录；③涉及责任人和保险公司赔偿的，应有赔偿情况说明等。

(4) 存货的盘盈，无需进行增值税处理。一般纳税人存货对应的进项税额已经申报抵扣的，后续发生盘亏的，除需按照会计制度处理外，还要分析盘亏的原因，并做增值税处理。《增值税暂行条例实施细则》第二十四条规定，条例第十条第 (二) 项所称非正常损失，是指因管理不善造成被盗、丢失、霉烂变质的损失。因此，凡因管理不善造成的存货盘亏，需要按照《增值税暂行条例实施细则》第二十七条规定做进项税额转出。凡因自然灾害等造成的存货盘亏，无需做进项税额转出。

(5) 2019 年 12 月 31 日，对盘盈的 50 米毛绒布，查明原因，是由于收发计量错误导致。由于管理不善引起人造皮革盘亏 100 米。（原始凭证：存货清查处理意见表见附件 3-1-230）

任务：请根据上述经济业务，①分析原材料清查不符的原因，以表格形式列出材料盘盈、盘亏及其结果处理的会计分录。②填制表 3-56，明确原材料清查核算岗位分工及核算流程。③进行原材料清查的核算。

表 3-56　财产清查核算岗位分工及核算流程

序号	角色	原材料清查核算岗位工作内容（制单、复核、记账）
1	业务员	
2	出纳员	
3	成本会计	
4	总账会计	

业务 3-1-85　固定资产清查核算（一）

资料：（1）国家税务总局关于发布《企业资产损失所得税税前扣除管理办法》的公告（国家税务总局公告 2011 年第 25 号，条款失效）第二十九条规定，固定资产盘亏、丢失损失，为其账面净值扣除责任人赔偿后的余额，应依据以下证据材料确认：①企业内部有关责任认定和核销资料；②固定资产盘点表；③固定资产的计税基础相关资料；④固定资产盘亏、丢失情况说明；⑤损失金额较大的，应有专业技术鉴定报告或法定资质中介机构出具的专项报告等。

第三十条规定，固定资产报废、毁损损失，为其账面净值扣除残值和责任人赔偿后的余额，应依据以下证据材料确认：①固定资产的计税基础相关资料；②企业内部有关责任认定和核销资料；③企业内部有关部门出具的鉴定材料；④涉及责任赔偿的，应当有赔偿情况的说明；⑤损失金额较大的或自然灾害等不可抗力原因造成固定资产毁损、报废的，应有专业技术鉴定意见或法定资质中介机构出具的专项报告等。

第三十一条规定，固定资产被盗损失为其账面净值扣除责任人赔偿后的余额，应依据以下证据材料确认：①固定资产计税基础相关资料；②公安机关的报案记录，公安机关立案、破案和结案的证明材料；③涉及责任赔偿的，应有赔偿责任的认定及赔偿情况的说明等。

（2）《小企业会计准则——会计科目、主要账务处理和财务报表》规定，固定资产盘亏在被确认为所得税税前扣除的资产损失前，按照该项固定资产的账面价值，借记"待处理财产损溢——待处理非流动资产损溢"科目，按照已计提的折旧，借记"累计折旧"科目，按照其原价，贷记"固定资产"。

在该固定资产损失经责任认定确认可以在税前扣除后，由"待处理财产损溢——待处理非流动资产损溢"转入"营业外支出"科目，一般不需要纳税调整。

（3）国家税务总局关于印发《中华人民共和国企业所得税年度纳税申报表的通知》（国税发〔2008〕101 号）要求，固定资产盘盈作为"营业外收入"列示于"收入明细表"中。

（4）2019 年 12 月 31 日，对固定资产进行盘点，盘亏发现管理部门短缺电脑一台，原因待查。（原始凭证：盘存单见附件 3-1-231）

任务：请根据上述经济业务，①分析固定资产清查不符的原因，列出相关盘盈、盘亏及其结果处理的会计分录。②填制表 3-57，明确固定资产清查核算岗位分工及核算流程。

③进行固定资产清查的核算。

表 3-57　财产清查核算流程岗位分工及核算流程

序号	角色	固定资产清查核算岗位工作内容（制单、复核、记账）
1	业务员	
2	出纳员	
3	成本会计	
4	总账会计	

业务 3-1-86　固定资产清查核算（二）

资料：2019 年 12 月 31 日，根据批准处理意见，转销盘亏的固定资产。（原始凭证：固定资产清查处理意见表见附件 3-1-232）

任务：请根据上述经济业务，①查阅资料，撰写《东风公司资产损失税前扣除专项申请报告》。②填制表 3-58，明确固定资产清查核算岗位分工及核算流程。③进行固定资产清查的核算。

表 3-58　财产清查核算岗位分工及核算流程

序号	角色	固定资产清查核算岗位工作内容（制单、复核、记账）
1	业务员	
2	出纳员	
3	成本会计	
4	总账会计	

业务 3-1-87　应收款项清查核算

资料：（1）《国家税务总局关于企业所得税资产损失资料留存备查有关事项的公告》（国家税务总局公告 2018 年第 15 号）规定，企业向税务机关申报扣除资产损失，仅需填报企业所得税年度纳税申报表《资产损失税前扣除及纳税调整明细表》，不再报送资产损失相关资料。相关资料由企业留存备查。企业应当完整保存资产损失相关资料，保证资料的真实性、合法性。

国家税务总局关于发布《企业资产损失所得税税前扣除管理办法》的公告（国家税务总局公告 2011 年第 25 号，条款失效）第二十二条规定，企业应收及预付款项坏账损失应依以下相关证据材料确认：①相关事项合同、协议或说明；②属于债务人破产清算的，应有人民法院的破产、清算公告；③属于诉讼案件的，应出具人民法院的判决书或裁决书或仲裁机构的仲裁书，或者被法院裁定终（中）止执行的法律文书；④属于债务人停止营业的，应有工商部门注销、吊销营业执照证明；⑤属于债务人死亡、失踪的，应有公安机关等有关部门对债务人个人的死亡、失踪证明；⑥属于债务重组的，应有债务重组协议及其债务人重组收益纳税情况说明；⑦属于自然灾害、战争等不可抗力而无法收回的，应有债务人受灾情况说明以及放弃债权申明。第二十三条规定，企业逾期三年以上的应收款项在会计上已作为损失处理的，可以作为坏账损失，但应说明情况，并出具专项报告。第二十四条规定，企业逾期一年以上，单笔数额不超过五万或者不超过企业年度收入总额万分之一的应收款项，会计上已经作为损失处理的，可以作为坏账损失，但应说明情况，并出具专项报告。

（2）2019 年 12 月 26 日，通过对应收账款清理，经股东会议讨论研究决定，应收泰州市荣光宠物有限公司的货款 20,000.00 元，无法收回，确认为坏账损失。（原始凭证：法院破产公告见附件 3-1-233、会议纪要见附件 3-1-234）

任务：请根据上述经济业务，①查找资料，填写《逾期三年以上的坏账损失专项报告》。②填制表 3-59，明确应收账款清查核算岗位分工及核算流程。③进行应收账款清查的核算。

表 3-59 财产清查核算岗位分工及核算流程

序号	角色	应收账款清查核算岗位工作内容（制单、复核、记账）
1	业务员	
2	出纳员	
3	成本会计	
4	总账会计	

业务 3-1-88　应付款项清查核算

资料：2019 年 12 月 26 日，通过对应付账款清理，确认泰州市光明皮革厂已撤销营业执照，对无法支付给泰州市光明皮革厂的应付账款 10,000.00 元进行账务处理。（原始凭证：法院破产公告见附件 3-1-235、会议纪要见附件 3-1-236）

任务：请根据上述经济业务，①填制表 3-60，明确应付账款清查核算岗位分工及核算流程。②进行应付账款清查的核算。

表 3-60 财产清查核算岗位分工及核算流程

序号	角色	应付账款清查核算岗位工作内容（制单、复核、记账）
1	业务员	
2	出纳员	
3	成本会计	
4	总账会计	

【学中做】

业务 1　分析企业账实不符原因

资料：财产清查的主要目的是通过确定实有数量与账面数量之间的差异，从而查明原因，采取有效措施消除差异，保证账实相符。

任务：请实操团队列举造成企业账实不符的原因（至少六种），并分析可能的责任主体。

业务 2　应收款项内部控制

资料：《小企业会计准则》（2011）中列举了小企业应收及预付款项作为坏账损失应符合的条件。

任务：请实操团队结合东风公司应收及预付款项的管理现状，进一步修订完善该公司应收及预付款项内部控制制度。

业务 3　编制财产清查方案

资料：财产清查方案主要内容包括总则（目的意义、编制依据、工作原则）、清查基准日、清查工作机构、清查前准备工作、清查方法、步骤及时间安排、清查内容及要求、表格填制及审批。

任务：查找参考资料，编制一份简明适用的"东风公司财产清查方案"。

任务 8　损益结转核算与管理

【任务描述】

利润是指小企业在一定会计期间的经营成果，包括：营业利润、利润总额和净利润。损益结转是在会计期末，将损益类科目的余额全部结转到"本年利润"中，结转后，损益科目余额为零，以及时反映企业的财务状况和经营成果。每月结转的方法叫作"账结法"；年底一次性结转的方法叫作"表结法"。采用"表结法"结转损益的，本期资产负债表的"未分配利润"项目的金额按上期资产负债表的"未分配利润"金额与本期损益表的"净利润"金额的合计数填列。损益结转包括利润的计算、所得税的计算和交纳、利润分配或亏损弥补等。在会计信息化中，一般由授权人员编制自动转账分录，由会计主管审核，由制单会计执行凭证生成操作，软件自动编制机制凭证。

（1）学习《企业财务通则》（2006）规定，企业年度净利润，除法律、行政法规另有规定外，按照以下顺序分配：①弥补以前年度亏损。②提取 10% 法定公积金。法定公积金累计额达到注册资本 50% 以后，可以不再提取。③提取任意公积金。任意公积金提取比例由投资者决议。④向投资者分配利润。企业以前年度未分配的利润，并入本年度利润，在充分考虑现金流量状况后，向投资者分配。企业发生的年度经营亏损，依照税法的规定弥补。税法规定年限内的税前利润不足弥补的，用以后年度的税后利润弥补，或者经投资者审议后用盈余公积弥补。

理解损益结转核算与管理流程（见图 3-8），明确东风公司损益结转核算的岗位分工及流程，正确履行岗位职责。

（2）学习《中华人民共和国企业所得税法》（2018 年版）及其实施细则、具体政策规定。应纳税所得额是指企业每一纳税年度的收入总额，减除不征税收入、免税收入、各项扣除以及允许弥补的以前年度亏损后的余额。其中，收入总额是指企业以货币形式和非货币形式从各种来源取得的收入，包括：①销售货物收入；②提供劳务收入；③转让财产收入；④股息、红利等权益性投资收益；⑤利息收入；⑥租金收入；⑦特许权使用费收入；⑧接受捐赠收入；⑨其他收入。企业实际发生的与取得收入有关的、合理的支出，包括成本、费用、税金、损失和其他支出，准予在计算应纳税所得额时扣除。

小企业应当在利润总额的基础上，按照企业所得税法规定进行纳税调整，计算出当期应纳税所得额，按照应纳税所得额与适用所得税税率为基础计算确定当期应纳税额。小企业应当按照企业所得税法规定计算的当期应纳税额确认所得税费用。

理解所得税费用的形成机制，讨论影响所得税费用的因素，正确计算所得税费用。

（3）学习《小企业会计准则》（2011）中有关本年利润、所得税费用、利润分配的核算规定，正确进行账务处理。

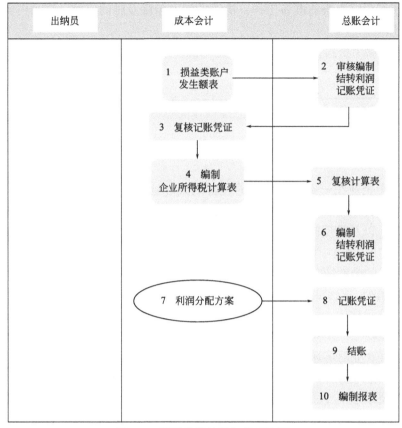

图 3-8　损益结转核算与管理流程

【做中学】

业务 3-1-89　所得税费用核算

资料：（1）应纳税所得额＝收入总额－不征税收入－免税收入－各项扣除－以前年度亏损

收入，按《小企业会计准则》确认的主营业务收入、其他业务收入、投资收益和营业外收入。

不征税收入包括：财政拨款，依法应纳入财政管理的行政事业性收费、政府性基金。

免税收入包括：国债利息收入，符合条件的居民企业之间的股息、红利收入，在中国境内设立机构、场所的非居民企业从居民企业取得与该机构、场所有实际联系的股息、红利收入，符合条件的非营利组织的收入。

税前扣除项目包括：①成本。②费用中的三项经费：职工福利费≤工资薪金总额14%，工会经费≤工资薪金总额2%，职工教育经费≤工资薪金总额8%，超过部分，准予在以后纳税年度结转扣除。三项经费计提，未支付，不可以扣除；只有实际支付才可以税前计算扣除。③保险中的五险一金准予扣除；补充养老、补充医疗保险，规定范围内准予扣除；企业财产保险准予扣除；特殊工种人身安全保险准予扣除；其他商业保险不得扣除。④利息中的企业与银行借款准予扣除；企业与非金融企业借款不超过金融企业同期同类贷款利率部分准予扣除。⑤捐赠，必须为"公益性"的，不超过"年度利润总额"12%的部分准予扣除。⑥业务招待费，按照发生额的60%扣除，但最高不得超过当年销售（营业）收入的5‰。⑦广告费和业务宣传费，不超过当年销售（营业）收入15%的部分准予扣除，超过部分，准予结转以后纳税年度扣除。⑧税金，税金中无增值税、企业所得税。⑨损失，不包括各种行政性罚款。

不得扣除的项目包括：向投资者支付的股息、红利等权益性投资收益款项；企业所得税税款；税收滞纳金；罚金、罚款和被没收财物的损失（注意区别"银行罚息"与"签发空头支票罚款"）；超过规定标准的公益性捐赠支出及所有非公益性捐赠支出；赞助支出；未经核定的准备金支出；企业之间支付的管理费、企业内营业机构之间支付的租金和特许权使用费，以及非银行企业内营业机构之间支付的利息；与取得收入无关的其他支出。

资产类不得扣除项目包括：固定资产的房屋、建筑物以外未投入使用的固定资产，以经营租赁方式租入的固定资产，以融资租赁方式租出的固定资产，已足额提取折旧仍继续使用的固定资产，与经营活动无关的固定资产，单独估价作为固定资产入账的土地（上述资产不得计提折旧在税前扣除）；无形资产的自行开发的支出已在计算应纳税所得额时扣除的无形资产，自创商誉，与经营活动无关的无形资产。

亏损弥补的延续弥补期为5年；5年内不论是盈利或亏损，都作为实际弥补期限计算；境外机构的亏损，不得抵减境内机构的盈利。

（2）企业所得税税率，见表3-61。

表3-61 企业所得税税率表

类别	适用范围	税率/%	法律法规依据
基本税率		25	《企业所得税法》第四条
低税率	(1)非居民企业在中国境内未设立机构、场所的，或者虽设立机构、场所但取得的所得与其所设机构、场所没有实际联系的，其来源于中国境内的所得；(2)符合条件的小型微利企业	20	《企业所得税法》第四条、《企业所得税法》第二十八条
优惠税率	国家需要重点扶持的高新技术企业	15	《企业所得税法》第二十八条
优惠税率	非居民企业取得企业所得税法第二十七条第(五)项规定的所得，亦即企业所得税法第三条第三款规定的所得，亦即：非居民企业在中国境内未设立机构、场所的，或者虽设立机构、场所但取得的所得与其所设机构、场所没有实际联系的，其来源于中国境内的所得	10	《企业所得税法实施条例》第九十一条

（3）《国家税务总局关于实施小型微利企业普惠性所得税减免政策有关问题的公告》(国家税务总局公告2019年第2号)规定，自2019年1月1日至2021年12月31日，对小型微利企业年应纳税所得额不超过100万元的部分，减按25%计入应纳税所得额，按20%的税率缴纳企业所得税；对年应纳税所得额超过100万元但不超过300万元的部分，减按50%计入应纳税所得额，按20%的税率缴纳企业所得税。

小型微利企业无论按查账征收方式或核定征收方式缴纳企业所得税，均可享受上述优惠政策。

实行核定应纳所得税额征收的企业，根据小型微利企业所得税减免政策规定需要调减定额的，由主管税务机关按照程序调整，并及时将调整情况告知企业。

(4)《国家税务总局关于修订 2018 年版企业所得税预缴纳税申报表部分表单及填报说明的公告》(国家税务总局公告 2019 年第 23 号)规定,《中华人民共和国企业所得税月(季)度预缴纳税申报表(A 类,2018 年版)》适用于实行查账征收企业所得税的居民企业月度、季度预缴申报时填报。

(5)《财政部 税务总局关于设备、器具扣除有关企业所得税政策的通知》(财税〔2018〕54 号)规定,①企业在 2018 年 1 月 1 日至 2020 年 12 月 31 日期间新购进的设备、器具,单位价值不超过 500 万元的,允许一次性计入当期成本的费用在计算应纳税所得额时扣除,不再分年度计算折旧;单位价值超过 500 万元的,仍按企业所得税法实施条例、《财政部 国家税务总局关于完善固定资产加速折旧企业所得税政策的通知》(财税〔2014〕75 号)、《财政部 国家税务总局关于进一步完善固定资产加速折旧企业所得税政策的通知》(财税〔2015〕106 号)等相关规定执行。②本通知所称设备、器具,是指除房屋、建筑物以外的固定资产。

(6)《中华人民共和国企业所得税法》及其实施条例、《财政部 国家税务总局 科技部关于完善研究开发费用税前加计扣除政策的通知》(财税〔2015〕119 号)、《财政部 税务总局 科技部关于提高科技型中小企业研究开发费用税前加计扣除比例的通知》(财税〔2017〕34 号)等相关税法及会计规定,①企业为开发新技术、新产品、新工艺发生的研究开发费用,未形成无形资产计入当期损益的,在按照规定据实扣除的基础上,按照研究开发费用的 50% 加计扣除;形成无形资产的,按照无形资产成本的 150% 摊销。按照《财政部 税务总局 科技部关于提高研究开发费用税前加计扣除比例的通知》(财税〔2018〕99 号)规定,企业开展研发活动中实际发生的研发费用,未形成无形资产计入当期损益的,在按规定据实扣除的基础上,在 2018 年 1 月 1 日至 2020 年 12 月 31 日期间,再按照实际发生额的 75% 在税前加计扣除;形成无形资产的,在上述期间按照无形资产成本的 175% 在税前摊销。②企业为获得创新性、创意性、突破性的产品进行创意设计活动而发生的相关费用,可按照规定进行税前加计扣除。创意设计活动是指多媒体软件、动漫游戏软件开发,数字动漫、游戏设计制作;房屋建筑工程设计(绿色建筑评价标准为三星)、风景园林工程专项设计;工业设计、多媒体设计、动漫及衍生产品设计、模型设计等。③科技型中小企业开展研发活动中实际发生的研发费用,在 2017 年 1 月 1 日至 2019 年 12 月 31 日期间,未形成无形资产计入当期损益的,在按规定据实扣除的基础上,再按照实际发生额的 75% 在税前加计扣除;形成无形资产的,按照无形资产成本的 175% 在税前摊销。

(7)补缴企业所得税及罚款滞纳金的账务处理:如少交企业所得税 30,000.00 元,并处以 15,000.00 元罚款、滞纳金为 2,250.00 元。

① 计入汇算当年损益:
借:所得税费用　　　　　　　　　30,000.00
　　贷:应交税费——企业所得税　　　　　　　　30,000.00
② 结转"所得税费用":
借:利润分配——未分配利润　　　30,000.00
　　贷:所得税费用　　　　　　　　　　　　　　30,000.00
③ 支付滞纳金与罚款:
借:营业外支出　　　　　　　　　17,250.00
　　贷:银行存款　　　　　　　　　　　　　　　17,250.00

（8）假设 2018 年的数据中只有"未分配利润"对 2019 年企业所得税汇算清缴有影响。2019 年 12 月 31 日计算"应纳税所得额"。（原始凭证：企业所得税计算表见附件 3-1-237）

任务：请根据上述经济业务，①判断资料中所给的"企业所得税计算表"是否符合当前的税收法规与政策，为所得税汇算清缴做好准备。②填制表 3-62，明确所得税费用核算岗位分工及核算流程。③进行所得税费用的核算。

表 3-62　损益结转核算岗位分工及核算流程

序号	角色	所得税费用核算岗位工作内容（制单、复核、记账）
1	出纳员	
2	成本会计	
3	总账会计	

业务 3-1-90　损益结转核算

资料：（1）收到银行存款利息 500 元的原始凭证是银行存款利息单。

从理论上讲，会计分录应是：

借：银行存款　　　　　　　　　500.00
　　贷：财务费用　　　　　　　　　500.00

但在实际操作时，特别是使用财务软件时，需要做成：

借：银行存款　　　　　　　　　500.00
借：财务费用——利息收入　　　-500.00

因为无论是手工记账还是财务软件，在期末结转本期发生的财务费用时一般只合计财务费用的借方，合计后结转到本年利润。期末结转会计分录：

借：本年利润
　　贷：财务费用（包括利息支出、利息收入、银行手续费等）

如果本期其他的财务费用借方发生额为 3,000.00 元，按理论要求进行操作，在期末统计本期发生的财务费用（借方）时容易造成差错，会计分录为：

借：本年利润　　　　　　　　　3,000.00
　　贷：财务费用　　　　　　　　　3,000.00

而按照信息化的处理方法，则会计分录应该是：

借：本年利润　　　　　　　　　2,500.00
　　贷：财务费用　　　　　　　　　2,500.00

（2）2019 年 12 月 31 日采用账结法结转 12 月及全年损益。（原始凭证：损益类账户发生额结转表见附件 3-1-238）

任务：请根据上述经济业务，①填制表 3-63，明确损益结转核算岗位分工及核算流程。②进行损益结转的核算。

表 3-63　损益结转核算岗位分工及核算流程

序号	角色	损益结转核算岗位工作内容（制单、复核、记账）
1	出纳员	
2	成本会计	
3	总账会计	

业务 3-1-91　计提法定盈余公积核算

资料：(1)《中华人民共和国公司法》(2018 年 10 月 26 号修正，中华人民共和国主席令第 15 号)第一百六十六条规定，公司分配当年税后利润时，应当提取利润的百分之十列入公司法定公积金。公司法定公积金累计额为公司注册资本的百分之五十以上的，可以不再提取。公司的法定公积金不足以弥补以前年度亏损的，在依照前款规定提取法定公积金之前，应当先用当年利润弥补亏损。公司从税后利润中提取法定公积金后，经股东会或者股东大会决议，还可以从税后利润中提取任意公积金。

(2)《企业财务通则》(财政部令第 41 号)第五十条规定，企业年度净利润，除法律、行政法规另有规定外，按照以下顺序分配：①弥补以前年度亏损。②提取 10% 法定公积金。法定公积金累计额达到注册资本 50% 以后，可以不再提取。③提取任意公积金。任意公积金提取比例由投资者决议。④向投资者分配利润。企业以前年度未分配的利润，并入本年度利润，在充分考虑现金流量状况后，向投资者分配。

(3)《小企业会计准则》(财会〔2011〕17 号)第七十二条规定，小企业（公司制）在分配当年税后利润时，应当按照公司法的规定提取法定公积金和任意公积金。

(4) 2019 年 12 月 31 日计提"盈余公积——法定盈余公积"。(原始凭证：法定盈余公积计提表见附件 3-1-239)

任务：请根据上述经济业务，①填制表 3-64，明确计提法定盈余公积核算岗位分工及核算流程。②进行计提法定盈余公积的核算。

表 3-64　损益结转核算岗位分工及核算流程

序号	角色	计提法定盈余公积核算岗位工作内容（制单、复核、记账）
1	出纳员	
2	成本会计	
3	总账会计	

业务 3-1-92　利润分配核算

资料：(1)《中华人民共和国公司法》规定，公司弥补亏损和提取公积金后所余税后利润，有限责任公司依照本法第三十四条的规定分配（第三十四条，股东按照实缴的出资比例分取红利；公司新增资本时，股东有权优先按照实缴的出资比例认缴出资。但是，全体股东约定不按照出资比例分取红利或者不按照出资比例优先认缴出资的除外）。股东会、股东大会或者董事会违反前款规定，在公司弥补亏损和提取法定公积金之前向股东分配利润的，股东必须将违反规定分配的利润退还公司。公司持有的本公司股份不得分配利润。

(2)《小企业会计准则》(财会〔2011〕17 号)第七十二条规定：小企业以当年净利润弥补以前年度亏损等剩余的税后利润，可用于向投资者进行分配。

可供分配利润 = 当年实现的净利润 + 年初未分配利润（或减年初未弥补亏损）+ 其他转入

(3) 收益分配包括留存收益和分配股息两方面。收益分配风险是由于收益分配可能给企业的后续经营和管理带来的不利影响。收益分配风险实质上是一种筹资风险，主要表现在：无法及时筹集投资所需资金的风险；虚盈实亏，过度分配的风险；降低企业偿债能力的风险；企业收益的过度留存，会挫伤投资者的积极性，引起股价的下跌，影响企业的未来外部筹资风险；过度保留留存收益，会引起股东及员工短期利益与长期利益的冲突，导致积极性降低的风险。

（4）据《国家税务总局关于利息、股息、红利所得征税问题的通知》（国税函〔1997〕656号）的规定，扣缴义务人将属于纳税义务人应得的利息、股息、红利收入，通过扣缴义务人的往来会计科目分配到个人名下，收入所有人有权随时提取，在这种情况下，扣缴义务人将利息、股息、红利所得分配到个人名下时，即应认为所得的支付，应按税收法规规定及时代扣代缴个人应缴纳的个人所得税。

（5）2019年12月31日根据公司章程规定，召开股东会，决定分配利润。（原始凭证：股东会决议见附件3-1-240、利润分配计算表见附件3-1-241）

任务：请根据上述经济业务，①填制表3-65，明确利润分配核算岗位分工及核算流程。②进行利润分配的核算。

表3-65　损益结转核算岗位分工及核算流程

序号	角色	利润分配核算岗位工作内容（制单、复核、记账）
1	出纳员	
2	成本会计	
3	总账会计	

业务3-1-93　股息代扣个人所得税核算

资料：（1）《中华人民共和国个人所得税法》（2018年修正）规定：自然人股东从公司分红取得的股息红利所得，按20%税率缴纳个人所得税。

《个人所得税法实施条例》第三十五条规定，扣缴义务人在向个人支付应税款项时，应当依照税法规定代扣税款，按时缴库，并专项记载备查。这里所说的支付，包括现金支付、汇拨支付、转账支付和以有价证券、实物以及其他形式的支付。

（2）2019年12月31日，根据税法规定：红利所得分配到个人名下时，即应认为所得的支付，应按税收法规规定及时代扣代缴个人应缴纳的个人所得税。（原始凭证：发放股利代扣个人所得税计算表见附件3-1-242）

任务：请根据上述经济业务，①讨论：从《中华人民共和国公司法》角度分析，如果企业长期未给自然人股东分派股息会导致什么风险？②填制表3-66，明确代扣个人所得税核算岗位分工及核算流程。③进行代扣个人所得税的核算。

表3-66　损益结转核算岗位分工及核算流程

序号	角色	股息代扣个人所得税核算岗位工作内容（制单、复核、记账）
1	出纳员	
2	成本会计	
3	总账会计	

业务3-1-94　结转利润分配明细科目核算

资料：（1）"利润分配"账户属于所有者权益类账户，用以核算企业利润的分配（或亏损的弥补）和历年分配（或弥补）后的余额。借方登记实际分配的利润额，包括提取的盈余公积和分配给投资者的利润，以及年末从"本年利润"账户转入的全年发生的净亏损；贷方登记用盈余公积弥补的亏损额等其他转入数，以及年末从"本年利润"账户转入的全年实现的净利润。贷方余额为历年累积的未分配利润（即可供以后年度分配的利润）；借方余额为历年累积的未弥补亏损（即留待以后年度弥补的亏损）。

该账户应当区别"提取法定盈余公积""提取任意盈余公积""应付现金股利或利润""转作股本的股利""盈余公积补亏"和"未分配利润"等进行明细核算。

年末，应将"利润分配"账户下的其他明细账户的余额转入"未分配利润"明细账户，结转后，除"未分配利润"明细账户可能有余额外，其他各个明细账户均无余额。

（2）2019年12月31日从信息化系统中导出利润分配明细科目发生额合计。（原始凭证：利润分配明细科目结转表见附件3-1-243）

任务：请根据上述经济业务，编制"利润分配明细科目结转表"并进行结转。

业务 3-1-95　编制财务报告及纳税申报表

资料：（1）《中华人民共和国公司法》第一百六十四条规定，公司应当在每一会计年度终了时编制财务会计报告，并依法经会计师事务所审计。第一百六十五条规定，有限责任公司应当依照公司章程规定的期限将财务会计报告送交各股东。

（2）《小企业会计准则》第八十七条规定，小企业应当根据实际发生的交易和事项，按照本准则的规定进行确认和计量，在此基础上按月或者按季编制财务报表。

（3）《会计基础工作规范》（2019年修订）第六十九条规定，各单位应当按照国家规定的期限对外报送财务报告。对外报送的财务报告，应当依次编写页码，加具封面，装订成册，加盖公章。封面上应当注明：单位名称，单位地址，财务报告所属年度、季度、月度、送出日期，并由单位领导人、总会计师、会计机构负责人、会计主管人员签名或者盖章。单位领导人对财务报告的合法性、真实性负法律责任。

（4）2019年12月31日从信息化系统中生成财务报表及纳税申报表。

任务：①填制表3-67，明确编制财务报告及纳税申报表岗位分工及核算流程。②编制财务报告及纳税申报表。

表3-67　损益结转核算岗位分工及核算流程

序号	角色	编制财务报告及纳税申报表岗位工作内容
1	出纳员	
2	成本会计	
3	总账会计	
4	总经理	

【学中做】

业务1　所得税汇算清缴

资料：（1）2019年12月9日，国家税务总局发布《关于修订企业所得税年度纳税申报表有关问题的公告》（国家税务总局公告2019年第41号），对企业所得税汇算清缴的部分表格进行了修订。

（2）《财政部 税务总局关于实施小微企业普惠性税收减免政策的通知》（财会〔2019〕13号）规定，对小型微利企业年应纳税所得额不超过100万元的部分，减按25%计入应纳税所得额，按20%的税率缴纳企业所得税；对年应纳税所得额超过100万元但不超过300万元的部分，减按50%计入应纳税所得额，按20%的税率缴纳企业所得税。上述小型微利企业是指从事国家非限制和禁止行业，且同时符合年度应纳税所得额不超过300万元、从业人数不超过 300 人、资产总额不超过 5000 万元等三个条件的企业。从业人数,包括与企业建立劳动关系的职工人数和企业接受的劳务派遣用工人数。所称从业人数和资产总额指标,应按企业全年的季度平均值确定。具体计算公式如下:

季度平均值=(季初值+季末值)÷2

全年季度平均值=全年各季度平均值之和 ÷4

年度中间开业或者终止经营活动的,以其实际经营期作为一个纳税年度确定上述相关指标。

(3)《国家税务总局关于修订企业所得税年度纳税申报表有关问题的公告》(国家税务总局公告 2019 年第 41 号)规定,企业在 2019 年申报享受研发费用加计扣除政策时,按照《国家税务总局关于发布修订后的〈企业所得税优惠政策事项办理办法〉的公告》(国家税务总局公告 2018 年第 23 号)的规定执行,不再填报《研发项目可加计扣除研究开发费用情况归集表》;不再报送《"研发支出"辅助账汇总表》,只在企业留存备查。

(4) A 企业 2017 年成立,从事国家非限制和禁止行业,2019 年各季度的资产总额、从业人数以及累计应纳税所得额情况见表 3-68。

表 3-68 A 企业所得税情况表

季度	从业人数		资产总额 / 万元		应纳税所得额
	期初	期末	期初	期末	(累计值,万元)
第 1 季度	120	200	2,000	4,000	150
第 2 季度	400	500	4,000	6,600	200
第 3 季度	350	200	6,600	7,000	280
第 4 季度	220	210	7,000	2,500	300

任务:根据以上资料,①判断 A 企业是否符合小型微利企业条件;②计算 A 企业实际应纳所得税额和减免税额。

业务 2 优化利润分配方案

资料:利润分配是企业筹资、投资活动的延续。它不仅影响到股东的利益,也会关系到企业日常运营及其未来的发展。阅读《天齐锂业:关于 2018 年度利润分配预案的公告》。

任务:编制东风公司的利润分配优化方案(或亏损弥补方案)。

业务 3 筹划个人股东分红纳税

资料:北京嘉兴餐饮服务有限责任公司是由张三、李四、王五三人共同出资成立的有限责任公司,2017 年公司实现利润总额 120 万(企业所得税前利润)。经公司股东会决议,税后利润全部进行分配。那么,如何分配公司经营利润,才能实现税负最低呢?财务部给公司董事会提交了两种分配方案。

方案一:采用净利润分红的形式,120 万元缴纳 30 万元企业所得税后,90 万元净利润以股息、红利的形式分配。

企业应纳企业所得税 =120×25%=30 万元

股东应纳个人所得税 =(120-30)×20%=18 万元

股东税后收益 =120 - 30 - 18=72 万元

方案二:每月发放工资 10 万元,12 个月共计发放 120 万元,以达到实现"利润分配"的目的。

全年共增加工资支出 =10×12=120 万元

发放工资后企业利润总额 =120－120=0

股东工资部分应缴纳个人所得税 =[（10－0.35）×45%－1.3505]×12=35.904 万元

股东税后收益 =120－35.094=84.096 万元

方案分析：通过对以上两个方案纳税情况的分析，方案二比方案一多实现收益12.096万元，由于方案二中每月给股东发放10万元工资，致使企业原本有120万元的利润，造成企业利润为"0"，也就无需缴纳企业所得税。虽然方案二个人所得税的税率为45%（方案测算假设最高税率，实践中可能会低于45%），由于有基本费用的扣除、速算扣除数的调节，致使总体税负要低于方案一的股息、红利的分配税负。

当然，要确保以上筹划方案的有效实施，企业在实施前一定要有一套完整的薪酬体系制度作为支撑。因为，根据《企业所得税法实施条例》第三十四条规定，企业发生的合理的工资、薪金支出，准予扣除。

那么，企业给股东发放的工资，是否属于合理的工资薪金呢？是需要符合以下标准的。根据国税函〔2009〕3号文第一条规定，税务机关在对工资薪金进行合理性确认时，可按以下原则掌握：①企业制订了较为规范的员工工资薪金制度；②企业所制订的工资薪金制度符合行业及地区水平；③企业在一定时期所发放的工资薪金是相对固定的，工资薪金的调整是有序进行的；④企业对实际发放的工资薪金，已依法履行了代扣代缴个人所得税义务。⑤有关工资薪金的安排，不以减少或逃避税款为目的。

所以，企业在实施以上方案时，一定要考虑公司的薪酬体系的配套，以防止涉税风险。

任务：实操团队基于东风公司和自然人股东薪酬体系设计个人股东分红缴纳个人所得税筹划方案。

业务4　撰写公司财务分析报告

资料：（1）下载并阅读《中小企业板上市公司财务绩效评价体系研究》。

（2）财务分析报告主要包括：①公司基本情况；②公司财务总体述评（财务业绩及经济指标完成情况）；③财务报表分析（总体分析、偿债能力分析、经营效率分析、盈利能力分析、企业发展能力分析）；④财务绩效评价（沃尔评价指标体系、经济增加值法）。

任务：根据东风公司的财务报表，撰写公司财务分析报告。

子项目二　循环业务核算与管理

从组织运营及价值创造过程可将企业的活动分为业务经营与组织管理（含人力、财务等）两个方面，但业务与财务就像一枚硬币的两面，其本身就有天然融合性。没有业务经营就谈不上财务管理；反过来，没有财务管理也谈不上有效的业务运营。其中，业务经营大致包括市场调研、产品研发与设计、要素采购、生产制造、产品销售、售后服务等价值链环节；财务管理大致包括财务战略、投融资安排、现金流计划与控制、盈余管理、会计信息提供与决策支持、风险控制等。

在子项目一的实操中要求财务与业务对接，提升资源使用效率与效益，有效应对激烈的市场竞争。综合实操仍然采用分角色、一人多岗的方式，学生实操团队变换角色，处理好业务与财务的合作与制衡关系：合作是指业务需要财务提供决策支持；制衡是财务对业务进行监督与评价，发扬合作精神，将财务向业务的前端转移，用会计信息服务业务决策，消除不增值的经营活动，梳理企业的价值链与主要经营活动，构建清晰的业财融合工作流程与工作方式，锤炼职业迁移能力。

子项目二是在2019年核算资料的基础上，对上次年度的会计政策与核算方法进行全面检视，根据业务的发展和管理的改进，在2019年的会计数据基础上，进行"年初建账"；按经济业务发生时间顺序实操"循环核算与管理"，在规定时间内高质量完成学习任务，形成2020年1月份的财务报告和纳税申报表。

任务1　年初建账

【任务描述】

东风公司的资产按预定的目标耗用、出售、转让、折旧等，公司所承担的各种债务也要按原计划如期偿还。因而，在2019年的基础上，2020年仍要连续、系统、全面反映东风公司的财务状况、经营成果、现金流量。①由于2019年没有提供现金流量表，无法知道现金与利润不一致的原因，从而难以发现既提高利润又多赚钱的方法，需要在科目设置时与现金流量表关联。②适应决策支持的需要，侧重反映采购成本控制、产品保本点计算、班组生产成本控制、销售团队的利润贡献，因此在会计科目的明细设置上要与管理报表对接。③适应电子商务的新模式，需要在会计科目设计上反映其运行的过程和结果。为此，需要在会计信息化的2020年"年初建账"中得到改进，提供有效的资产负债表、利润表、现金流量表、纳税申报表、资金收支表、预算执行差异分析表、客户明细表、应收款项账龄分析表、产品毛利分析表、供应商明细表、业绩排行榜、薪酬排行榜等。

【做中学】

资料：(1)《会计基础工作规范》第二十五条规定：会计人员工作调动或者因故离职，必须将本人所经管的会计工作全部移交给接替人员。没有办清交接手续的，不得调动或者离职。

(2) 年初建账指一个完整会计年度公历1月1日—12月31日中的1月份建账。《会计基础工作规范》第六十三条规定：各单位应当按照规定定期结账。年度终了，要把各账户的余额结转到下一会计年度，并在摘要栏注明"结转下年"字样；在下一会计年度新建有关会计账簿的第一行余额栏内填写上年结转的余额，并在摘要栏注明"上年结转"字样。

(3) 会计信息化年初建账步骤：①确认上一年度账务是否已经经过审计，上年数据是否会发生变动。一般情况下年初建账的时候，上年数据未经过审计会发生变动，所以上年数据在接受外部审计后会多少都发生变化的。②1月开始建账时需要在初始化录入界面，录入"期初余额"列数据，1月的初始数据就是去年12月末的"期末余额"。③据去年12月期末数据录入完成试算平衡，启用财务系统建账完成。④年初数据还会变，那么导入的期初余额就是临时的，还是要变化的。以1月1日为登录系统的时间，进入"财务会计"—"总账"—"期初设置"—"期初余额"中"年初重算"中选择所有科目,按提示操作即可。

（4）为实施规范的财务行为,促进业务经营效果与财务管理效率双提升,建议按图3-9的财务核算模型进行会计信息初始化。

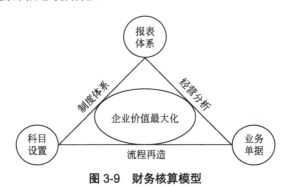

图3-9　财务核算模型

（5）需要注意事项：①会计软件的功能是否适应公司业务发展与决策的变化,如委托代销业务、境外销售业务、电子商务等；②会计政策、会计估计、业务流程、财务制度的变化；③根据内部管理需要增加或减少的会计科目,特别是与管理报表接口的明细科目设置；④充分发挥辅助核算、EXCEL的功能,千万不要年中才使用,一定要在年初设置好；⑤年初数据必须核对一致。

（6）电子商务是指通过电子行为进行的商事活动。2020年东风公司运用天猫、京东、淘宝、微商四个平台开展电子商务,并增加网店运营主管和客服；增加对采购员、营销员的绩效考核,需要在科目设置方面进行调整：①在"其他货币资金"一级科目下增设"网店网银钱包存款""网店支付宝存款""网店微信余额""网店直通车余额""钻展账户存款"等二级科目。②在"其他应收款"一级科目下增设"网店支付宝押金""网店网银钱包押金""网店支付宝保证金""网店网银钱包保证金""承兑保证金""代垫运杂费""天猫佣金""天猫积分"等二级科目。③在"应收账款"一级科目下增设"支付宝"等二级科目。④由于本教材选用的柠檬云核算免费软件不支持新增"发出商品"一级科目,因此,需要在"库存商品"一级科目下设"企业库存""电商库存"二级科目,再设"唐装兔""公主熊"三级科目。⑤为加强材料采购成本的核算,以控制生产成本,需要在"原材料"一级科目的"毛绒布""人造皮革""玩具配件""纸箱"四个二级科目下按"供应商"设三级科目。⑥为考核评价业务员的销售绩效和客户信用及贡献,需要在"主营业务收入"一级科目的"唐装兔""公主熊"二级科目下按"业务员"设三级科目,再按"客户"设四级科目。⑦在"销售费用"一级科目下增设"网店运营费"二级科目,再在"网店运营费"下设"平台入住费""通讯宽带费""平台客服薪酬""网店装修费""平台扣点""聚划算费用""商家理赔""技术年费""营销保险费""营销工具（超级店长）""快递费""电商包装费""拍摄费用""直播费用""宠物饲训费""佣金""返点积分""旺铺费""数据魔方费""电商培训费"等三级科目；在"广告宣传费"二级科目下增设"直通车""分享""淘客费用""买家返现""赠品"等三级科目。⑧在"财务费用"一级科目下设"提现手续费""信用卡服务费"二级科目。⑨在"管理费用"一级科目下设"网店开办费"二级科目。

任务：①填制表3-69（括号中填入学生姓名），完成岗位工作交接。②根据会计角色的变化，财务经理重新规划会计信息化权限。③分析东风公司的经营业务及财务管理要求变化，合理设计一、二、三、四级会计科目表，为经营决策提供数据支持。④进行会计信息化"年初建账"。

表 3-69　循环核算与管理岗位分工及流程优化

序号	角色	综合核算与管理岗位工作内容
1	业务员	
2	出纳员	
3	成本会计	
4	总账会计	

【学中做】

业务1　判断持续经营

资料：东方制药公司2008年7月成立时，注册资本为50万元，股东为王永昌和马静，主营业务为自产试剂的销售，业务模式较单一。

2011年11月，公司完成股权转让及第一次增资，注册资本增至1,190万元，股东变更为熊俊、永卓博济、周华、郭美锦，主营业务变更为新药研发及相关的技术转让、技术服务和新药的产业化，公司股权架构、核心技术团队及主营业务初步形成。

经过之后的三次增资及研发团队的不断扩充，公司注册资本增至4,428万元，研发投入不断增加，目前已完成6个在研项目的立项且均进展顺利。随着研发活动的持续开展，报告期内公司已累计实现技术服务和技术转让收入317.82万元，实现其他业务收入7.44万元。

任务：结合以上案例，从财务、经营及其他方面判断东方制药公司是否持续经营。

业务2　会计政策变更

资料：《一汽轿车股份有限公司关于会计政策变更的公告》（证券代码：000800，证券简称：一汽轿车，公告编号：2019-039）

任务：查阅上述资料，假如东风公司发出存货计价方法由月末一次加权平均法变更为先进先出法，请分析由此将会带来的影响。

业务3　编制全面预算

资料：全面预算是通过企业内外部环境的分析，在预测与决策基础上，调配相应的资源，对企业未来一定时期的经营和财务等做出一系列具体计划。主要是预算计划的数字化、表格化、明细化的表达，体现了预算的全员、全过程、全部门的特征。全面预算按其涉及的业务活动领域分为投资预算（如资本预算）、营业预算（或称经营预算，包括销售预算、生产预算、成本预算等）和财务预算（包括利润表预算、现金预算和资产负债表预算等）。

任务：深度学习全面预算的编制程序和编制方法，根据股东会决策的2020年销售额达到2,600万元目标，查找编制全面预算模板，编制东风公司的2020年销售预算、生产预算、费用预算和现金预算。

任务 2　循环核算与管理

【任务描述】

学生实操团队伴随东风公司的高质量发展，需要以满足顾客价值的全面预算结果为导向，将业务、财务、内部控制、信息化极力融为一体，识别、分析筹资与投资、采购及付款、销售及收款、人力与薪酬、生产与成本、存货与仓储、研发与费用、资金流入与流出、会计与税务等相互联系循环中的风险，采取合理的应对策略，持续优化流程，确保企业的健康运营，不断增加企业价值。

资料：（1）资金循环是企业的资金经历的三个阶段的形态变化。第一阶段是供应阶段，企业的货币资金经过流通领域，购买回机器设备和原料、材料、燃料等生产资料，支付货币工资，这是保证生产资料和劳动力相结合，使物质生产得以进行的前提条件。当这个过程结束时，资金便从货币形态转化为生产形态。第二阶段是生产阶段，劳动者借助于劳动资料把劳动对象加工成为新的可供销售的商品。在这一过程中，不仅保存了垫付的资金价值，而且通过工人劳动创造的新价值使垫付资金价值得到增长。这个过程结束时，资金从生产形态转化为商品形态。第三阶段是销售阶段，随着商品的出售，资金又从商品形态转化为货币形态，并开始新的循环。资金不间断地进行循环，同时包含着三种循环形态，即货币资金的循环、生产资金的循环和商品资金的循环。现实中的资金循环是三种资金循环形式的统一。

资金链是指维系企业正常生产经营运转所需要的基本循环资金链条。资金的循环运动在任何形式或任何阶段上陷于停滞，资金就不能继续循环，表明社会再生产出现了障碍。企业要持续经营，就必须维持"现金—资产—现金（增值）"的良性循环不断运转。

（2）跟团队介绍大家听得懂的商业会计语言：业财融合运行模式见表 3-70。

表 3-70　业财融合运行模式

钱经	资源配置	过程管理	作战方案	回答问题	财务报表	执行偏差分析
筹钱	付得起账单且赚钱的业务决不能缺钱	股+债	融资风险与资本、成本结构	钱从哪里来	（1）资产负债表 （2）现金流量表	（1）为何赚钱或亏钱 （2）内外部原因是什么 （3）哪些措施不对 （4）如何改进措施 （5）何时改进 （6）需要什么资源支持
花钱	好钢用在刀刃上	资本性支出+费用性支出	产业结构、资产结构、产品结构	钱到哪里去		
赚钱	千万不做亏本生意	毛利率、费用率、净资产收益率	商业模式、盈利模式	如何赚钱	（1）利润表 （2）现金流量表	
分钱	赚钱大家分	力出一孔、利出一孔	利益分享、激励机制	如何分钱		

任务：根据下述经济业务，积极探索业财融合式运行，实施循环核算与管理，并根据全面预算不断修正运行偏差，形成与企业管理目标趋同的财务报告和内部管理报告。

业务 3-2-1　2020 年 1 月 1 日，冲销 2019 年 12 月 31 日从扬州海威文化用品有限公司购入玩具配件，验收入库 1,600 只，发票未到，根据合同估计单价 5.65 元/只，金额为

9,040.00元。(原始凭证:红字入库单见附件3-2-1)

业务3-2-2 2020年1月2日,东风公司与京东电子商务平台达成协议,入驻平台开拓网店营销。根据协议约定一次性支付平台入驻费2,260.00元,款项通过网银支付。(原始凭证:电商平台入驻协议见附件3-2-2、增值税专用发票发票联见附件3-2-3、增值税专用发票记账联见附件3-2-4、网银回单见附件3-2-5)

业务3-2-3 2020年1月2日,东风公司委托信息科技有限公司装修网店,通过网银支付装修费4,520.00元。(原始凭证:增值税专用发票发票联见附件3-2-6、增值税专用发票记账联见附件3-2-7、网银回单见附件3-2-8)

业务3-2-4 2020年1月3日,根据东风公司与京东电子商务平台的合作协议,通过网银一次性支付各种保证金50,000.00元。(原始凭证:电商平台保证金协议见附件3-2-9、保证金收款收据见附件3-2-10、网银回单见附件3-2-11)

业务3-2-5 2020年1月3日,收到扬州海威文化用品有限公司玩具配件的发票,数量1600件,单价6.578,9元,以银行存款支付全部款项。(原始凭证:增值税专用发票发票联见附件3-2-12、增值税专用发票抵扣联见附件3-2-13、收料单见附件3-2-14、银行回单见附件3-2-15)

业务3-2-6 2020年1月3日,向股东支付利润,其中张明14.4万元、于伟9.6万元。(原始凭证:张明银行回单见附件3-2-16、于伟银行回单见附件3-2-17、实发股利计算表见附件3-2-18)

业务3-2-7 2020年1月4日,东风公司通过增资扩股方式引入投资者。唐春江以1,500,000.00元投资享有东风公司25%的股权,根据投资协议唐春江已于当日将2,100,000.00投资款已存入东风公司建设银行账户。东风公司向唐春江出具"投资证明书",变更公司章程,并在市场监督管理局办妥变更手续。(原始凭证:股东会决议见附件3-2-19、银行回单见附件3-2-20、收款收据见附件3-2-21)

业务3-2-8 2020年1月5日经股东会研究决定,并经相关部门批准,将资本公积中600,000.00元的资本溢价按认缴资本比例转增资本,并办妥相关变更登记手续。(原始凭证:股东会决议见附件3-2-22、资本公积转增资本分配表见附件3-2-23)

业务3-2-9 2020年1月5日销售给泰州神华文化用品有限公司玩物玩具唐装兔100箱、公主熊200箱,收到转账支票即到银行进账并发货,运费由购买方承担,出具增值税专用发票随货同行。(原始凭证:销售合同见附件3-2-24、出库单见附件3-2-25、增值税专用发票记账联见附件3-2-26、银行回单见附件3-2-27)

业务3-2-10 2020年1月5日,东风公司开展现售促销活动,现销公主熊,买10送1,销售100箱,送出10箱,单价2,000.00元/箱,购买方通过银行付款。[提示:促销时根据《国家税务总局关于确认企业所得税收入若干问题的通知》(国税函〔2008〕875号)第三条的规定,在开具销售发票时,将赠品和商品总的销售金额按各项商品公允价值的比例分摊确认赠品和商品的销售收入,按总的销售金额征收增值税。](原始凭证:购销合同见附件3-2-28、出库单见附件3-2-29、宠物玩具增值税普通发票记账联见附件3-2-30、银行回单见附件3-2-31)

业务3-2-11 2020年1月6日,京东网店根据深圳活力宠物医院的订单,委托顺丰公司发出唐装兔80箱、公主熊60箱。(原始凭证:出库单见附件3-2-32)

业务3-2-12 2020年1月6日,东风公司销售给武汉市够派宠物用品有限公司宠物玩具唐装兔 280 箱，单价为每箱 1,500.00 元；合同约定赊销的现金折扣条件为"2/10，1/20，n/30"。（原始凭证：购销合同见附件 3-2-33、出库单见附件 3-2-34、宠物玩具增值税专用发票记账联见附件 3-2-35）

业务 3-2-13 2020 年 1 月 6 日，东风公司为武汉市够派宠物用品有限公司代垫宠物玩具运费 6,780.00 元。（原始凭证：支付给物流公司运费转账支票存根见附件 3-2-36、武汉市够派宠物用品有限公司运费增值税专用发票复印件见附件 3-2-37）

业务 3-2-14 2020 年 1 月 6 日，出具转账支票，向泰州智税服务有限公司支付 2020 年全年的税务顾问咨询费 6,000.00 元，收到发票。（原始凭证：转账支票存根见附件 3-2-38、增值税专用发票发票联见附件 3-2-39、增值税专用发票抵扣联见附件 3-2-40）

业务 3-2-15 2020 年 1 月 6 日，东风公司为开发出新产品，从江苏农牧科技职业学院学生李云茹创办的江苏爱宠设计有限公司购买两件外观设计专利"机灵鼠"和"长须猫"的所有权，两件专利权取得成本的价税合计为 150,000.00 元，取得普通发票，并办妥专利权属变更。（原始凭证：普通发票见附件 3-2-41、专利验收单见附件 3-2-42、银行回单见附件 3-2-43）

业务 3-2-16 2020 年 1 月 6 日，将建行账户 1,500,000.00 元存到"其他货币资金——存出投资款"账户，用于购买金融产品。（原始凭证：银行转账存根见附件 3-2-44、证券公司开户协议见附件 3-2-45）

业务 3-2-17 2020 年 1 月 6 日，以其他货币资金 500,000.00 元从证券市场购入东风汽车股票作为短期投资。（原始凭证：证券公司的股票交割单见附件 3-2-46、经理办公会议纪要见附件 3-2-47、金融商品台账见附件 3-2-48、手续费增值税专用发票发票联见附件 3-2-49、手续费增值税专用发票抵扣联见附件 3-2-50）

业务 3-2-18 2020 年 1 月 7 日，经股东会同意从证券市场用银行存款购入长江公司有表决权的股票 40 万股，准备长期持有。每股购买价格 1.90 元。另支付相关税费 152.00 元。（原始凭证：证券公司的股票交割单见附件 3-2-51、股东会决议见附件 3-2-52、金融商品台账见附件 3-2-53、手续费增值税专用发票发票联见附件 3-2-54、手续费增值税专用发票抵扣联见附件 3-2-55）

业务 3-2-19 2020 年 1 月 8 日，经理办公会研究决定将闲置的固定资产打棉机对外出租，预收 1~6 月份租金 40,000.00 元，到税务局增加临时经营范围当日出具不含税价 6,000.00 元的租赁费增值税专用发票。（原始凭证：固定资产租赁合同见附件 3-2-56、增值税专用发票记账联见附件 3-2-57、网银回单见附件 3-2-58、固定资产交接单见附件 3-2-59）

业务 3-2-20 2020 年 1 月 9 日，购进毛绒布 8,500 米、价款 174,250.00 元；人造皮革 1,500 米、价款 48,750.00 元，运费价款 5,000.00 元按采购材料数量分摊，合同约定的信用期为收到货物后 30 天。（原始凭证：增值税专用发票发票联见附件 3-2-60、增值税抵扣联见附件 3-2-61、运费增值税专用发票发票联见附件 3-2-62、运费增值税专用发票发票抵扣联见附件 3-2-63、运费分摊表见附件 3-2-64、收料单见附件 3-2-65）

业务 3-2-21 2020 年 1 月 10 日，通过网上银行支付泰州海通物业有限公司 1 月厂房租金 21,800.00 元，取得增值税专用发票注明不含税价 20,000.00 元，增值税税率 9%，增值税税额 1,800.00 元。（原始凭证：银行回单见附件 3-2-66、增值税专用发票发票联见附件 3-2-67、增值税专用发票抵扣联见附件 3-2-68、费用分配表见附件 3-2-69）

业务 3-2-22 2020 年 1 月 10 日，东风公司向扬州市邗江区通达塑料厂赊购玩具配件，配件验收入库并收到发票（数量：15,000 只，单价：6.00 元 / 只），合同约定可以享受现金折扣。（原始凭证：采购合同见附件 3-2-70、增值税专用发票发票联见附件 3-2-71、增值税专用发票抵扣联见附件 3-2-72、收料单见附件 3-2-73）

业务 3-2-23 2020 年 1 月 10 日，发放 2019 年 12 月份工资，应发数为 200,300.00 元，代扣医疗保险 4,006.00 元，代扣养老保险 16,024.00 元，代扣失业保险 1,001.50 元，代扣住房公积金 24,036.00 元，代扣个人所得税 3,245.91 元，实际发放数为 151,986.59 元。（原始单据：银行转账支票存根见附件 3-2-74、工资明细表见附件 3-2-75）

业务 3-2-24 2020 年 1 月 11 日，购买 200 瓶麻油，收到增值税专用发票，每瓶不含税价 30.00 元，增值税税率是 13%，发放员工福利。（原始凭证：增值税专用发票发票联见附件 3-2-76、增值税专用发票抵扣联见附件 3-2-77、福利发放表见附件 3-2-78、银行回单见附件 3-2-79）

业务 3-2-25 2020 年 1 月 12 日，将本公司生产的 10 箱唐装兔玩具作为福利发放给员工，市场不含税价 1,500.00 元 / 箱。（原始凭证：出库单见附件 3-2-80、福利发放表见附件 3-2-81）

业务 3-2-26 2020 年 1 月 12 日，东风公司京东网店 2020 年 1 月 6 日发给深圳活力宠物医院的货物经签收确认并通过支付宝支付货款，唐装兔 80 箱，每箱 1,450.00 元（不含税价）；公主熊 60 箱，每箱 2,050.00 元（不含税价），价税合计 270,070.00 元，扣除 10% 的平台管理费和 1% 的支付宝手续费，余款转回公司开户银行。（原始凭证：增值税专用发票记账联见附件 3-2-82、服务费增值税专用发票发票联见附件 3-2-83、服务费增值税专用发票抵扣联见附件 3-2-84、手续费增值税专用发票发票联见附件 3-2-85、手续费增值税专用发票抵扣联见附件 3-2-86、银行回单见附件 3-2-87）

业务 3-2-27 2020 年 1 月 13 日，东风公司收到武汉市够派宠物用品有限公司的扣除现金折扣后的货款和运费合计 471,888.00 元，合同约定的现金折扣基数为 474,000.00 元。（原始凭证：银行回单见附件 3-2-88、现金折扣明细表见附件 3-2-89）

业务 3-2-28 2020 年 1 月 13 日，从扬州海威文化用品有限公司购入包装纸箱 500 个，单价为 30 元 / 个（原始凭证：增值税专用发票发票联见附件 3-2-90、增值税专用发票抵扣联见附件 3-2-91、收料单见附件 3-2-92、银行转账支票存根见附件 3-2-93）

业务 3-2-29 2020 年 1 月 15 日，通过银行交纳上月员工住房公积金共计 48,072.00 元，其中单位应缴 24,036.00 元，个人应缴 24,036.00 元。（原始凭证：银行回单见附件 3-2-94、住房公积金明细表见附件 3-2-95）

业务 3-2-30 2020 年 1 月 15 日，税务局代扣上月员工社会保险共计 74,111.00 元，其中：单位应缴 53,079.50 元、个人应缴 21,031.50 元。（原始凭证：社会保险费通用缴款书见附件 3-2-96、银行回单见附件 3-2-97、社会保险明细表见附件 3-2-98）

业务 3-2-31 2020 年 1 月 15 日，缴纳 12 月份增值税 112,867.30 元、城建税 7,900.71 元、教育费附加 3,386.02 元、地方教育费附加 2,257.35 元、缴纳第四季度房产税 2,520.00 元、缴纳个人所得 63,245.91 元、缴纳企业所得税 13,815.82 元。（原始凭证：税收缴款书见附件 3-2-99、银行回单见附件 3-2-100 ～附件 3-2-104）

业务 3-2-32 2020 年 1 月 16 日，出纳员许秋菊从开户银行提取现金 3,000.00 元备用金。（原始凭证：现金支票存根见附件 3-2-105、提现申请书见附件 3-2-106）

业务 3-2-33 2020 年 1 月 16 日，采购部张一运借现金出差。（原始凭证：借款单见附

件 3-2-107）

业务 3-2-34 2020 年 1 月 16 日，东风汽车股票宣告分派现金股利 100,000.00 元。（原始凭证：东风汽车股份公司的股东大会决议见附件 3-2-108）

业务 3-2-35 2020 年 1 月 16 日，财务部根据资金状况，经测算决定享受扬州市邗江区通达塑料厂提供的 2% 现金折扣，当日网银支付 1 月 10 日采购玩具配件材料款。（原始凭证：银行回单见附件 3-2-109、现金折扣计算表见附件 3-2-110）

业务 3-2-36 2020 年 1 月 17 日，购入一台需安装的自动化生产线作为固定资产，支付货款 2,000,000.00 元，增值税 260,000.00 元，发生的运费为 5,000.00 元，增值税 300.00 元。（原始凭证：增值税专用发票发票联见附件 3-2-111、增值税专用发票抵扣联见附件 3-2-112、运费增值税专用发票发票联见附件 3-2-113、运费增值税专用发票抵扣联见附件 3-2-114、银行回单见附件 3-2-115、入库单见附件 3-2-116、出库单见附件 3-2-117）

业务 3-2-37 2020 年 1 月 17 日，购进五金构件作为自动化生产线安装的工程物资，价款为 10,000.00 元，增值税额为 1,300.00 元，用银行存款支付。（原始凭证：增值税专用发票发票联见附件 3-2-118、增值税专用发票抵扣联见附件 3-2-119、银行回单见附件 3-2-120、入库单见附件 3-2-121）

业务 3-2-38 2020 年 1 月 17 日，领用工程物资 10,000.00 元，用于安装设备。（原始凭证：领料单见附件 3-2-122）

业务 3-2-39 2020 年 1 月 17 日，支付安装劳务费 6,000.00 元。（原始凭证：增值税普通发票发票联见附件 3-2-123、银行回单见附件 3-2-124）

业务 3-2-40 2020 年 1 月 20 日，设备安装完工，在建工程转为固定资产。（原始凭证：固定资产竣工决算表见附件 3-2-125、新增固定资产登记表见附件 3-2-126）

业务 3-2-41 2020 年 1 月 21 日，泰州伟达有限责任公司持有一张 103,000.00 元银行承兑汇票，因急需用钱，到银行贴现时间来不及，通过熟人与总经理张明联系，从东风公司借现款 100,000.00 元，以该银行承兑汇票抵付，3,000.00 元算作利息。经批准并验证汇票的真实性后，出具转账支票。（原始凭证：借款合同见附件 3-2-127、转账支票存根见附件 3-2-128、银行承兑汇票复印件见附件 3-2-129、收款收据见附件 3-2-130）

业务 3-2-42 2020 年 1 月 21 日，销售给扬州中宝公司唐装兔 10 箱、不含税单价 1,500.00 元/箱，公主熊 50 箱、不含税单价 2,000.00 元/箱，合同约定以银行承兑汇票结算。（原始凭证：购销合同见附件 3-2-131、销售单见附件 3-2-132、增值税专用发票记账联见附件 3-2-133、银行承兑汇票复印件见附件 3-2-134）

业务 3-2-43 2020 年 1 月 21 日，将收到的扬州中宝宠物有限公司的银行承兑汇票结算 129,950.00 元，背书转让给扬州海威文化有限公司偿还前欠货款。（原始凭证：扬州海威文化有限公司收款收据记账联见附件 3-2-135、银行承兑汇票背书复印件见附件 3-2-136）

业务 3-2-44 2020 年 1 月 21 日，经股东会同意从证券市场用银行存款支付 100,000.00 元购入黄河公司 2020 年 1 月 3 日发行的为期三年的债券，债券面值为 100,000.00 元，票面利率 12%，实际利率 10%，该债券每年年末付息一次，最后一年还本金。另支付手续费 400.00 元。（原始凭证：证券公司的股票交割单见附件 3-2-137、经理办公会议纪要见附件 3-2-138、金融商品台账见附件 3-2-139、手续费增值税专用发票发票联见附件 3-2-140、手续费增值税专用发票抵扣联见附件 3-2-141、网银回单见附件 3-2-142）

业务 3-2-45 2020 年 1 月 21 日，东风公司将专利权，该专利权的成本为 120,000.00 元，已摊销 1,000.00 元，实际取得的转让价款为 150,000.00 元，款项已存入银行。（原始凭证：专利权转让发票见附件 3-2-143、银行回单见附件 3-2-144）

业务 3-2-46　2020 年 1 月 21，采购部张一运出差回来，报销差旅费。（原始凭证及其附件：差旅费报销单见附件 3-2-145、泰州—福州飞机票见附件 3-2-146、福州—泰州飞机票见附件 3-2-147、福州住宿费发票见附件 3-2-148、福州住宿费发票抵扣联见附件 3-2-149、收据见附件 3-2-150、借据见附件 3-2-151）

业务 3-2-47　2020 年 1 月 22 日，财务部 3 人参加泰州东方会计培训学校组织的增值税发票管理系统专项培训，交纳培训费 3,600.00 元，收到培训费发票，以现金支付。（原始凭证：增值税专用发票发票联见附件 3-2-152、增值税专用发票抵扣联见附件 3-2-153、银行回单见附件 3-2-154）

业务 3-2-48　2020 年 1 月 22 日，销售给张丽个人原材料毛绒布一批，（数量：80 米，单价：25 元 / 米），收到现金 2,260.00 元。（原始凭证：收款收据见附加 3-2-155、增值税普通发票记账联见附件 3-2-156、销售单见附件 3-2-157）

业务 3-2-49　2020 年 1 月 22 日，出纳员许秋菊将 2,260.00 元库存现金送存银行。（原始凭证：现金交款单见附件 3-2-158）

业务 3-2-50　2020 年 1 月 22 日，经股东会协商，向股东于伟借款 20 万元用于周转，借期 9 个月，年利率 9%，当日收到款项。（原始凭证：借款合同见附件 3-2-159、收款收据见附件 3-2-160、银行回单见附件 3-2-161）

业务 3-2-51　2020 年 1 月 23 日，东风公司京东网店 2020 年 1 月 18 日发给天津爱意宠物医院的货物经签收确认并通过支付宝支付货款，唐装兔 70 箱，每箱 1,450.00 元（不含税价）；公主熊 100 箱，每箱 2,050.00 元（不含税价），价税合计 346,345.00 元，扣除 10% 的平台管理费和 1% 的支付宝手续费，余款转回公司开户银行。（原始凭证：增值税专用发票记账联见附件 3-2-162、服务费增值税专用发票发票联见附件 3-2-163、服务费增值税专用发票抵扣联见附件 3-2-164、手续费增值税专用发票发票联见附件 3-2-165、手续费增值税专用发票抵扣联见附件 3-2-166、银行回单见附件 3-2-167、销售单见附件 3-2-168）

业务 3-2-52　2020 年 1 月 23 日，销售给晋江市磁灶富明玩具有限公司产品一批，唐装兔：数量 200 箱，单价 1,500.00 元；公主熊：数量 100 箱，单价 2,000.00 元；合同约定运杂费由买方承担，本公司代办代垫。（原始凭证：增值税专用发票记账联见附件 3-2-169、销售单见附件 3-2-170）

业务 3-2-53　2020 年 1 月 23 日，支付销售给晋江市磁灶富明玩具有限公司产品的代垫运费 8,720.00 元，（原始凭证：增值税专用发票发票联复印件见附件 3-2-171、银行回单见附件 3-2-172）

业务 3-2-54　2020 年 1 月 24 日，支付泰州市保诚机电设备有限公司生产设备修理 10,000.00 元，税金 1,300.00 元。（原始凭证：增值税专用发票发票联见附件 3-2-173、增值税专用发票抵扣联见附件 3-2-174、银行回单见附件 3-2-175）

业务 3-2-55　2020 年 1 月 24 日，支付泰州市百货有限公司 2,000.00 元，税金 260.00 元，购买办公用品。（原始凭证：增值税专用发票发票联见附件 3-2-176、增值税专用发票抵扣联见附件 3-2-177、银行回单见附件 3-2-178）

业务 3-2-56　2020 年 1 月 24 日，办公室报销业务招待费 3,180.00 元，取得增值税普通发票，以网银支付。（原始凭证：增值税普通发票发票联见附件 3-2-179、银行回单见附

件 3-2-180）

业务 3-2-57 2020 年 1 月 24 日，支付江苏兴守律师事务所咨询费 6,000.00 元，取得增值税普通发票。（原始凭证：增值税普通发票发票联见附件 3-2-181、银行回单见附件 3-2-182）

业务 3-2-58 2020 年 1 月 24 日，支付管理部门通信费 3,240.00 元，基础电信业务 2,000.00 元，税率 9%；增值业务 1,000.00 元，税率 6%。（原始凭证：增值税专用发票发票联见附件 3-2-183、增值税专用发票抵扣联见附件 3-2-184、银行回单见附件 3-2-185）

业务 3-2-59 2020 年 1 月 24 日，东风公司通过泰州市慈善总会捐赠给贫困山区的希望小学 8,000.00 元。（原始凭证：捐赠统一收据见附件 3-2-186、银行回单见附件 3-2-187）

业务 3-2-60 2020 年 1 月 25 日，东风公司按照《互联网广告管理暂行办法》（国家市场监督管理总局令 第 87 号）规定，结合网上营销的发展趋势，支付新媒体网络广告费 10,600.00 元、网上商城技术服务费 21,200.00 元。（原始凭证：广告增值税专用发票发票联见附件 3-2-188、广告增值税专用发票抵扣联见附件 3-2-189、技术服务费增值税专用发票发票联见附件 3-2-190、技术服务费增值税专用发票抵扣联见附件 3-2-191、网银支付回单见附件 3-2-192、附件 3-2-193）

业务 3-2-61 2020 年 1 月 25 日，东风公司计提并支付 2019 年 12 月 1 日的短期借款的利息。（原始凭证：借款利息计提清单见附件 3-2-194、借款利息支付回单见附件 3-2-195）

业务 3-2-62 2020 年 1 月 25 日，计提东风公司于 2019 年 12 月 1 日向开户行借入的 2 年期到期一次还本、年利率 10% 的信用贷款 600,000.00 元。（原始凭证：长期借款利息计算表见附件 3-2-196）

业务 3-2-63 2020 年 1 月 25 日，支付开户银行办理业务的手续费 300.00 元。（原始凭证：银行回单见附件 3-2-197、增值税专用发票发票联见附件 3-2-198、增值税专用发票抵扣联见附件 3-2-199）

业务 3-2-64 2020 年 1 月 26 日，支付交通罚款 2,000.00 元（原始凭证：罚款收据见附件 3-2-200、银行支票存根见附件 3-2-201）

业务 3-2-65 2020 年 1 月 26 日，收到东风汽车公司的现金股利 100,000.00 元。（原始凭证：银行回单见附件 3-2-202）

业务 3-2-66 2020 年 1 月 23 日销售给晋江市磁灶富明玩具有限公司产品一批，1 月 30 日因质量检测出质量问题，经双方协商一致，同意销售折让 20%，开出红字发票。（唐装兔：数量 200 箱，单价 1,500.00 元 / 箱；公主熊：数量 100 箱，单价 2,000.00 元 / 箱）（原始凭证：增值税专用发票发票联见附件 3-2-203，另附"开具红字增值税专用发票信息表"）

业务 3-2-67 2020 年 1 月 30 日，东风公司根据与京东平台客服汪翠花个人签订的客服协议，2020 年度月不含税营业额在 50 万之内给付 3% 佣金（税后），月营业额在 50 万～100 万之间给付 2.6% 佣金（税后），月营业额在 100 万～180 万之间给付 2.2% 佣金（税后）。当月通过网银支付佣金，并依据《国家税务总局江苏省税务局关于自然人申请代开发票个人所得税有关问题的公告》（江苏省税务局公告 2019 年第 1 号）扣缴个人所得税。（原始凭证：佣金增值税普通发票记账联见附件 3-2-204、客服合作协议见附件 3-2-205、网银回单见附件 3-2-206）

业务 3-2-68 2020 年 1 月 30 日，东风公司根据与顺丰速运有限公司签订的合作协议，月快递量 100 件之内不含税价省内 4 元 / 件、省外 6 元 / 件；月快递量 100 件～200 件之间省内 3.5 元/件、省外 5.5 元/件；月快递量 200 件～300 件之间省内 3 元/件、省外 5 元/件；月快递量 300 件～500 件之间省内 2.8 元/件、省外 4.8 元/件；通过网银支付 1 月份网店销售商品快递费。（原始凭证：物流合作协议见附件 3-2-207、增值税专用发票发票联见附件 3-2-208、增值税专用发票抵扣联见附件 3-2-209、银行回单见附件 3-2-210）

业务 3-2-69　2020 年 1 月 31 日，通过网上银行支付泰州自来水公司 1 月份水费。收到的增值税专用发票上注明的不含税金额 15,000.00 元，增值税税率 3%，增值税税额 450.00 元，价税合计 15,450.00 元。（原始凭证：银行回单见附件 3-2-211、增值税专用发票发票联见附件 3-2-212、增值税专用发票抵扣联见附件 3-2-213、水费分配表见附件 3-2-214）

业务 3-2-70　2020 年 1 月 31 日，通过网上银行支付泰州市供电公司 1 月电费。取得增值税专用发票注明不含税价 40,000.00 元，增值税税率 13%，增值税税额 5,200.00 元。（原始凭证：银行回单见附件 3-2-215、增值税专用发票发票联见附件 3-2-216、增值税专用发票抵扣联见附件 3-2-217、水费分配表见附件 3-2-218）

业务 3-2-71　2020 年 1 月 31 日，摊销上月订购的报刊费。（原始凭证：费用分摊表见附件 3-2-219）

业务 3-2-72　2020 年 1 月 31 日，计算 1 月份应发工资，本月生产总工时 4,000 工时，其中生产唐装兔耗用 1,600 工时，生产公主熊耗用 2,400 工时。（原始凭证：生产工时统计表见附件 3-1-220、12 月份员工工资计算表见附件 3-1-221、工资费用分配表见附件 3-1-222）

业务 3-2-73　2020 年 1 月 31 日，计提 1 月份职工福利费，本月生产总工时 4,000 工时，其中生产唐装兔耗用 1,600 工时，生产公主熊耗用 2,400 工时。（原始凭证：1 月份员工职工福利费计提表见附件 3-2-223）

业务 3-2-74　2020 年 1 月 31 日，计提 1 月份社保费用，本月生产总工时 4,000 工时，其中生产唐装兔耗用 1,600 工时，生产公主熊耗用 2,400 工时。（原始凭证：1 月份员工社会保险费计提分配表见附件 3-2-224）

业务 3-2-75　2020 年 1 月 31 日，计提 1 月份住房公积金，本月生产总工时 4,000 工时，其中生产唐装兔耗用 1,600 工时，生产公主熊耗用 2,400 工时。（原始凭证：1 月份员工住房公积金计提表见附件 3-2-225）

业务 3-2-76　2020 年 1 月 31 日，计提 1 月份工会经费，本月生产总工时 4,000 工时，其中生产唐装兔耗用 1,600 工时，生产公主熊耗用 2,400 工时。（原始凭证：1 月份员工工会经费计提表见附件 3-2-226）

业务 3-2-77　2020 年 1 月 31 日，计提 1 月份职工教育经费，本月生产总工时 4,000 工时，其中生产唐装兔耗用 1,600 工时，生产公主熊耗用 2,400 工时。（原始凭证：1 月份职工教育经费计提表见附件 3-2-227）

业务 3-2-78　2020 年 1 月 31 日，东风公司对原材料采用实际成本法进行核算，发出材料的成本采用月末一次加权平均法进行计算。（原始凭证：开工单见附件 3-2-228、开工单见附件 3-2-229、领料单见附件 3-2-230～附件 3-2-235、发出材料汇总表见附件 3-2-236）

业务 3-2-79　2020 年 1 月 31 日，分摊当月"长期待摊费用——厂房装修费"50,000.00 元。（原始凭证：长期待摊费用分摊表见附件 3-2-237）

业务 3-2-80　2020 年 1 月 31 日，计提本月固定资产折旧，结果保留四位小数。（原始凭证：固定资产折旧明细表见附件 3-2-238、固定资产折旧计提与分配表见附件 3-2-239）

业务 3-2-81　2020 年 1 月 31 日，摊销本月无形资产。（原始凭证：摊销无形资产明细

表见附件 3-2-240）

业务 3-2-82　2020 年 1 月 31 日，根据系统里生成的制造费用总额，结转并分配本月制造费用。（原始凭证：制造费用分配表见附件 3-2-241）

业务 3-2-83　2020 年 1 月 31 日，结转完工产品成本（原始凭证：完工产品计算明细表见附件 3-2-242、完工产品计算明细表见附件 3-2-243）

业务 3-2-84　2020 年 1 月 31 日，东风公司结转已售商品营业成本。（原始凭证：唐装兔销售汇总表见附件 3-2-244、公主熊销售汇总表见附件 3-2-245）

业务 3-2-85　2020 年 1 月 31 日，结转已售毛绒布原材料成本。（原始凭证：销售材料成本汇总表见附件 3-2-246）

业务 3-2-86　2020 年 1 月 31 日，盘盈库存现金 300 元，原因待查。（原始凭证：库存现金盘点报告表见附件 3-2-247）

业务 3-2-87　2020 年 1 月 31 日，盘盈库存现金 300 元，无法查明原因。（原始凭证：库存现金盘点结果审批表见附件 3-2-248）

业务 3-2-88　2020 年 1 月 31 日，盘亏原材料人造皮革 50 米。（原始凭证：盘存单见附件 3-2-249）

业务 3-2-89　2020 年 1 月 31 日，查明原因为收发计量差错，转销盘亏人造皮革。（原始凭证：实存账存对比表见附件 3-2-250）

业务 3-2-90　东风公司注册成立于 2018 年 3 月系增值税一般纳税人，从事宠物玩具生产与销售，该企业执行《小企业会计准则》。2018 年纳税调整后所得额为 -80,682.00 元。2019 年度有关资料如下：

（1）销售应税产品取得不含税收入 7,000,000.00 元。

（2）应税产品销售成本 4,280,000.00 元。

（3）应税产品销售税金及附加 53,000.00 元。

（4）销售费用 830,000.00 元，其中：广告宣传费 300,000.00 元，上年结转未税前扣除的广告宣传费 900,000.00 元。

（5）财务费用 91,119.12 元。

（6）管理费用 739,000.00 元，其中业务招待费 80,000.00 元、新产品研究开发费 80,000.00 元 。

（7）取得投资收益 100,000.00 元，其中：国债持有期间的利息 20,000.00 元。

（8）营业外支出 210,090.80 元，其中公益性捐赠支出 150,000.00 元、非公益性捐赠的赞助支出 5,000.00 元、罚款支出 11,000.00 元、税收滞纳金 6,000.00 元。

（9）全年提取雇员工资 1,500,000.00 元，实际支付 1,470,874.50 元，2019 年计提的工资在汇算清缴前发放完毕。职工工会经费和职工教育经费分别按工资总额的 2%、8% 的比例提取。全年计提职工福利费 210,000.00 元，实际列支职工福利性支出 231,958.00 元，计提职工教育经费 120,000.00 元，实际支出 55,176.00 元，工会经费计提 30,000.00 元，并拨缴与使用 25,994.00 元。

假设 1 月份就进行 2019 年所得税汇算清缴。（原始凭证：所得税汇算清缴明细表见附件 3-2-251）

业务 3-2-91　2020 年 1 月 31 日，计算应纳增值税税额。（原始凭证：未交增值税结转表见附件 3-2-252）

业务 3-2-92　2020 年 1 月 31 日，计算 1 月份所得税费用。（原始凭证：所得税费用计算表见附件 3-2-253）

业务 3-2-93　2020 年 1 月 31 日，采用账结法结转 1 月份损益。（原始凭证：损益类账户发生额结转表见附件 3-2-253）

业务 3-2-94　2020 年 1 月 31 日，进行账实核对、账证核对、账账核对，在核对相符的基础上编制资产负债表、利润表、现金流量表，按照规定报送财务报告，并进行财务分析。

业务 3-2-95　2020 年 1 月 31 日，东风公司在"国家企业信用信息公示系统"进行信息公示。

项目四
财务报表分析

【情境导入】

随着大数据、智能化、移动互联网、云计算、物联网等信息技术的发展，企业的经营管理方式发生变化，重复性的财务工作逐步被人工智能取代，财务与经营管理业务相融合的趋势日益明显。会计人员需要借助商业智能、人工智能技术，从海量的结构化和非结构化数据中获得多维度、立体化的数据信息，为管理者的决策提供智能化支撑。

财务报表分析是指利用财务报表、业务数据、分析方法等，结合大数据技术，对企业的财务状况、经营成果和现金流量等情况进行综合比较及深入分析，发现问题、提出建议、支持决策，为财务会计报告使用者提供管理决策和控制依据的一项管理工作。

职业院校三年级学生已完成前三个任务的操作，在"做中学"中掌握了小企业的会计业务核算及会计报表的生成，在本项目的"学中做"中将获得财务分析思维及运用财务分析技术解决企业实际问题的专业核心能力。本项目秉承"以学生为中心，以能力为本位，以成果为目标"的理念，将校企合作企业的业务、财务数据分析作为工作任务，设计"项目引领、任务驱动"的学习方案，为企业培养出"精数据、懂业务、擅分析、会工具"的会计专业技术复核型人才。

任务1 资产负债表财务分析

【任务描述】

通过对资产负债表的初步分析，可以大致了解企业所拥有的资产状况，企业所负担的债务及所有者权益状况。从总休上考察企业的生产经营状况，就是要对一定时期生产经营情况的优劣作出总括评价，判断企业是处于高速发展、稳定成长或停止徘徊状态，还是处于衰退、困难的境地，并且指明改进生产经营的方向，促使企业的生产经营经常处于良性循环的最佳状况。

1. 了解企业的背景资料

在分析企业的资产负债表项目之前，应该首先对企业所从事行业、企业的基本发展沿革、企业股权结构等重要方面有一个基本了解。这些信息是财务报表分析的基础，对财务报表分析的结果会产生重大影响。这些信息可以从企业披露的年度报告中直接获取，也可以从附注中了解企业的历史沿革、所处行业、经营范围、主要产品或提供的劳务等，可以对已获取的财务报表信息起到修正作用，从而可以更准确地理解财务数据。

2. 关注资产、负债、所有者权益的质量

报表使用者首先应对企业资产的总体规模及其变化情况有一个大致认识。实际分析时，

可以结合企业产品的竞争优势、产品的市场占有率以及品牌战略等各项因素，了解企业在其行业内的定位选择偏好，从而进一步判断其资产规模的合理性。此外，还应该分析资产总额在年度间的变化情况，以对企业所拥有或控制的资源规模的变化及其方向有一个初步认识。

3.掌握报表各项目变化趋势

资产负债表的具体项目分析可以拿着报表从上往下、从左向右看，进行上下及左右对比，看各个项目的具体金额及差异。哪个项目变化最大、变化的速度最快，哪个项目就是主要原因，需要重点分析。

按照资产负债表的结构，资产类项目按照流动性由强到弱的顺序依次排序，需重点分析流动资产、非流动资产、流动负债、非流动负债、所有者权益项目，并根据数值的变化，分析各项目情况。资产中需要分析的项目包括：货币资金、应收票据、应收账款、其他应收款、存货、固定资产、在建工程、无形资产、长期待摊费用；负债需要分析的项目包括：短期借款、应付票据、应付账款、应付职工薪酬、应交税费、其他应付款、长期借款；所有者权益需要分析的项目包括：实收资本、资本公积、留存收益。

【做中学】

业务 4-1-1　分析货币资金项目

资料：分析江苏东风宠物玩具有限公司（以下简称"东风公司"）2019年末货币资金项目，并进行评价，再想一想货币资金的变化可能是由哪些原因造成的？（东风公司的资料见表4-1）

表 4-1　东风公司货币资金

单位：元

项目	期初余额	期末余额
库存现金	1,800.00	2,855.00
银行存款	125,410.24	1,282,942.15
其他货币资金	0	0
合计	127,290.24	1,285,797.15

分析要点：分析货币资金，不仅要看余额，还要看发生额，每个月现金的流入流出情况很重要，企业要有资金计划，充分利用资金，不能闲置，更不能短缺。

货币资金有着极强的流动性，在企业持续经营过程中时有增减；收支活动频繁，在一定程度上货币资金收支数额的大小反映企业业务量的多少和企业规模的大小。由于货币资金是一种非盈利资产，持有量多，表明企业资金使用效率低，会降低企业的盈利能力，并且在浪费投资机会的同时还会增加企业的筹资成本，同时也必然会造成资金的浪费；持有量少，意味着企业缺乏资金，不能满足企业对资金的交易性动机、预防性动机和投机性动机需求，将会影响企业的正常经营活动，制约企业发展，进而降低企业的商业信用，增加企业财务风险。

因此，在对货币资金进行分析时，应结合下列因素判断企业货币资金持有量是否合理。

（1）资产规模。一般来说，企业资产规模越大，相应的货币资金也就越大。

（2）行业特点。处于不同行业的企业，货币资金的合理规模存在差异，有些行业之间差别很大。

（3）企业负债结构。负债中短期债务占较大比重时，货币资金数额就需要保持较高的水平。

分析评价：从总体来看，东风公司货币资金期末 1,285,797.15 元，高于期初 127,290.24 元，主要原因是银行存款项目增加了 1,158,506.91 元，库存现金期末余额与期初相比相对稳定，对货币资金项目金额影响较小。根据项目二、项目三东风公司在 2019 年发生的经济业务判断，该公司的货币资金持有量较合理，即充分利用资金，又不闲置，更没有短缺，本期货币资金增加主要由于收到股东的投资款以及销售货物取得货款，反映出该公司在本会计期间销售回款较好。

业务 4-1-2　分析应收票据项目

资料：分析东风公司 2019 年末应收票据项目，并进行评价（表 4-2）。

表 4-2　东风公司应收票据

单位：元

项目	年初余额	年末余额	12月借方发生额	12月贷方发生额
银行承兑汇票	0	0	268,940.00	268,940.00
商业承兑汇票	0	0	0	0
合计	0	0	268,940.00	268,940.00

分析要点：分析时应关注企业持有应收票据的类型，是银行承兑汇票还是商业承兑汇票，如果是前者，则应收票据的质量较可靠，但若是后者，则风险较高，应关注企业债务人的信用状况，是否存在到期不能偿付的可能。

分析评价：从余额来看，东风公司应收票据的期初和期末金额均为 0，但从本期发生额来看，存在一笔 268,940.00 元的银行承兑汇票，说明应收票据的质量是可靠的，在发生当月将该笔款项进行了贴现，期末余额为 0，说明不存在到期收不回款的风险。

业务 4-1-3　分析应收账款项目

资料：分析东风公司 2019 年末应收账款，并进行评价（表 4-3）。

表 4-3　东风公司应收账款

单位：元

项目	年初余额	年末余额
应收账款	186,372.00	929,793.00

分析要点：应收账款就其性质来讲，是企业为了扩大销售和增加盈利而发生的一项垫支资金。应收账款增多，一方面表现为企业收入增加，另一方面表现为企业管理不力，使机会成本、坏账损失和收账费用增加，因此应尽量减少数额。

影响应收账款规模的主要因素有：第一，企业的经营方式及所处的行业特点。如商品零售企业，相当一部分业务是现金销售业务，因而应收账款金额较少；而工业企业则往往采用赊销方式，从而商业债权较多。第二，企业的信用政策，放松信用政策将会刺激销售，扩大销售规模；收紧信用政策，则会制约销售，减小销售规模。

对应收账款项目的关注主要是出于现金流入风险的考虑，对应收账款质量的判断应从以下几方面着手。

（1）金额大小。金额越大，风险越大，当然，这个要与销售收入相比较才可以说明问题，绝对数大不能真正说明问题。应收账款金额的大小与企业的性质也有关系。

（2）应收账款账龄。账龄越长，发生坏账的可能性就越大。拖欠的时间越长，客户不还的可能性就越大。

（3）应收账款债务人分布。如果企业客户集中，则应收账款可能具有较大的风险。如果企业客户分散且众多，则应收账款风险较小，但管理难度和成本都会增加。

分析评价：应收账款的期初金额为 186,372.00 元，期末金额为 929,793.00 元，由于东风公司是工业企业，为了增加收入，存在一定的赊销业务，应收账款金额在本期有大幅度上升，符合企业的发展规律，适当的赊销方式，可以较好地促进销售业务量增加。由于该公司为 2018 年 3 月成立，经营时间不超过 2 年，可以暂时不考虑应收账款的账龄。

业务 4-1-4　分析其他应收账款项目

资料：分析东风公司 2019 年末其他应收账款项目，并进行评价（表 4-4）。

表 4-4　东风公司应收账款

单位：元

项目	年初余额	年末余额
其他应收账款	3,200.00	1,800.00

分析要点：其他应收款分析类似于应收账款的分析，此外，需要重点关注金额较大的其他应收款的实质内容、金额等。

分析评价：其他应收账款的期初金额为 3,200.00 元，期末金额均为 1,800.00 元，由于东风公司是小企业，且企业于 2018 年成立，发生的业务计入其他应收款项目较少，属于企业正常发展范畴。

业务 4-1-5　分析存货项目

资料：分析东风公司 2019 年末存货项目，并进行评价（表 4-5）。

表 4-5　东风公司存货

单位：元

项目	年初余额	年末余额
原材料	99,800.00	220,628.80
库存商品	128,780.00	775,500.00
周转材料	11,285.00	30,315.00
在产品	24,648.96	71,500.00
合计	264,513.96	1,097,943.8

分析要点：存货项目的多少，反映资金有多少被积压在仓库中。存货项目金额越少，说明企业在这个环节积压的资金就越少，资金周转可能就越快。但存货金额的大小在不同企业是有差别的，因为它们的生产方式或需求应对方式不一样，存货项目有可能会有不同的特点。例如，按库存生产的企业，存货就可能比按订单生产的企业要多。

存货的数量应保持在一个适当的水平，持有量过多，会降低存货周转率，降低资金使用效率，以及增加存货储藏成本；反之，持有量过少，会使企业面临缺货的危险。

对于存货质量的分析应关注以下几点。

（1）存货计价的分析。了解存货的计价方法对分析存货项目非常重要。存货发出采用不同的计价方法，对企业财务状况、损益的计算有直接影响。表现在：期末存货如果计价（估价）过低，当期的收益可能因此而减少；期末存货如果计价（估价）过高，当期的收益可能因此而增加；期初存货计价如果过低，当期的收益可能因此而增加；期初存货计价如果过高,当期的收益可能因此而减少。

因此,如果企业利用存货计价方法的变更,在几个会计年度之间调节利润,则表明企业存货的质量不高。存货计价对资产负债表有关项目数额计算有直接影响,包括流动资产总额、所有者权益等项目,都会因存货计价方法的不同而有所不同。存货计价方法的选择对计算缴纳所得税的数额也有一定的影响。因为不同的计价方法会使结转当期销售成本的数额有所不同,从而影响企业当期应纳税所得额的确定。

(2)存货的周转状况。判断存货数据质量高低的一个标准就是观察存货能否在短期内变现。一般而言,存货的周转情况主要用存货周转率和存货周转天数来反映。如果企业的销售具有季节性,应当使用全年各月的平均存货量。

(3)存货构成。存货主要分为库存材料、在产品和产成品等项目。企业应通过各种有效的管理手段来降低存货规模,不仅可以减少资金占用,而且还可以减少仓储费用,降低市场变化可能带来的风险。

库存占用了企业的大量资金,浪费大量的人力、物力及财力,给企业现金流及管理运作带来严重的负面影响。由于部分商品更新换代,除非被销售出去,不合理的库存不但不能给企业带来实际的好处,而且库存商品的价值会不断降低。

分析评价:东风公司存货期末账面金额比期初账面余额有较大提升,主要原因是库存商品的账面余额大幅度上升,同时,原材料也有一定的增长。库存商品和原材料过多,会降低资金使用效率,增加存货存储成本。

业务 4-1-6 分析固定资产项目

资料:分析东风公司2019年初固定资产项目,并进行评价(表4-6)。

表4-6 东风公司固定资产

单位:元

项目	房屋及建筑物	机器设备	办公家具	电子设备	运输工具	合计
一、账面原值						
1. 年初余额	1,200,00.00	2,876,625.00	24,600.00	1,333,800.00	180,000.00	4,415,025.00
2. 本期增加				150,000.00	165,170.00	
(1)购入						
(2)转入						
3. 本期减少						
处置或报废						
4. 年末余额	1,200,000.00	2,876,625.00	24,600.00	1,483,800.00	345,170.00	4,415,025.00
二、累计折旧						
1. 年初余额	43,200.00	207,117.00	3,542.40	32,111.60	32,400.00	318,371.40
2. 本期增加	57,600.00	248,540.40	4,250.88	38,533.92	38,880.00	387,805.20
计提	57,600.00	248,540.40	4,250.88	38,533.92	38,880.00	387,805.20
3. 本期减少						
处置或报废						
4. 年末余额	100,800.00	455,657.40	7,793.28	70,645.52	71,280.00	706,176.60
三、账面价值						
1. 年初余额	766,800.00	2,669,508.00	21,057.60	1,301,688.40	1476,00.00	4,096,653.60
2. 年末余额	1,099,200.00	2,420,967.60	16,806.72	1,413,154.48	273,890.00	3,708,848.40

分析要点：固定资产分析应注意固定资产的规模与企业规模是否匹配；结合企业所在的行业特点，分析固定资产结构是否合理等。

分析评价：固定资产的期末余额为 3,708,848.40 元，比期初余额 4,096,653.60 元略低，主要受本期计提折旧金额影响，虽然本期有电子设备和运输工具合计增加了 315,170.00 元，但总体来看，减少的金额高于增加的金额。

业务 4-1-7 分析无形资产项目

资料：分析东风公司 2019 年末无形资产项目，并进行评价（表 4-7）。

表 4-7 东风公司无形资产

单位：元

项目	专利权	合计
一、账面原值		
1. 期初余额	0	0
2. 本期增加金额	120,000.00	120,000.00
3. 本期减少金额	0	0
4. 期末余额	120,000.00	120,000.00
二、累计摊销		
1. 期初余额	0	0
2. 本期增加金额	1,000.00	1,000.00
3. 期末余额	1,000.00	1,000.00
三、账面价值		
1. 期末账面价值	119,00.00	119,00.00
2. 期初账面价值	0	0

分析要点：

（1）无形资产规模的分析。无形资产尽管没有实物形态，但随着科技进步，特别是知识经济时代的到来，其对企业生产经营活动的影响越来越大。在知识经济时代，企业控制的无形资产越多，其可持续发展能力和竞争能力就越强，因此企业应重视培育无形资产。

（2）无形资产价值的分析。资产负债表中无形资产项目的金额仅是企业外购的无形资产，自创无形资产的实际成本只确认金额极小的注册费、聘请律师费等。因此，一项无形资产，如果它是外购的，确认的账面价值要比自创的高出几倍，也就是说，在资产负债表上所反映的无形资产价值可能有偏颇之处，无法真实反映企业所拥有的全部无形资产价值。所以，在对无形资产项目进行分析时，要详细阅读报表附注及其他有助于了解企业无形资产来源、性质等情况的说明。

（3）无形资产会计政策的分析。无形资产区别于固定资产的特点就是"无形"，即看不见、摸不着。最典型的无形资产就是软件系统，如财务系统等。无形资产摊销金额的计算正确与否会影响无形资产价值的真实性。

分析评价：东风公司无形资产期初余额为 0 元，期末余额为 119,00.00 元，由于本期收到股东张明的专利权投资 12 万元，减去计提的累计摊销金额，余额为 119,000.00 元。

业务 4-1-8 分析长期待摊费用项目

资料：分析东风公司 2019 年末长期待摊费用项目，并进行评价（表 4-8）。

表 4-8 东风公司长期待摊费用

单位：元

项目	年初余额	本期增加金额	本期摊销金额	其他减少	年末余额
装修费	255,000.00	0	55,000.00	5,000.00	195,000.00
合计	255,000.00	0	55,000.00	5,000.00	195,000.00

分析要点：

分析长期待摊费用时，应注意企业是否存在根据自身需要将长期待摊费用当作利润调节器的问题。即在不能完成利润目标的情况下，企业将一些影响利润的且不属于长期待摊费用核算范围的费用转入待摊费用；而在利润完成情况超过目标时，企业也会出于"以丰补欠"考虑或为了减少税收，而加快长期待摊费用的摊销速度，将长期待摊费用大量提前转入摊销，以达到降低或者隐匿利润的目的，为以后各期经营业绩的提高奠定基础。

另外，还应注意长期待摊费用与利润总额增长趋势是否相适应。一般情况下，长期待摊费用规模应当呈减少的趋势，如果企业长期待摊费用规模增加幅度较大，则财务分析人员应关注。

财务报表附注中关于长期待摊费用确认标准和摊销的会计政策，重点检查财务报表附注中各类长期待摊费用项目的明细表，核查每个项目产生以及摊销的合理性，同时应特别注意本年度增加较多和未予正常摊销的项目。

分析评价：通过项目二、项目三资料可知，东风公司于 2018 年 3 月成立，在成立之初进行装修款的费用计入了长期待摊费用，经过 2018 年摊销之后，在 2019 年初账面余额是 255,000.00 元，每月摊销金额为 5,000.00 元，2019 年末金额为 195,000.00 元，占企业总资产的比重较少，且摊销情况正常。

业务 4-1-9　分析短期借款项目

资料：分析东风公司 2019 年末短期借款项目，并进行评价（表 4-9）。

表 4-9　东风公司短期借款

单位：元

项目	年初余额	本期增加金额	本期减少金额	期末余额
建行借款	200,000.00	1,600,000.00	1,200,000.00	600,000.00
合计	200,000.00	1,600,000.00	1,200,000.00	600,000.00

分析要点：由于短期借款的期限较短，借款时应测算到期还款的现金流是否充足，保证到期时企业有足够的现金偿还本息。在进行财务分析时，应关注短期借款的数量是否与流动资产的相关项目相对应。

分析评价：通过项目二的期初余额和项目三的本期业务资料可知，东风公司在 2019 年初短期借款的账面余额是 200,000.00 元，本期合计增加了 1,600,000.00 元，并偿还了 1,200,000.00 的借款，2019 年末金额为 600,000.00 元，企业偿债压力不大。

业务 4-1-10　分析应付票据项目

资料：分析东风公司 2019 年末应付票据项目，并进行评价（表 4-10）。

表 4-10　东风公司应付票据

单位：元

项目	年初余额	期末余额
银行承兑汇票	202,700.00	45,200.00
商业承兑汇票	0	0
合计	202,700.00	45,200.00

分析要点：由于应付票据的付款时间具有约束力，如果到期不能偿付，会影响企业的信誉及企业后续的资金筹集，并受到银行处罚。在进行财务分析时，应了解应付票据的到期情况，预测企业未来的现金流量，保证能按期偿还。

分析评价：通过项目二的期初余额和项目三的业务资料可知，东风公司在 2019 年初应付票据的账面余额是 202,700.00 元，2019 年末金额为 45,200.00 元，均为银行承兑汇票，商业承兑汇票的金额为 0 元，企业要安排好到期付款情况，但金额不高，企业偿债压力不大。

业务 4-1-11　分析应付账款项目

资料：分析东风公司 2019 年末应付账款项目，并进行评价（表 4-11）。

表 4-11　东风公司应付账款

单位：元

项目	年初余额	期末余额
原材料采购款	568,312.00	603,352.00
合计	568,312.00	603,352.00

分析要点：分析应付账款的发生是否与企业购货行为之间存在比较稳定的关系，关注应付账款的变化是否发生急剧增加以及付款延期的情况。

分析评价：通过项目二的期初余额和项目三的本期业务资料可知，东风公司在 2019 年初应付账款的账面余额是 568,312.00 元，2019 年末金额为 603,352.00 元，均为原材料的采购款，且期末比期初的金额略有提升，说明东风公司采购原材料的金额有提升，主要原因为满足生产需求，企业整体运行情况较好。

业务 4-1-12　分析预收账款项目

资料：分析东风公司 2019 年末预收账款项目，并进行评价（表 4-12）。

表 4-12　东风公司预收账款

单位：元

项目	年初余额	期末余额
货款	0	136,000.00
合计	0	136,000.00

分析要点：进行财务报表分析时，要对该款项重点关注，因为预收账款一般是按照销售比例预交的，通过预收款的变化可以预测企业未来营业收入的变化。

分析评价：通过项目二的年初余额和项目三的本期业务资料可知，东风公司在 2019 年初预收账款的账面余额是 0 元，2019 年末金额为 136,000.00 元，说明东风公司的产品销售情况较好，企业未来的营业收入有可能增加。

业务 4-1-13　分析应付职工薪酬项目

资料：分析东风公司 2019 年末应付职工薪酬项目，并进行评价（表 4-13）。

表 4-13　东风公司应付职工薪酬

单位：元

项目	年初账面余额	本年增加额	本年支付额	期末账面余额
职工工资	171,174.50	1,500,000.00	1,470,874.50	200,300.00
奖金、津贴和补贴	0	0	0	0
住房公积金	24,036.00	180,000.00	180,000.00	24,036.00
社会保险费	53,079.50	397,500.00	397,500.00	53,079.50
职工福利费	0	210,000.00	231,958.00	−21,958.00
职工教育经费	0	120,000.00	55,248.00	64,752.00
工会经费	0	30,000.00	25,994.00	4,006.00
合计	248,290.00	2,437,500.00	2,361,574.50	324,215.50

分析要点：财务分析人员应当关注企业是否存在少计负债的问题，以及是否利用应付职工薪酬调节利润，企业是否将提供给职工的货币与非货币性福利全部计入了应付职工薪酬，有无少计、漏计的情况。职工薪酬可能成为企业隐藏利润的手段。可以通过现金流量表的对比分析，如果支付的工资本年和上年金额没有较大的变化，那么应付职工薪酬也不应该有太大变化。如果出现异常，很可能是因为企业在年终预提一些应付职工薪酬来隐藏利润。

分析评价：通过项目二的期初余额和项目三的本期业务资料可知，东风公司在 2019 年初应付职工薪酬的账面余额是 248,290.00 元，2019 年末金额为 324,215.50 元，期末余额比期初余额有所增加，主要是由于计提职工教育经费引起，企业在对职工教育方面投入计划增加，职工工资、住房公积金、社会保险费金额增加数与减少数相差不大，说明公司人员比较稳定。

业务 4-1-14　分析应交税费项目

资料：分析东风公司 2019 年末应交税费项目，并进行评价（表 4-14）。

表 4-14　东风公司应交税费

单位：元

项目	年初余额	本年增加数	本年减少数	期末余额
应交增值税	0	1,353,836.74	1,320,777.77	83,545.61
应交所得税	0	41,537.15	27,721.33	13,815.82
应交城市维护建设税	3,534.06	38,058.93	33,692.28	7,900.71
应交房产税	0	12,600.00	10,080.00	2,520.00
应交个人所得税	1,864.77	82,721.37	21,340.23	63,245.91
教育费附加	1,514.60	16,310.97	14,439.55	3,386.02
地方教育费附加	1,009.73	10,873.99	9,626.37	2,257.35
合计	58,409.8	1,555,939.15	1,437,678.53	176,670.42

分析要点：因为税收种类较多，在分析时应当了解应交税费的具体内容，分析其形成的原因，观察该项目是否已经包括企业未来期间应交而未交的所有税费，是否存在实质上

已经构成纳税义务但企业尚未入账的税费。

分析评价：东风公司 2019 年期末应交税费金额比 2019 年初有较大增加，主要是由于应交增值税、应交所得税、应交个人所得税本期增加金额较大，说明该公司本期业务有较大提升，盈利情况较好。

业务 4-1-15　分析长期借款项目

资料：分析东风公司 2019 年末长期借款项目，并进行评价（表 4-15）。

表 4-15　东风公司长期借款

单位：元

项目	期初余额	期末余额
长期借款	0	605,000.00
合计	0	605,000.00

分析要点：长期借款应重点关注其用途，长期借款的增加与企业长期资产的增加是否相匹配，企业是否将长期借款用于流动资产支出，企业长期借款的数额是否有较大的波动，波动原因是什么，最后要了解企业盈利能力是否能够与长期借款规模相匹配。

分析评价：东风公司 2019 年期末长期借款金额为 605,000.00 元，主要是企业为了归还短期借款而借入的长期借款，说明企业银行信誉良好，举债较容易。

业务 4-1-16　分析实收资本项目

资料：分析东风公司 2019 年末实收资本项目，并进行评价（表 4-16）。

表 4-16　东风公司实收资本

单位：元

项目	期初余额	本期增加	本期减少	期末余额
1. 股东于伟	1,440,000.00	360,000.00	0	1,800,000.00
2. 股东张明	2,160,000.00	540,000.00	0	2,700,000.00
合计	3,600,000.00	900,00.00	0	4,500,000.00

分析要点：对实收资本进行分析时应重点关注企业在初始成立时，注册资本是否已经到位，如果没有，应查明原因；企业接收投资，如果收到的是非货币性资产，应分析资产公允价值是否与投资双方达成的合同金额相符，是否存在资产高估的情况。

分析评价：东风公司 2019 年期末实收资本比期初增加了 90 万元，主要是股东于伟和张明分别增加投资所致。根据项目二资料可知，该公司在 2018 年 3 月成立之初的注册资本为 450 万元，股东并未缴足注册资本，根据项目三中的业务资料可知，股东于 2019 年 12 月份才缴足资本。

业务 4-1-17　分析资本公积项目

资料：分析东风公司 2019 年末资本公积项目，并进行评价（表 4-17）。

表 4-17　东风公司资本公积

单位：元

项目	期初余额	本期增加	本期减少	期末余额
资本公积金额	0	0	0	0

分析要点：资本公积是实收资本的准备项目，一般情况下，该部分金额不会有太大的或经常性的变化。分析时，应注意企业是否存在通过资本公积项目来改善财务状况的情况。因此，应注意资本公积项目的数额，如果该项目的数额本期增长过大，应进一步了解资本公积的构成。因为有的企业可能通过虚假评估来增加企业的净资产，借此调整企业的资产负债率，蒙骗企业的债权人或者潜在的债权人。

分析评价：东风公司的资本公积项目金额为0元，企业不存在资本溢价情况。

业务 4-1-18　分析留存收益项目

资料：分析东风公司 2019 年末留存收益项目，并进行评价（表 4-18）。

表 4-18　东风公司留存收益

单位：元

项目	期初余额	本期增加	本期减少	期末余额
盈余公积	0	78,920.57	0	78,920.57
未分配利润	-80,682.00	869,887.74	378,920.57	410,285.17
合计	-80,682.00	948,808.31	378,920.57	489,205.74

分析要点：留存收益分析的主要内容是了解留存收益的变动总额、变动原因和变动趋势，分析其组成项目和评价其变动的合理性。留存收益包括盈余公积和未分配利润。

（1）在进行盈余公积分析时，注意盈余公积是否按规定计提及使用。

（2）未分配利润属于未确定用途的留存收益，企业使用未分配利润有较大的自主权，且无需支付利息，受国家法律规定的限制较少。

分析评价：东风公司的盈余公积金本期末较期初增加较多，主要原因是本期计提了78,920.57 元，说明公司 2019 年利润总额有所增加，净利润上升，导致公司计提了盈余公积金，公司偿债能力和获利能力明显提升。

东风公司未分配利润本期较上期末有大幅度的提升，2018 年末的未分配利润为 -80,682.00 元，由于企业在 2018 年刚成立，存在着亏损，经过 2019 年一年的经营，公司净利润有较大提升，本期未分配利润增加了 948,808.31 元，给股东分配了 378,920.57 元，期末余额为 489,205.74 元，说明该公司近期经营状况良好，产品销量较大，公司自我积累能力较好，导致本期利润增加，未分配利润总额增加。

任务 2　利润表财务分析

【任务描述】

利润表的分析，是在了解企业基本情况及所处行业背景的前提下，根据收入、费用、利润等总量和结构及其变动情况，分析其总量增减和结构变动是否合理，初步判断企业经营成果变动趋势，并找到需重点分析的项目。

（一）分析收入、费用项目的明细和变动

收入是最重要和最值得关注的项目，一方面企业经营状况和趋势都体现在收入中，理解企业的收入内容、结构、市场竞争力和未来趋势较为重要；另一方面，大多数行业中，会计收入确认与一般的商业常识和理解十分贴近，不像成本确认那么复杂。成本费用的结构和内容是需要被重点关注的，比如人工成本有多少、推广费用有多少等。

（二）分析利润总额及其构成

利润总额由营业利润和营业外收支净额构成。报表使用者可分别计算营业利润和营业外收支净额在利润总额中的比重，判断利润结构是否合理；通过分析主营业务利润和其他业务利润占营业利润的比重，判断营业利润的结构是否合理。如果处理资产的收益和投资收益比重过高，或者其他业务利润比重过高，说明企业的经营状况不正常，必须采取补救措施。

（三）趋势分析

趋势分析，是指列举数期的利润金额，在历史数据中选择正常年份的指标作为基期，计算出经营成果各项目本期实现额与基期金额相比的增减变动额和增减变动率，分析本期的完成情况是否正常，业绩是提升还是下降。

（四）结构分析

结构分析，是指针对利润表中的各项目进行横向与纵向分析，通过比较，可以找出企业经营轨迹的变化趋势，分析发生这种变化的原因，判断结构变动是否正常，对企业的发展是否有利。

（五）利润表指标分析

利润表指标分析，指将企业本期的利润率指标与目标值的差距利润率作为相对量指标，对同行业不同规模的企业进行比较。

【做中学】

业务 4-2-1　分析营业收入项目

资料：分析东风公司 2020 年营业收入项目，并进行评价（表 4-19）。

表 4-19　东风公司营业收入

单位：元

项目	本期发生额	上期发生额
主营业务收入	5,421,610.00	6,994,000.00
其他业务收入	8,600.00	6,000.00
合计	5,430,210.00	7,000,000.00

分析要点：营业收入包括主营业务收入和其他业务收入，营业收入是企业创造利润的核心，具有可持续性，如果企业的利润总额中有绝大部分来源为营业收入，则企业的利润质量较高。在分析时，应关注营业收入与经营性现金流入的关系，确认企业是否存在真实的销售行为。

分析评价：东风公司在 2020 年的营业收入有明显下降，主要原因为主营业务收入为 5,421,610.00 元，比上期减少 1,572,390.00 元，其他业务收入为 8,600.00 元比上期略高。该公司 2020 年销售业务开展不佳，出现了销售额下降的情况，导致营业收入降低。

业务 4-2-2　分析营业成本项目

资料：分析东风公司 2020 年末营业成本项目，并进行评价（表 4-20）。

表 4-20　东风公司营业成本

单位：元

项目	本期发生额	上期发生额
主营业务成本	3,267,713.98	4,275,000.00
其他业务成本	7,200.00	5,000.00
合计	3,274,913.98	4,280,000.00

分析要点：在进行财务分析时，需要对营业成本进行重点分析和研究，特别是对主要产品的单位成本进行分析，一般先分析各种产品单位成本比上年的升降情况，然后进一步按成本项目分析其成本变动情况。同时，应关注企业存货发出的方法及其是否存在变动，检查企业营业收入与营业成本是否相匹配。

分析评价：东风公司在本期营业成本较上期有所下降，主要原因为主营业务成本下降，其中主营业务收入与主营业务成本相匹配，无明显异常情况，其他业务收入也与其他业务成本相匹配，无明显异常。

业务 4-2-3　分析税金及附加项目

资料：分析东风公司 2020 年税金及附加项目，并进行评价（表 4-21）。

表 4-21　东风公司税金及附加

单位：元

项目	本期发生额	上期发生额
城市维护建设税	23,508.21	30,304.07
教育费附加	10,074.95	12,987.46
地方教育费附加	6,716.63	8,658.31
房产税	10,080.00	2,520.00
印花税	1,132.00	1,832.00
车船使用税	0	648.00
合计	51,511.79	56,949.84

分析要点：重点关注小企业税金及附加的税种有哪些。一般来说，小企业的税费金额与营业收入应相匹配，同时，大部分企业都在进行税收筹划，对税金控制的比较严格，导致金额较小，一般不是分析的重点。

分析评价：东风公司的税金及附加主要包括：城建税、教育费附加、地方教育费附加、房产税、印花税等。该公司 2019 年底缴纳第四季度的房产税 2,520.00 元，2020 年缴纳四个季度房产税共计 10,080.00 元，城建税、教育费附加及地方教育费附加根据本期应纳增值税计提，由于本期销量下降，导致本期应纳增值税下降，城建税、教育费附加及地方教育费附加比上期略有减少。

业务 4-2-4　分析销售费用项目

资料：分析东风公司 2020 年销售费用项目，并进行评价（表 4-22）。

表 4-22　东风公司销售费用

单位：元

项目	本期发生额	上期发生额
工资	257,000.00	369,000.00
差旅费	12,000.00	30,000.00
折旧费	56,000.00	56,000.00
运输费	43,600.00	50,000.00
保险费	20,000.00	20,000.00
广告费	246,000.00	300,000.00
其他	3,800.00	5,000.00
合计	638,400.00	830,000.00

分析要点：对销售费用的分析，要关注其支出数额与本期收入之间是否匹配，并研究销售费用与销售收入之间变动关系的合理性及有效性，不应该简单看其数额的增减，如果销售费用有较大的增长，应观察增长的原因是什么，如果是在新地区或新产品上投入较多的销售费用，这些支出可能在本期不能导致收入的增加，分析人员应该慎重分析，以判断对后期的收入是否有影响。

分析评价：东风公司本期销售费用比上期有较大降低，主要原因为营业额下降。2020年部分月份停工，导致销售人员工资成本下降，广告费用有所下降。虽然销售费用降低，有助于企业提升营业利润，但是对销售额也有很大影响，所以费用的降低也是一把双刃剑，提升利润的同时也降低了收入，不利于企业的长远发展。

业务 4-2-5　分析管理费用项目

资料：分析东风公司 2020 年管理费用项目，并进行评价（表 4-23）。

表 4-23　东风公司管理费用

单位：元

项目	本期发生额	上期发生额
工资	304,200.00	385,100.00
业务招待费	46,000.00	80,000.00
修理费	5,000.00	6,000.00
办公费	34,600.00	41,000.00
水电费	31,100.00	34,400.00
差旅费	22,400.00	36,000.00
折旧费	64,000.00	64,000.00
摊销费	1,300.00	1,000.00
研究费	62,000.00	80,000.00
咨询费	98,000.00	11,500.00
其他	3,600.00	0
合计	672,200.00	739,000.00

分析要点：分析管理费用时应关注管理费用的支出水平是否与企业规模相匹配，对管

理费用的有效控制，可以体现企业管理效率的提高，但研发支出、职工教育经费则例外，应重点关注。管理费用与企业收入不存在很强的相关性，单一追求管理费用降低，有可能对企业的长期发展不利。

分析评价：东风公司 2020 年管理费用比 2019 年略有下降，主要原因是工资、业务招待费、咨询费等均有不同程度的下降，表明企业在费用控制方面比较好，管理费用下降，会导致营业利润上升，但是研究费也有下降，研究费用下降说明企业在研发方面投入较少，不利于企业长远发展。

业务 4-2-6　分析财务费用项目

资料：分析东风公司 2020 年财务费用项目，并进行评价（表 4-24）。

表 4-24　东风公司财务费用

单位：元

项目	本期发生额	上期发生额
利息费用	83,220.00	81,000.00
手续费	1,016.40	1,119.12
现金折扣	15,600.00	10,000.00
其他	650.00	0
合计	100,486.40	92,119.12

分析要点：

分析财务费用时，应将财务费用与企业筹资活动相联系，分析财务费用增加变化的合理性，并发现问题，查明原因，采取对策。应关注以下几点。

（1）财务费用与企业资本结构相结合，观察财务费用的变动是否源于企业短期借款或者长期借款，借款费用中是否存在资本化的情况，或者借款费用中是否存在应当资本化却费用化的项目。

（2）关注企业应当取得的现金折扣是否已经取得，若存在大量还未取得的现金折扣，应查看企业的现金流情况。

（3）如果财务费用出现赤字，根据会计科目核算原理，可判断主要是由于银行存款利息大于银行借款利息。

分析评价：东风公司在 2020 年发生的财务费用高于 2019 年，主要由于银行借款产生的利息费用较大，并且为了鼓励购买方早日还款，现金折扣的金额较大。说明公司在 2020 年的资金较紧张，需要进一步提升销售额。

业务 4-2-7　分析所得税费用项目

资料：分析东风公司 2020 年所得税费用项目，并进行评价（表 4-25）。

表 4-25　东风公司所得税费用

单位：元

项目	本期发生额	上期发生额
所得税费用	31,090.39	41,537.15
合计	31,090.39	41,537.15

分析要点：小企业的所得税费用一般按照企业当期应缴纳的部分，即按照税法计算应交所得税。财务人员分析时重点查看与利润总额是否相匹配。

分析评价：东风公司在 2020 年的所得税费用低于 2019 年的主要原因为 2020 的应纳税所得额下降，该公司 2019 年和 2020 年的应纳税所得额都低于 100 万，按照小微企业的纳税标准，享受所得税的税收优惠，减按 25% 计入应纳税所得额，再按 20% 的税率缴纳企业所得税。

任务3　小企业财务能力分析

【任务描述】

财务能力分析从营运能力、盈利能力、偿债能力及发展能力角度对企业的经营活动和财务况进行深入、细致的分析，使企业投资者、债权人、政府、经营者及其他与企业利益相关者了解企业的财务状况与财务成效，判断企业在某一方面的状况与业绩。

（一）盈利能力分析

盈利能力通常是指企业在一定时期内赚取利润的能力。盈利能力的大小是一个相对的概念，是利润相对于一定的资源投入、一定的收入而言的。利润率越高，盈利能力越强；利润率越低，盈利能力越弱。企业经营业绩的好坏最终可通过企业的盈利能力来反映。无论企业的经理人员、债权人，还是股东（投资人），都非常关心企业的盈利能力。

从企业的角度来看，企业从事经营活动，其直接目的是最大限度地赚取利润，并维持企业的持续经营和发展。持续稳定的经营和发展是获取利润的基础，只有在不断地获取利润的基础上，企业才可能发展壮大。一般来说，盈利能力较强的企业比盈利能力较弱的企业具有更大的活力和更好的发展。

盈利能力分析就是利用盈利能力的有关指标反映和衡量企业经营业绩，衡量盈利能力的指标有：销售净利率、营业利润率、净资产收益率。

对于债权人来说，利润是企业偿债能力的重要保障，特别是对长期债务而言。盈利能力的强弱直接影响企业的偿债能力。企业举债时，债权人势必审查企业的偿债能力，而偿债能力的强弱最终取决于企业的盈利能力。因此，分析企业的盈利能力对债权人也是非常重要的。

对于股东（投资人）而言，企业盈利能力的强弱更是至关重要的。在市场经济条件下，股东往往会认为企业的盈利能力比财务状况、营运能力更重要。股东的直接目的就是获得更多的利润，因为对于信用相同或相近的多个企业，人们总是将资金投向盈利能力强的企业。

（二）短期偿债能力分析

把流动资产、速动资产与流动负债联系起来分析，可以评价企业的短期偿债能力。短期债权人主要关心企业是否有足够的资产，这些资产是否能及时转换成现金，以清偿短期内到期的债务。短期偿债能力不佳，企业可能会破产，从而使长期债权人和股东的投资得不到保障。

衡量短期偿债能力的指标有：流动比率、速动比率、现金比率。

短期偿债能力是通过流动资产的变现来偿还到期的短期债务的能力。短期偿货能力的高低对企业的生产经营变动和财产状况有重要影响，因为一个企业如果营运能力和盈利能力较强，但短期偿债能力较弱，就会因资金周转困难影响正常的生产经营，降低盈利能力，严重时会出现财务危机，甚至导致破产。

(三)长期偿债能力分析

通过对企业债务规模、债务结构的分析,可以对企业的长期偿债能力及举债能力作出评价。负债比重越大,则财务风险越大,长期偿债能力越弱。

衡量长期偿债能力的指标有:资产负债率、产权比率、权益乘数等。

(四)营运能力分析

营运能力主要指企业营运资产的效率与效益。企业营运资产的效率主要指资产的周转率或周转速度。企业营运资产的效益通常是指企业的产出额与资产占用额之间的比率。企业营运能力分析,就是对反映企业资产营运效率与效益的指标进行计算与分析。

衡量营运能力的指标有:存货周转率、应收账款周转率等。

企业营运能力分析是企业财务分析的重要组成部分,企业营运能力分析有助于企业管理者掌握资产的使用效率,以及资产可能达到的使用潜力,以便充分利用企业的有限资源。对于企业的股东来说,分析企业的营运能力,有助于对企业的经营效果作出正确的评价。同样。对于企业的债权人来说,分析企业的营运能力,有助于判断债权的物质保障程度及安全系数的高低,从而进行相应的决策。

评价企业资产利用的效益,提高企业资产流动性是企业利用资产进行经营活动的手段,其目的在于提高企业资产利用的效益。企业资产营运能力的实质,就是以尽可能少的资产占用,在尽可能短的周转周期生产出尽可能多的产品,实现尽可能多的销售收入,创造出尽可能多的净收入。通过企业产出额与资产占用额的对比分析,可以评价企业资产利用的效益,为提高企业经济效益指明方向。

(五)发展能力分析

企业的发展能力,也称企业的增长能力,它是企业通过自身的生产经营活动,不断扩大积累而形成的发展潜能。企业的发展能力分析,通常是通过对企业有关财务指标的计算、分析,判断企业未来的发展变化趋势。

衡量发展能力的指标有:股东权益增长率、资产增长率、销售增长率。

通过企业发展能力分析,企业可以克服短期行为,重视资本积累和盈利能力的可持续发展,从而得到长远和全面的发展。从股东角度看,通过企业发展能力分析衡量企业创造股东价值的程度,可以为制定下一步战略行动提供依据。从潜在投资者角度看,通过企业发展能力分析评价企业未来的成长潜力,可以为正在选择合适的目标企业的潜在投资者作出正确的投资决策。从经营者角度看,通过企业发展能力分析发现影响企业未来发展的因素,从而采取正确的经营策略和财务策略促进企业的可持续发展。从债权人角度看,通过企业发展能力分析判断企业未来的盈利能力,从而作出正确的信贷决策。

由于企业某一特定日期(时点)的资产负债表对信息使用者的作用极其有限。对企业不同时点的资产负债表进行比较,才能把握企业财务状况的发展趋势。本任务是将同一企业在不同时点及时期的资产负债表、利润表进行对比,进而对东风公司的财务状况及经营成果作出评价。

【做中学】

资料:根据东风公司2019年、2020年资产负债表和利润表数据(表4-26~表4-29),对东风公司进行财务分析。

表 4-26　资产负债表

编制单位：江苏东风宠物玩具有限公司　　　　2019 年 12 月 31 日　　　　　　会小企 01 表　单位：元

资产	行次	期末余额	年初余额	负债和所有者权益	行次	期末余额	期初余额
流动资产：				流动负债：			
货币资金	1	1,285,797.15	127,290.24	短期借款	31	600,000.00	200,000.00
短期投资	2	0	0	应付票据	32	45,200.00	202,700.00
应收票据	3	0	0	应付账款	33	603,352.00	568,312.00
应收账款	4	929,793.00	186,372.00	预收账款	34	0	136,000.00
预付账款	5	0	0	应付职工薪酬	35	324,215.50	248,290.00
应收股利	6	0	0	应交税费	36	205,993.11	58,409.80
应收利息	7	0	0	应付利息	37	0	0
其他应收款	8	1,800.00	3,200.00	应付利润	38	0	0
存货	9	1,097,943.80	264,513.96	其他应付款	39	240,000.00	0
其中：原材料	10	220,628.80	99,800.00	其他流动负债	40	0	0
在产品	11	71,500.00	26,796.00	流动负债合计	41	2,018,760.61	1,413,711.80
库存商品	12	775,500.00	128,780.00	非流动负债			
周转材料	13	30,315.00	11,285.00	长期借款	42	605,000.00	0
其他流动资产	14	0	0	长期应付款	43	0	0
流动资产合计	15	3,315,333.95	581,376.20	递延收益	44	0	0
非流动资产				其他非流动负债	45	0	0
长期债券投资	16	0	0	非流动负债合计	46	605,000.00	0
长期股权投资	17	0	0	负债合计	47	2,623,760.61	1,413,711.80
固定资产原价	18	4,721,795.00	4,415,025.00				
减：累计折旧	19	738,162.60	318,371.40				
固定资产账面价值	20	3,983,632.40	4,096,653.60				
在建工程	21	0	0				
工程物资	22	0	0				
固定资产清理	23	0	0				
生物性生物资产	24	0	0	所有者权益（或股东权益）：			
无形资产	25	119,000.00	0	实收资本（或股本）	48	4,500,000.00	3,600,000.00
开发支出	26	0	0	资本公积	49	0	0
长期待摊费用	27	195,000.00	255,000.00	盈余公积	50	78,920.57	0
其他非流动资产	28	0	0	未分配利润	51	410,285.17	-80,682.00
非流动资产合计	29	4,297,632.40	4,351,653.60	所有者权益（或股东权益）合计	52	4,989,205.74	3,519,318.00
资产合计	30	7,612,966.35	4,933,029.80	负债和所有者权益（或股东权益）总计	53	7,612,966.35	4,933,029.80

单位负责人：张明　　　　财会负责人：朱胜利　　　　复核：李岩　　　　制表：朱胜利

表 4-27　利润表

编制单位：江苏东风宠物玩具有限公司　　2019 年 12 月　　　　　　　　　　会小企 02 表　单位：元

项目	行次	本月金额	本年累计金额
一、营业收入	1	1,309,100.00	7,000,000.00
减：营业成本	2	789,507.20	4,280,000.00
税金及附加	3	16,688.08	56,949.84
其中：消费税	4	0	0
城市维护建设税	6	7,900.71	30,304.07
资源税	7	0	0
土地增值税	8	0	0
城镇土地使用税、房产税、车船税、印花税	9	0	2,156.00
教育费附加、矿产资源补偿费、排污费	10	2,257.35	18,259.75
销售费用	11	74,192.25	830,000.00
其中：商品维修费	12	0	0
广告费和业务宣传费	13	33,600.00	300,000.00
管理费用	14	229,537.50	739,000.00
其中：开办费	15	0	0
业务招待费	16	2,120.00	80,000.00
研究费用	17	0	24,568.50
财务费用	18	24,848.04	92,119.12
其中：利息费用（收入以"-"号填列）	19	2,116.00	63,434.86
加：投资收益（亏损以"-"号填列）	20	0	100,000.00
二、营业利润（亏损以"-"号填列）	21	174,326.93	1,101,931.04
加：营业外收入	22	11,009.00	20,000.00
其中：政府补助	23	0	0
减：营业外支出	24	32,906.35	210,506.15
其中：坏账损失	25	0	0
无法收回的长期债券投资损失	26	0	0
无法收回的长期股权投资损失	27	0	0
自然灾害等不可抗力因素造成的损失	28	0	0
税收滞纳金	29	0	6,000.00
三、利润总额（亏损总额以"-"号填列）	30	152,429.58	911,424.89
减：所得税费用	31	7,621.48	41,537.15
四、净利润（净亏损以"-"号填列）	32	144,808.10	869,887.74

单位负责人：张明　　　　财会负责人：朱胜利　　　　复核：李岩　　　　制表：朱胜利

表 4-28 资产负债表

编制单位：江苏东风宠物玩具有限公司　　　　2020 年 12 月 31 日　　　　会小企 01 表　　单位：元

资产	行次	期末余额	年初余额	负债和所有者权益	行次	期末余额	期初余额
流动资产：				流动负债：			
货币资金	1	1,115,456.23	1,285,797.15	短期借款	31	0	600,000.00
短期投资	2	0	0	应付票据	32	63,280.00	45,200.00
应收票据	3	254,250.00	0	应付账款	33	342,263.20	603,352.00
应收账款	4	876,655.16	929,793.00	预收账款	34	0	0
预付账款	5	86,900.00	0	应付职工薪酬	35	267,894.50	324,215.50
应收股利	6	0	0	应交税费	36	164,794.49	205,993.11
应收利息	7	0	0	应付利息	37	0	0
其他应收款	8	3,700.00	1,800.00	应付利润	38	0	0
存货	9	1,207,738.18	1,097,943.80	其他应付款	39		240,000.00
其中：原材料	10	242,691.68	220,628.80	其他流动负债	40	0	0
在产品	11	78,650.00	71,500.00	流动负债合计	41	838,232.19	2,018,760.61
库存商品	12	853,050.00	775,500.00	非流动负债			
周转材料	13	33,346.50	30,315.00	长期借款	42	665,000.00	605,000.00
其他流动资产	14	0	0	长期应付款	43	0	0
流动资产合计	15	3,544,699.57	3,315,333.95	递延收益	44	0	0
非流动资产				其他非流动负债	45	0	0
长期债券投资	16		0	非流动负债合计	46	665,000.00	605,000.00
长期股权投资	17	0	0	负债合计	47	1,503,232.19	2,623,760.61
固定资产原价	18	4,734,795.00	4,721,795.00				
减：累计折旧	19	1,444,339.20	738,162.60				
固定资产账面价值	20	3,290,455.80	3,983,632.40				
在建工程	21	0	0				
工程物资	22	0	0				
固定资产清理	23	0	0				
生物性生物资产	24	0	0	所有者权益（或股东权益）：			
无形资产	25	108,000.00	119,000.00	实收资本（或股本）	48	4,500,000.00	4,500,000.00
开发支出	26	0	0	资本公积	49	0	0
长期待摊费用	27	140,000.00	195,000.00	盈余公积	50	78,920.57	78,920.57
其他非流动资产	28	0	0	未分配利润	51	1,001,002.61	410,285.17
非流动资产合计	29	3,538,455.80	4,297,632.40	所有者权益（或股东权益）合计	52	5,579,923.18	4,989,205.74
资产合计	30	7,083,155.37	7,612,966.35	负债和所有者权益（或股东权益）总计	53	7,083,155.37	7,612,966.35

单位负责人：张明　　　　财会负责人：朱胜利　　　　复核：李岩　　　　制表：朱胜利

表 4-29 利润表

编制单位：江苏东风宠物玩具有限公司　　2020 年 12 月　　　　　　　　　会小企 02 表　单位：元

项目	行次	本月金额	本年累计金额
一、营业收入	1	1,023,000.00	5,430,210.00
减：营业成本	2	616,962.70	3,274,913.98
税金及附加	3	13,040.95	51,511.79
其中：消费税	4	0	0
城市维护建设税	6	6,174.03	23,508.21
资源税	7	0	
土地增值税	8	0	
城镇土地使用税、房产税、车船税、印花税	9	0	11,212.00
教育费附加、矿产资源补偿费、排污费	10	1,764.01	16,791.58
销售费用	11	57,977.75	638,400.00
其中：商品维修费	12	0	0
广告费和业务宣传费	13	18,600.00	246,000.00
管理费用	14	179,372.75	672,200.00
其中：开办费	15	0	0
业务招待费	16	1,660.00	46,000.00
研究费用	17	0	62,000.00
财务费用	18	19,417.57	100,486.40
其中：利息费用（收入以"-"号填列）	19	3,660.00	83,220.00
加：投资收益（亏损以"-"号填列）	20	0	0
二、营业利润（亏损以"-"号填列）	21	136,228.29	692,697.83
加：营业外收入	22	12,000.00	36,000.00
其中：政府补助	23	0	
减：营业外支出	24	23,670.00	106,890.00
其中：坏账损失	25	0	
无法收回的长期债券投资损失	26		
无法收回的长期股权投资损失	27		
自然灾害等不可抗力因素造成的损失	28		
税收滞纳金	29		
三、利润总额（亏损总额以"-"号填列）	30	124,558.29	621,807.83
减：所得税费用	31	31,139.57	31,090.39
四、净利润（净亏损以"-"号填列）	32	93,418.71	590,717.44

单位负责人：张明　　　财会负责人：朱胜利　　　复核：李岩　　　制表：朱胜利

业务 4-3-1 根据上述报表资料，分析东风公司 2019 年和 2020 年的盈利能力。

分析评价：东风公司盈利能力指标如表 4-30 所示。

表4-30　东风公司盈利能力指标

单位：元

项目	2019年	2020年
营业收入	7,000,000.00	5,430,210.00
营业利润	1,101,931.04	692,697.83
净利润	869,887.74	590,717.44
净资产	4,989,205.74	5,579,923.18
平均净资产	4,254,261.87	5,284,564.46
营业利润率	15.74%	12.76%
销售净利率	12.43%	10.88%
净资产收益率	20.45%	11.18%

表4-30中营业收入、营业利润、净利润、净资产（所有者权益）金额的数据来源为东风公司2019年、2020年的资产负债表和利润表年末数据，平均净资产为年初和年末所有者权益余额的平均数（后面表中数据来源同上）。营业利润、销售净利率、净资产收益率的计算公式如下。

营业利润率 = 营业利润 ÷ 营业收入 ×100%

销售净利率 = 净利润 ÷ 营业收入 ×100%

净资产收益率 = 净利润 ÷ 平均净资产 ×100%

分析过程：通过上表计算分析，2020年营业利润率为12.76%，比2019年的15.74%下降了2.98%，销售净利率由2019年的12.43%下降到2020年的10.88%，下降了1.55%，净资产收益率在2019年为20.45%，到2019年下降到11.18%，下降了9.27%，盈利能力指标下降的主要原因是销售收入在2020年大幅度下降，在2020年该公司的销售额减少，导致营业利润以及净利润下降。

业务4-3-2　根据报表资料，分析东风公司2019年和2020年的短期偿债能力。

分析要点：东风公司短期偿债能力指标如表4-31所示。

表4-31　东风公司短期偿债能力指标

单位：元

项目	2019年	2020年
货币资金	1,285,797.15	1,115,456.23
速动资产	2,217,390.15	2,336,961.39
流动资产	3,315,333.95	3,544,699.57
流动负债	2,018,760.61	838,232.19
营运资本	1,296,573.34	2,706,467.38
现金比率	0.64	1.33
速动比率	1.10	2.79
流动比率	1.64	4.23

营运资本 = 流动资产 − 流动负债

现金比率 =（现金 + 现金等价物）÷ 流动负债

速动比率 = 速动资产 ÷ 流动负债

流动比率 = 流动资产 ÷ 流动负债

分析评价：通过分析 2019 年、2020 年东风公司的短期偿债能力指标可知，东风公司的现金比率在 2020 年为 1.33，比 2019 年的 0.64 上升了 0.69，说明企业短期偿债能力较强；速动比率在 2020 年是 2.79，比 2019 年的 1.10 高 1.69，与标准值 1 相比，高于标准值，说明企业有足够的能力用生产经营活动产生的现金来偿还债务；流动比率在 2020 年为 4.23 比 2019 年的 1.64 高 2.59，与标准值 1 相比，该公司在 2019 年和 2020 年均高于标准值，说明流动资产中的大部分都可以在较短时间内转为现金，企业的偿债能力较强。东风公司这两年的短期偿债能力在提升，主要原因是企业流动负债在减少，而速动资产、流动资产规模变化不大，企业在 2020 年偿还了短期借款后，没有再继续借入款项，说明企业目前采取了谨慎的经营政策，在短期内没有扩大生产规模的计划。

业务 4-3-3 根据报表资料，分析东风公司 2019 年和 2020 年的长期偿债能力。

分析要点：东风公司长期偿债能力指标如表 4-32 所示。

表 4-32 东风公司长期偿债能力指标

单位：元

项目	2019 年	2020 年
负债总额	2,623,760.61	1,503,232.19
所有者权益总额	4,989,205.74	5,579,923.18
资产总额	7,612,966.35	7,083,155.37
资产负债率	34.46%	21.22%
股东权益比率	65.54%	78.78%
产权比率	52.59%	26.94%

资产负债率 = 负债总额 ÷ 资产总额 ×100%
股东权益比率 = 股东权益 ÷ 总资产 ×100%=1- 资产负债率
产权比率 = 负债总额 ÷ 股东权益 ×100%

分析评价：通过分析 2019 年、2020 年东风公司的长期偿债能力指标可知，东风公司在 2020 年的资产负债率为 21.22%，比 2020 年的 34.46% 降低了 13.24%，与历史值相比，资产负债率呈小幅下降，与标准值 70% 相比，东风公司的资产负债率远低于标准值，说明该公司的负债结构不太合理，负债在资产中占的比重较少，但是长期偿债能力风险较低，偿债有保障，贷款较为安全，另一方面也说明企业的资金充裕，或者也说明企业融资存在一定的问题；股东权益比率在 2020 年为 78.78%，比 2019 年高 13.24%，说明企业债权人利益的保障程度较高；产权比率在 2020 年为 26.94%，远远低于 2019 年的 52.59%，与标准值 1 相比，远远低于标准值 1，是低风险、低报酬的财务结构，表明了负债受所有者权益的保护程度较高。

业务 4-3-4 根据报表资料，分析东风公司 2019 年和 2020 年的营运能力。

分析要点：东风公司营运能力指标如表 4-33 所示。

表 4-33 东风公司营运能力指标

单位：元

项目	2019 年	2020 年
营业成本	4,280,000.00	3,274,913.98

续表

项目	2019年	2020年
存货平均余额	681,228.88	1,152,840.99
存货周转次数	6.28	2.84
存货周转天数	57.30	126.73
营业收入	7,000,000.00	5430210
应收账款平均余额	558082.5	903224.08
应收账款周转次数	12.54	6.01
应收账款周转天数	28.70	59.88

存货平均余额=(期初存货余额+期末存货余额)÷2

存货周转次数(存货周转率)=营业成本÷存货平均余额

存货周转天数=360÷存货周转次数

应收账款平均余额=(期初应收账款余额+期末应收账款余额)÷2

应收账款周转次数(周转率)=营业收入÷应收账款平均余额

应收账款周转天数=应收账款平均余额×360天÷营业收入

分析评价：通过分析2019年、2020年东风公司的营运能力指标可知，2020年存货周转次数为2.84，低于2019年的6.28，存货周转率存在下降趋势，说明东风公司的存货周转不顺畅，存货的流动性较差，存货管理效率较低，主要原因是由于营业成本上升幅度高于存货平均余额的上升幅度；2019年的应收账款周转率为12.54，高于2019年的6.01，应收账款周转率呈下降趋势，同理，应收账款的周转天数也在增加，说明企业的应收账款收回不顺畅，其流动性较弱，同时，应收账款发生坏账的可能性较大。

业务4-3-5 根据报表资料，分析东风公司2019年和2020年的发展能力。

分析要点：东风公司发展能力指标如表4-34所示。

表4-34 东风公司发展能力指标

单位：元

项目	2019年	2020年
本年股东权益增加额	1,469,887.74	590,717.44
股东权益期初余额	3,519,318.00	4,989,205.74
股东权益增长率	41.77%	11.84%
本年资产增加额	2,679,936.55	−529,810.98
年初资产总额	4,933,029.8	7,612,966.35
资产增长率	54.33%	−6.96%
本期营业收入增加额	2,673,600.00	−1,569,790.00
上期营业收入总额	4,326,400.00	7,000,000.00
销售增长率	61.80%	−22.43%

补充2018年营业收入为4,326,400.00元

股东权益增长率=本期股东权益增加额÷股东权益期初余额×100%

资产增长率=本期资产增加额÷资产期初余额×100%

销售增长率 = 本期营业收入增加额 ÷ 上期营业收入 ×100%

分析评价：通过分析 2019 年、2020 年东风公司的发展能力指标可知，2020 年的股东权益增长率低于 2019 年的股东增长率 41.77%，主要是由于企业于 2018 年成立，2019 年企业收到了股东的投资款，导致实收资本增加，2019 年东风公司实现了盈利，导致未分配利润增加，上述两方面共同增加了股东权益的金额；2020 年企业盈利的金额相对于 2019 年来说较低，导致股东权益的增加额较少，企业的资本积累在逐年下降，说明企业发展后劲不足，需要在 2021 年继续提升盈利能力；2020 年的资产增长率为 −6.965%，低于 2019 年的 54.33%，主要是由于企业没有新购置的固定资产且存在计提折旧情况，导致固定资产净额减少，其他资产的规模也在缩减，导致企业在 2020 年资产总额小于 2019 年资产总额，总体来说，企业资产发展出现了下降趋势，需要公司在 2021 年提高营业收入，提升盈利能力，并适度扩大投资，扩大生产经营规模；销售增长率出现波动幅度较大，2019 年由于企业处于成立初期，发展势头比较迅猛，销售增长率高达 61.80%，但到了 2020 年，下降到了 −22.43%，这是 2020 年的营业收入下降导致的，表明企业需要提升销售收入，增加销售能力。

附录 1

相关增值税政策

要点	政策依据	具体内容
增值税发票选择确认平台升级为增值税发票综合服务平台	《关于增值税发票综合服务平台等事项的公告》（国家税务总局公告 2020 年第 1 号）	增值税电子普通发票版式文件格式为 OFD 格式。单位和个人可以登录全国增值税发票查验平台下载增值税电子发票版式文件阅读器查阅增值税电子普通发票
明确国有农用地出租等增值税政策	《财政部 税务总局关于明确国有农用地出租等增值税政策的公告》（财政部 税务总局公告 2020 年第 2 号）	房地产开发企业中的一般纳税人购入未完工的房地产老项目继续开发后，以自己名义立项销售的不动产，属于房地产老项目，可以选择适用简易计税方法按照 5% 的征收率计算缴纳增值税
支持新型冠状病毒感染的肺炎疫情防控有关税收政策	《财政部 税务总局关于支持新型冠状病毒感染的肺炎疫情防控有关税收政策的公告》（2020 年第 8 号）	对疫情防控重点保障物资生产企业为扩大产能新购置的相关设备，允许一次性计入当期成本费用在企业所得税税前扣除
货物期货品种保税交割业务，暂免征收增值税	《财政部 税务总局关于支持货物期货市场对外开放增值税政策的公告》（财政部 税务总局公告 2020 年第 12 号）	自 2018 年 11 月 30 日至 2023 年 11 月 29 日，对经国务院批准对外开放的货物期货品种保税交割业务，暂免征收增值税
增值税发票开具指南		本指南适用通过增值税发票管理新系统（以下简称"新系统"）开具的增值税发票，包括增值税专用发票、增值税普通发票、增值税电子普通发票、机动车销售统一发票、二手车销售统一发票
小规模纳税人月销售额 10 万以下免征增值税	《财政部 税务总局关于实施小微企业普惠性税收减免政策的通知》（财税〔2019〕13 号）	自 2019 年 1 月 1 日至 2021 年 12 月 31 日，对月销售额 10 万元以下（含本数）的增值税小规模纳税人，免征增值税
	《国家税务总局关于小规模纳税人免征增值税政策有关征管问题的公告》（国家税务总局公告 2019 年第 4 号）	小规模纳税人月销售额未超过 10 万元，当期因开具增值税专用发票已经缴纳的税款，在增值税专用发票全部联次追回或者按规定开具红字专用发票后，可以向主管税务机关申请退还
增值税税率下降	《财政部 税务总局 海关总署关于深化增值税改革有关政策的公告》（财政部 税务总局 海关总署公告 2019 年第 39 号）	自 2019 年 4 月 1 日起，增值税一般纳税人发生增值税应税销售行为或者进口货物，原适用 16% 税率的，税率调整为 13%；原适用 10% 税率的，税率调整为 9%
取消增值税发票认证的纳税人范围扩大至全部一般纳税人	《国家税务总局关于扩大小规模纳税人自行开具增值税专用发票试点范围等事项的公告》（国家税务总局公告 2019 年第 8 号）	自 2019 年 3 月 1 日起，一般纳税人取得增值税发票（包括增值税专用发票、机动车销售统一发票、收费公路通行费增值税电子普通发票，下同）后，可以自愿使用增值税发票选择确认平台查询、选择用于申报抵扣、出口退税或者代办退税的增值税发票信息
国内旅客运输服务纳入抵扣范围	《财政部 税务总局 海关总署关于深化增值税改革有关政策的公告》（财政部 税务总局 海关总署公告 2019 年第 39 号）《国家税务总局关于国内旅客运输服务进项税抵扣等增值税征管问题的公告》（国家税务总局公告 2019 年第 31 号）	自 2019 年 4 月 1 日起，纳税人购进国内旅客运输服务，其进项税额允许从销项税额中抵扣

续表

要点	政策依据	具体内容
罕见病药品简易征收	《财政部 海关总署 税务总局 药监局关于罕见病药品增值税政策的通知》（财税〔2019〕24号）	自2019年3月1日起，增值税一般纳税人生产销售和批发、零售罕见病药品，可选择按照简易办法依照3%征收率计算缴纳增值税。上述纳税人选择简易办法计算缴纳增值税后，36个月内不得变更
不动产或者不动产在建工程的进项税额不再分2年抵扣	《财政部 税务总局 海关总署关于深化增值税改革有关政策的公告》（财政部 税务总局 海关总署公告2019年第39号）	自2019年4月1日起，纳税人取得不动产或者不动产在建工程的进项税额不再分2年抵扣。此前按照上述规定尚未抵扣完毕的待抵扣进项税额，可自2019年4月税款所属期起从销项税额中抵扣
生产、生活性服务业纳税人进项税额加计抵减10%	《财政部 税务总局 海关总署关于深化增值税改革有关政策的公告》（财政部 税务总局 海关总署公告2019年第39号）	自2019年4月1日至2021年12月31日，允许生产、生活性服务业纳税人按照当期可抵扣进项税额加计10%，抵减应纳税额
符合条件纳税人增值税期末留抵税额退税	《财政部 税务总局 海关总署关于深化增值税改革有关政策的公告》（财政部 税务总局 海关总署公告2019年第39号）	自2019年4月1日起，试行增值税期末留抵税额退税制度
符合条件一般纳税人可选择转登记为小规模纳税人	《国家税务总局关于小规模纳税人免征增值税政策有关征管问题的公告》（国家税务总局公告2019年第4号）	自2019年1月1日起，转登记日前连续12个月（以1个月为1个纳税期）或者连续4个季度（以1个季度为1个纳税期）累计销售额未超过500万元的一般纳税人，在2019年12月31日前，可选择转登记为小规模纳税人
符合条件的扶贫捐赠免征增值税	《财政部 税务总局 国务院扶贫办关于扶贫货物捐赠免征增值税政策的公告》（财政部 税务总局 国务院扶贫办公告2019年第55号）	自2019年1月1日至2022年12月31日，对单位或者个体工商户将自产、委托加工或购买的货物通过公益性社会组织、县级及以上人民政府及其组成部门和直属机构，或直接无偿捐赠给目标脱贫地区的单位和个人，免征增值税。在政策执行期限内，目标脱贫地区实现脱贫的，可继续适用上述政策
部分先进制造业纳税人期末留抵退税政策	《财政部 税务总局关于明确部分先进制造业增值税期末留抵退税政策的公告》（财政部 税务总局公告2019年第84号）	自2019年6月1日起，符合条件的部分先进制造业纳税人，可以自2019年7月及以后纳税申报期向主管税务机关申请退还增量留抵税额
重新修订增值税纳税申报表及附列资料	《国家税务总局关于调整增值税纳税申报有关事项的公告》（国家税务总局公告2019年第15号）	自2019年5月1日起，修订并重新发布《增值税纳税申报表（一般纳税人适用）》《增值税纳税申报表附列资料（一）》《增值税纳税申报表附列资料（二）》《增值税纳税申报表附列资料（三）》《增值税纳税申报表附列资料（四）》
取消增值税扣税凭证认证确认期限	《关于取消增值税扣税凭证认证确认期限等增值税征管问题的公告》（国家税务总局公告2019年第45号）	增值税一般纳税人取得2017年1月1日及以后开具的增值税专用发票、海关进口增值税专用缴款书、机动车销售统一发票、收费公路通行费增值税电子普通发票，取消认证确认、稽核比对、申报抵扣的期限
开具原税率发票需办理临时开票权限	《国家税务总局关于国内旅客运输服务进项税抵扣等增值税征管问题的公告》（国家税务总局公告2019年第31号）	自2019年9月20日起，纳税人需要通过增值税发票管理系统开具17%、16%、11%、10%税率蓝字发票的，应向主管税务机关提交《开具原适用税率发票承诺书》，办理临时开票权限。临时开票权限有效期限为24小时，纳税人应在获取临时开票权限的规定期限内开具原适用税率发票

续表

要点	政策依据	具体内容
小规模纳税人自开专票全面放开	《国家税务总局关于增值税发票管理等有关事项的公告》（国家税务总局公告2019年第33号）	自2020年2月1日起，增值税小规模纳税人（其他个人除外）发生增值税应税行为，需要开具增值税专用发票的，可以自愿使用增值税发票管理系统自行开具。选择自行开具增值税专用发票的小规模纳税人，税务机关不再为其代开增值税专用发票
研发机构采购设备增值税政策继续执行	《财政部 商务部 税务总局关于继续执行研发机构采购设备增值税政策的公告》（财政部 商务部 税务总局公告2019年第91号）	为了鼓励科学研究和技术开发，促进科技进步，自2019年1月1日至2020年12月31日，继续对内资研发机构和外资研发中心采购国产设备全额退还增值税
异常增值税扣税凭证政策明确	《国家税务总局关于异常增值税扣税凭证管理等有关事项的公告》（国家税务总局公告2019年第38号）	自2020年2月1日起，明确异常增值税扣税凭证包括： （1）纳税人丢失、被盗税控专用设备中未开具或已开具未上传的增值税专用发票。 （2）非正常户纳税人未向税务机关申报或未按规定缴纳税款的增值税专用发票。 （3）增值税发票管理系统稽核比对发现"比对不符""缺联""作废"的增值税专用发票。 （4）经税务总局、省税务局大数据分析发现，纳税人开具的增值税专用发票存在涉嫌虚开、未按规定缴纳消费税等情形的。 （5）属于《国家税务总局关于走逃（失联）企业开具增值税专用发票认定处理有关问题的公告》（国家税务总局公告2016年第76号）第二条第（一）项规定情形的增值税专用发票。 （6）增值税一般纳税人申报抵扣异常凭证，同时符合下列情形的，其对应开具的增值税专用发票列入异常凭证范围：①异常凭证进项税额累计占同期全部增值税专用发票进项税额70%（含）以上的；②异常凭证进项税额累计超过5万元的。 政策同时明确增值税一般纳税人取得增值税专用发票列入异常凭证范围的处理规则和流程
《中华人民共和国增值税法（征求意见稿）》向社会公开征求意见		为了完善税收法律制度，提高立法公众参与度，广泛凝聚社会共识，推进科学立法、民主立法、开门立法，《中华人民共和国增值税法（征求意见稿）》自2019年11月26日向社会公开征求意见。公众可以在2019年12月26日前，通过中华人民共和国财政部网站、国家税务总局网站或通过信函形式提出意见
租入固定资产进项税额抵扣	《财政部、国家税务总局关于租入固定资产进项税额抵扣等增值税政策的通知》（财税〔2017〕90号）	自2018年1月1日起，纳税人租入固定资产、不动产，既用于一般计税方法计税项目，又用于简易计税方法计税项目、免征增值税项目、集体福利或者个人消费的，其进项税额准予从销项税额中全额抵扣
跨境应税行为免税备案等增值税问题	《国家税务总局关于跨境应税行为免税备案等增值税问题的公告》（国家税务总局公告2017年第30号）	自2018年1月1日起，金融机构开展贴现、转贴现业务需要就贴现利息开具发票的，由贴现机构按照票据贴现利息全额向贴现人开具增值税普通发票，转贴现机构按照转贴现利息全额向贴现机构开具增值税普通发票

续表

要点	政策依据	具体内容
税务行政应诉	《国家税务总局关于印发〈税务行政应诉工作规程〉的通知》（税总发〔2017〕135号）	《税务行政应诉工作规程》（以下简称新《规程》）自2018年1月1日起施行，分为总则、机构与职能、应诉准备、出庭应诉、上诉与申诉、履行与执行和附则共7章。1995年制发的《税务行政应诉工作规程（试行）》（以下简称旧《规程》）同时废止
增值税发票的开票时间	《中华人民共和国发票管理办法》	第二十二条开具发票应当按照规定的时限、顺序、栏目，全部联次一次性如实开具，并加盖发票专用章
	《中华人民共和国发票管理办法实施细则》	第二十六条填开发票的单位和个人必须在发生经营业务确认营业收入时开具发票。未发生经营业务一律不准开具发票
	《国家税务总局关于修订〈增值税专用发票使用规定〉的通知》（国税发〔2006〕156号）	第十一条专用发票应按下列要求开具：（四）按照增值税纳税义务的发生时间开具
	《营业税改征增值税试点实施办法》（财税〔2016〕36号文附件1）	第四十五条增值税纳税义务、扣缴义务发生时间为：（一）纳税人发生应税行为并收讫销售款项或者取得索取销售款项凭据的当天；先开具发票的，为开具发票的当天
红字增值税发票开具		增值税发票开具红字发票没有时间限制，符合开具红字发票的条件即可开
	《国家税务总局关于红字增值税发票开具有关问题的公告》（国家税务总局公告2016年第47号）	增值税一般纳税人开具增值税专用发票（以下简称"专用发票"）后，发生销货退回、开票有误、应税服务中止等情形但不符合发票作废条件，或者因销货部分退回及发生销售折让，需要开具红字专用发票的，按以下方法处理：（一）购买方取得专用发票已用于申报抵扣的，购买方可在增值税发票管理新系统（以下简称"新系统"）中填开并上传《开具红字增值税专用发票信息表》（以下简称《信息表》，详见附件），在填开《信息表》时不填写相对应的蓝字专用发票信息，应暂依《信息表》所列增值税税额从当期进项税额中转出，待取得销售方开具的红字专用发票后，与《信息表》一并作为记账凭证。购买方取得专用发票未用于申报抵扣、但发票联或抵扣联无法退回的，购买方填开《信息表》时应填写相对应的蓝字专用发票信息。销售方开具专用发票尚未交付购买方，以及购买方未用于申报抵扣并将发票联及抵扣联退回的，销售方可在新系统中填开并上传《信息表》。销售方填开《信息表》时应填写相对应的蓝字专用发票信息。（二）主管税务机关通过网络接收纳税人上传的《信息表》，系统自动校验通过后，生成带有"红字发票信息表编号"的《信息表》，并将信息同步至纳税人端系统中。（三）销售方凭税务机关系统校验通过的《信息表》开具红字专用发票，在新系统中以销项负数开具。红字专用发票应与《信息表》一一对应。（四）纳税人也可凭《信息表》电子信息或纸质资料到税务机关对《信息表》内容进行系统校验

续表

要点	政策依据	具体内容
增值税专用发票认证对方作废处理问题	《国家税务总局关于认真做好增值税专用发票发售、填开管理等有关问题的通知》（国税函〔2003〕785号）	第四条规定，在未收回专用发票抵扣联及发票联，或虽已收回专用发票抵扣联及发票联但购货方已将专用发票抵扣联报送税务机关认证的情况下，销货方一律不得作废已开具的专用发票
	《国家税务总局关于修订〈增值税专用发票使用规定〉的通知》（国税发〔2006〕156号）	第二十五条规定，用于抵扣增值税进项税额的专用发票应经税务机关认证相符（国家税务总局另有规定的除外）。认证相符的专用发票应作为购买方的记账凭证，不得退还销售方
虚开增值税发票的处理规定	（1）《国家税务总局关于纳税人取得虚开的增值税专用发票处理问题的通知》（国税发〔1997〕134号） （2）《国家税务总局关于〈国家税务总局关于纳税人取得虚开的增值税专用发票处理问题的通知〉的补充通知》（国税发〔2000〕182号） （3）《国家税务总局关于纳税人善意取得虚开的增值税专用发票处理问题的通知》（国税发〔2000〕187号） （4）《国家税务总局关于纳税人善意取得虚开增值税专用发票已抵扣税款加收滞纳金问题的批复》（国税函〔2007〕1240号） （5）《国家税务总局关于纳税人虚开增值税专用发票征补税款问题的公告》（国家税务总局公告2012年第33号）	第一条，受票方利用他人虚开的专用发票，向税务机关申报抵扣税款进行偷税的，应当依照《中华人民共和国税收征收管理法》及有关法规追缴税款，处以偷税数额五倍以下的罚款；进项税金大于销项税金的，还应当调减其留抵的进项税额。利用虚开的专用发票进行骗取出口退税的，应当依法追缴税款，处以骗税数额五倍以下的罚款。 第二条，在货物交易中，购货方从销售方取得第三方开具的专用发票，或者从销货地以外的地区取得专用发票，向税务机关申报抵扣税款或者申请出口退税的，应当按偷税、骗取出口退税处理，依照《中华人民共和国税收征收管理法》及有关法规追缴税款，处以偷税、骗税数额五倍以下的罚款。 第三条，纳税人以上述第一条、第二条所列的方式取得专用发票未申报抵扣税款，或者未申请出口退税的，应当依照《中华人民共和国发票管理办法》及有关法规，按所取得专用发票的份数，分别处以一万元以下的罚款；但知道或者应当知道取得的是虚开的专用发票，或者让他人为自己提供虚开的专用发票的，应当从重处罚。 第四条，利用虚开的专用发票进行偷税、骗税，构成犯罪的，税务机关依法进行追缴税款等行政处理，并移送司法机关追究刑事责任
	《国家税务总局关于纳税人对外开具增值税专用发票有关问题的公告》（国家税务总局公告2014年第39号）	现将纳税人对外开具增值税专用发票有关问题公告如下： 纳税人通过虚发增值税进项税额偷逃税款，但对外开具增值税专用发票同时符合以下情形的，不属于对外虚开增值税专用发票。 一、纳税人向受票方纳税人销售了货物，或者提供了增值税应税劳务、应税服务； 二、纳税人向受票方纳税人收取了所销售货物、所提供应税劳务或者应税服务的款项，或者取得了索取销售款项的凭据； 三、纳税人按规定向受票方纳税人开具的增值税专用发票相关内容，与所销售货物、所提供应税劳务或者应税服务相符，且该增值税专用发票是纳税人合法取得、并以自己名义开具的。受票方纳税人取得的符合上述情形的增值税专用发票，可以作为增值税扣税凭证抵扣进项税额

续表

要点	政策依据	具体内容
发票备注栏填写	(1)《国家税务总局关于印发〈税务机关代开增值税专用发票管理办法（试行）〉的通知》（国税发〔2004〕153号） (2) 国家税务总局公告2016年第23号	(1) 代开发票岗位应按以下要求填写专用发票的有关项目。备注栏内注明增值税纳税人的名称和纳税人识别号。 (2) 税务机关为出售或出租不动产代开发票时，备注栏填写销售或出租不动产纳税人的名称、纳税人识别号（或者组织机构代码）、不动产的详细地址；按照核定计税价格征税的，"金额"栏填写不含税计税价格，备注栏注明"核定计税价格，实际成交含税金额×××元"
	国家税务总局公告2015年第99号	增值税一般纳税人提供货物运输服务使用增值税专用发票和增值税普通发票，开具发票时应将起运地、到达地、车种车号以及运输货物信息等内容填写在发票备注栏中，如内容较多可另附清单
	国家税务总局公告2016年第51号	保险机构作为车船税扣缴义务人在代收车船税并开具增值税发票时应在增值税发票备注栏中注明代收车船税税款信息。具体包括：保险单号、税款所属期（详细至月）、代收车船税金额、滞纳金金额、金额合计等。该增值税发票可作为纳税人缴纳车船税及滞纳金的会计核算原始凭证
	税总货便函〔2017〕127号（增值税发票开具指南）	税务机关在代开增值税普通发票以及为其他个人代开增值税专用发票的备注栏上：加盖税务机关代开发票专用章

附录 2

企业所得税汇算清缴主要政策

项目	内容及依据	政策内容	注意事项
2019年变化一：限额扣除事项调整	（1）固定资产一次性税前扣除标准提高 （2）财税〔2018〕54号	企业在2018年1月1日至2020年12月31日期间新购进的设备、器具，单位价值不超过500万元的，允许一次性计入当期成本费用在计算应纳税所得额时扣除，不再分年度计算折旧	（1）固定资产一次性扣除金额由5000上升到500万； （2）资产范围仅限于设备、器具，不包含不动产； （3）资产状态仅限于新购进的，包括购买新资产和购买二手资产。但不包括已经存在的资产； （4）企业所得税前允许一次性扣除，但会计处理依然按会计核算制度的规定处理，属于固定资产的依然按固定资产核算，计提折旧； （5）税会差异在汇算清缴时调整，预缴时不做调整
	（3）财政部 税务总局公告2019年第66号	自2019年1月1日起，将固定资产加速折旧优惠的行业范围扩大至全部制造业领域。制造业按照国家统计局《国民经济行业分类与代码（GB/4754—2017）》确定	
	（1）职工教育经费税前扣除比例提高 （2）财税〔2018〕51号	2018年4月25日召开的国务院常务会议决定自2018年1月1日起，企业发生的职工教育经费支出，不超过工资薪金总额8%的部分，准予在计算企业所得税应纳税所得额时扣除；超过部分，准予在以后纳税年度结转扣除	（1）职工教育经费比例由2.5%提高到8%； （2）企业范围扩大到所有企业； （3）税会差异在汇算清缴时调整，预缴时不做调整
	（3）财税〔2012〕27号	集成电路设计企业和符合条件软件企业的职工培训费用，应单独进行核算并按实际发生额在计算应纳税所得额时扣除	
	（4）财税〔2015〕63号	高新技术企业发生的职工教育经费支出，不超过工资薪金总额8%的部分，准予在计算企业所得税应纳税所得额时扣除；超过部分，准予在以后纳税年度结转扣除	
	（5）财税〔2017〕79号	技术先进型企业自2017年1月1日起，对经认定的技术先进型服务企业发生的职工教育经费支出，不超过工资薪金总额8%的部分（一般企业的限额为2.5%），准予在计算应纳税所得额时扣除；超过部分，准予在以后纳税年度结转扣除	
	（1）委托境外研发费用不得加计扣除规定取消 （2）财税〔2018〕64号	自2018年1月1日起，委托境外进行研发活动所发生的费用，按照费用实际发生额的80%计入委托方的委托境外研发费用（但不包括委托境外个人进行的研发活动）。委托境外研发费用不超过境内符合条件的研发费用三分之二的部分，可以按规定在企业所得税前加计扣除	（1）委托境外进行研发活动所发生的费用由不得加计扣除，变为准予加计扣除； （2）只能扣除费用的80%，而不是全部，调整后与委托境内研发规定一致； （3）加计扣除的委托境外研发费用不得超过境内符合条件的研发费用得2/3，即（2）、（3）取小

续表

项目	内容及依据	政策内容	注意事项
2019年变化一：限额扣除事项调整	（1）研发费用加计扣除比例提高 （2）财税〔2018〕99号	企业开展研发活动中实际发生的研发费用，未形成无形资产计入当期损益的，在按规定据实扣除的基础上，在2018年1月1日至2020年12月31日期间，再按照实际发生额的75%在税前加计扣除；形成无形资产的，在上述期间按照无形资产成本的175%在税前摊销	（1）研发费用加计扣除比例由50%提高到75%； （2）加计扣除的企业范围从文件看似扩大到全部，但是还是要排除财税〔2015〕119号文件第四条规定得、不得享受加计扣除优惠得行业
	（1）公益性捐赠支出准予结转扣除 （2）财税〔2018〕15号	自2017年1月1日起，企业通过公益性社会组织或者县级（含县级）以上人民政府及其组成部门和直属机构，用于慈善活动、公益事业的捐赠支出，在年度利润总额12%以内的部分，准予在计算应纳税所得额时扣除；超过年度利润总额12%的部分，准予结转以后三年内在计算应纳税所得额时扣除	公益性捐赠支出增加了结转扣除的规定，但是仅限连续计算三年，三年中因企业亏损或免税等未能扣除的，也不能在结转
2019年变化二：税前扣除凭证明确	国家税务总局公告2018年第28号公告	1. 明确税前扣除凭证不仅限于发票 税前扣除的凭证分为外部凭证和内部凭证。具体操作： （1）企业成本、费用、损失和其他支出结转凭企业自制内部凭证扣除。 （2）发生业务属于增值税应税范围的，不论征税还是免税，原则上均应凭发票。但是对无需办理税务登记的单位或个人小额零星业务，凭税务局代开发票或收款凭证、内部凭证扣除。 （3）发生业务不属于增值税应税范围的，属于政府性基金或者行政事业性收费的凭财政票据扣除；工资薪金凭工资结算单和支付凭证扣除；单位为职工提供服务收取费用的凭收款凭证扣除；属于不征税行为可以开具不征税发票的凭不征税发票扣除。 （4）对需要分摊的费用，取得发票方凭发票和分割单扣除，其他企业凭分割单扣除，最好能附上发票复印件。 （5）发生境外购进货物或者劳务发生的，凭对方开具的发票或者具有发票性质的收款凭证、相关税费缴纳凭证扣除	
		2. 税前扣除凭证取得时间延长至汇算清缴结束时 企业在次年5月31日取得凭证即可税前扣除。 企业提供有效凭证时间问题（国家税务总局公告2011年第34号）在汇算清缴时，应补充提供该成本、费用的有效凭证	
		3. 取得不合规发票的补救办法 企业业务真实发生的，但取得发票不合规的，在汇算清缴期结束前能补开、换开的，均可税前扣除	
		4. 对方成为非正常户无法补开发票的补救办法 对方成为非正常户无法补开发票的，企业可以提供相关证明材料进行税前扣除	
		5. 汇算清缴期结束时仍未取得扣税凭证的处理 汇算清缴期结束时，企业仍未取得发票等扣除凭据的，应作纳税调整。待取得发票后追补到费用所属年度扣除，但不超过五年。但若是被税务机关检查发现企业未取得或取得不合规凭证已在税前扣除的，企业应当自被告知之日起60日内提供可以证实其支出真实性的相关资料，方可税前扣除，否则应作纳税调整，且以后取得凭证也不能再追补扣除	

续表

项目	内容及依据	政策内容	注意事项
2019年变化三：税收优惠额度扩大	财税〔2018〕77号	2018年1月1日至2020年12月31日，将享受减半征收企业所得税优惠政策的小微企业年应纳税所得额上限，从50万元提高到100万元	优惠扩大从2018年1月1日起，且季度预缴即可享受，上半年未享受到的，以后季度或汇算清缴时累计计算，多交税的可以退税或抵税
2019年变化四：优惠事项改为备案制	国家税务总局公告2018年第23号	对于企业享受的优惠项目，采取"自行判别、申报享受、相关资料留存备查"的办理方式。企业应当根据经营情况以及相关税收规定自行判断是否符合优惠事项规定的条件，符合条件的可以按照《企业所得税优惠政策事项办理办法》公告里面所附的《目录》列示的时间自行计算减免税额，并通过填报企业所得税纳税申报表享受税收优惠。同时，按照本办法的规定归集和留存相关资料备查	企业所得税的优惠都属于备案制，不再有审批制。企业享受优惠事项的，应当在完成年度汇算清缴后，将留存备查资料归集齐全并整理完成，以备税务机关核查。留存备查资料是指与企业享受优惠事项有关的合同、协议、凭证、证书、文件、账册、说明等资料
2019年变化五：资产损失资料变化	国家税务总局公告2018年第15号	企业向税务机关申报扣除资产损失，仅需填报企业所得税年度纳税申报表《资产损失税前扣除及纳税调整明细表》，不再报送资产损失相关资料。相关资料由企业留存备查	资产损失以报代备，企业所得税资产损失资料虽然不需要在年度申报时报送，但仍然要对相应的留存资料进行收集、整理、归集，以备稽查。企业要对其真实性负责
2019年变化六：亏损弥补期延长	财税〔2018〕76号	自2018年1月1日起，当年具备高新技术企业或科技型中小企业资格的企业，其具备资格年度之前5个年度发生的尚未弥补完的亏损，准予结转以后年度弥补，最长结转年限由5年延长至10年	（1）可以延长弥补期的只有具备高新技术企业或科技型中小企业资格的企业；（2）具备资格年度之前5个年度，无论是否具备资格，发生的亏损均可以按10年弥补；（3）因具备资格可以按10年弥补后，未到10年企业不再具备资格的，未弥补完的亏损依然能继续按10年弥补完
职工福利费	企业所得税法实施条例第四十条、国税函〔2009〕3号	企业发生的职工福利费支出，不超过工资薪金总额14%的部分，准予扣除	
工会经费	企业所得税法实施条例第四十一条	企业拨缴的工会经费，不超过工资薪金总额2%的部分，准予扣除	
业务招待费	企业所得税法实施条例第四十三条	企业发生的与生产经营活动有关的业务招待费支出，按照发生额的60%扣除，但最高不得超过当年销售（营业）收入的5‰	
	国税函〔2010〕79号	对从事股权投资业务的企业（包括集团公司总部、创业投资企业等），其从被投资企业所分配的股息、红利以及股权转让收入，可以按规定的比例计算业务招待费扣除限额	
	国家税务总局2012年第15号公告	企业在筹建期间，发生的与筹办活动有关的业务招待费支出，可按实际发生额的60%计入企业筹办费，并按有关规定在税前扣除；发生的广告费和业务宣传费，可按实际发生额计入企业筹办费，并按有关规定在税前扣除	
广告费和业务宣传费	企业所得税法实施条例第四十四条	企业发生的符合条件的广告费和业务宣传费支出，除国务院财政、税务主管部门另有规定外，不超过当年销售（营业）收入15%的部分，准予扣除；超过部分，准予在以后纳税年度结转扣除	
	财税〔2017〕41号	①对化妆品制造或销售、医药制造和饮料制造（不含酒类制造）企业；②对签订广告费和业务宣传费分摊协议的关联企业；③烟草企业；④房地产开发企业	

续表

项目	内容及依据	政策内容	注意事项
利息支出	企业所得税法实施条例第三十七条	企业在生产经营活动中发生的合理的不需要资本化的借款费用，准予扣除	
	国税函〔2009〕312号	凡企业投资者在规定期限内未缴足其应缴资本额的，该企业对外借款所发生的利息，相当于投资者实缴资本额与在规定期限内应缴资本额的差额应计付的利息，其不属于企业合理的支出，应由企业投资者负担，不得在计算企业应纳税所得额时扣除	
	财税〔2008〕121号	企业向股东或其他与企业有关联关系的自然人借款的利息支出，应根据企业所得税法第四十六条及《财政部、国家税务总局关于企业关联方利息支出税前扣除标准有关税收政策问题的通知》规定的条件，计算企业所得税扣除额	
	财税〔2008〕121号	企业关联方利息支出（企业所得税法第四十六条、实施条例第一百一十九条）	
保险费支出	企业所得税法实施条例第三十五条	企业按照国务院有关主管部门或者省级人民政府规定的范围和标准为职工缴纳的基本养老保险费、基本医疗保险费、失业保险费、工伤保险费、生育保险费等基本社会保险费和住房公积金，准予扣除	
	财税〔2009〕27号	自2008年1月1日起，企业根据国家有关政策规定，为在本企业任职或者受雇的全体员工支付的补充养老保险费、补充医疗保险费，分别在不超过职工工资总额5%标准内的部分，在计算应纳税所得额时准予扣除；超过的部分，不予扣除	
	企业所得税法实施条例第四十六条	企业参加财产保险，按照规定缴纳的保险费，准予扣除	
	企业所得税法实施条例第三十六条，国家税务总局公告2016年第80号	除企业依照国家有关规定为特殊工种职工支付的人身安全保险费和国务院财政、税务主管部门规定可以扣除的其他商业保险费外，企业为投资者或者职工支付的商业保险费，不得扣除	
	国家税务总局公告2016年第80号	《国家税务总局关于企业所得税有关问题的公告》规定，企业职工因公出差乘坐交通工具发生的人身意外保险费支出，准予企业在计算应纳税所得额时扣除	
开（筹）办费	国税函〔2009〕98号	新税法中开（筹）办费未明确列作长期待摊费用，企业可以在开始经营之日的当年一次性扣除，也可以按照新税法有关长期待摊费用的处理规定处理，但一经选定，不得改变	
企业员工服饰费用支出	国家税务总局公告2011年第34号	企业根据其工作性质和特点，由企业统一制作并要求员工工作时统一着装所发生的工作服饰费用，可以作为企业合理的支出给予税前扣除	
党组织工作经费扣除	组通字〔2014〕42号、组通字〔2017〕38号	非公有制企业党组织工作经费纳入企业管理费列支，不超过职工年度工资薪金总额1%的部分，可以据实在企业所得税前扣除	
全年一次性奖金	国家税务总局公告2011年第28号	雇主为雇员负担的个人所得税款，应属于个人工资薪金的一部分。凡单独作为企业管理费列支的，在计算企业所得税时不得税前扣除	
免税收入所对应的费用	国税函〔2010〕79号	企业取得的各项免税收入所对应的各项成本费用，除另有规定外，可以在计算企业应纳税所得额时扣除	
手续费及佣金支出	财税〔2009〕29号	企业发生与生产经营有关的手续费及佣金支出，不超过以下规定计算限额以内的部分，准予扣除；超过部分，不得扣除	
季节工、临时工等费用扣除问题	国家税务总局公告2012年第15号	企业因雇佣季节工、临时工、实习生、返聘离退休人员以及接受外部劳务派遣用工所实际发生的费用，应区分为工资薪金支出和职工福利费支出，并按企业所得税法规定在企业所得税前扣除。其中属于工资薪金支出的，准予计入企业工资薪金总额的基数，作为计算其他各项相关费用扣除的依据	

续表

项目	内容及依据	政策内容	注意事项
母子公司之间提供服务支付费用	国税发〔2008〕86号	母公司为其子公司提供各种服务而发生的费用，应按照独立企业之间公平交易原则确定服务的价格，作为企业正常的劳务费用进行税务处理	
罚金、罚款和被没收财物的损失	《企业所得税法》第十条第四项	罚金、罚款和被没收财物的损失在计算应纳税所得额时不得税前扣除	
	国家税务总局公告2014年第63号	罚金、罚款和被没收财物的损失不包括纳税人按照经济合同规定支付的违约金（包括银行罚息）、罚款和诉讼费	
买一赠一等组合方式销售商品	国税函〔2008〕875号	企业以买一赠一方式组合销售本企业商品的，不属于捐赠，应将总的销售金额按各项商品的公允价值的比例来分摊确认各项的销售收入	
企业取得的权益性投资收益	国税函〔2010〕79号	企业权益性投资取得股息、红利等收入，应以被投资企业股东会或股东大会作出利润分配或转股决定的日期，确定收入的实现	
	《企业所得税法》第二十六条	符合条件的居民企业之间的股息、红利等权益性投资收益，为免税收入	
预收跨年度租金	《企业所得税法实施条例》、国税函〔2010〕79号	第十九条规定，企业提供固定资产、包装物或者其他有形资产的使用权取得的租金收入，应按交易合同或协议规定的承租人应付租金的日期确认收入的实现	
扣除限额的销售收入基数	国税函〔2009〕202号	企业在计算业务招待费、广告费和业务宣传费等费用扣除限额时，其销售（营业）收入额应包括《实施条例》第二十五条规定的视同销售（营业）收入额	
合伙企业合伙人企业所得税问题	财税〔2008〕159	合伙企业以每一个合伙人为纳税义务人。合伙企业合伙人是自然人的，缴纳个人所得税；合伙人是法人和其他组织的，缴纳企业所得税	
弥补以前年度亏损	企业所得税法第十八条	企业纳税年度发生的亏损，准予向以后年度结转，用以后年度的所得弥补，但结转年限最长不得超过五年	
	国税函〔2010〕79号	企业自开始生产经营的年度，为开始计算企业损益的年度。企业从事生产经营之前进行筹办活动期间发生筹办费用支出，不得计算为当期的亏损，应按照《国家税务总局关于企业所得税若干税务事项衔接问题的通知》（国税函〔2009〕98号）第九条规定执行	
	国家税务总局公告2010年第20号	税务机关对企业以前年度纳税情况进行检查时调增的应纳税所得额，凡企业以前年度发生亏损、且该亏损属于企业所得税法规定允许弥补的，应允许调增的应纳税所得额弥补该亏损。弥补该亏损后仍有余额的，按照企业所得税法规定及时缴纳企业所得税。对检查调增的应纳税所得额应根据其情节，依照征管法有关规定进行处理或处罚	
	2018年4月25日召开的国务院常务会议	从2018年1月1日起，将高新技术企业和科技型中小企业亏损结转年限由5年延长至10年	
申报资料	国家税务总局公告2018年第15号	2017年度及以后年度企业所得税汇算清缴，企业向税务机关申报扣除资产损失，仅需填报企业所得税年度纳税申报表《资产损失税前扣除及纳税调整明细表》，不再报送资产损失相关资料。相关资料由企业留存备查。企业应当完整保存资产损失相关资料，保证资料的真实性、合法性	

附录 3

企业财务管理工具

资金收支表

单位：万元

摘要	资金收入	资金支出	结存总金额	备注	
				银行存款（一般账户）	银行存款（基本账户）

汇报用现金流量表

期间：_____年___月

单位：万元

项目	本期		上年同期	
	本期金额	累计金额	本期金额	累计金额
一、现金流入量				
（一）经营性现金流入量				
1. 产品：产品 1				
产品 2				
2. 营销员：甲				
乙				
3. 重要客户：A				
B				
（二）非经营性现金流入量				
1. 股东投入				
2. 银行借入				
3. 股东借入				
4. 投资收回				
二、现金流出量				
（一）经营性现金流出量				
1. 材料采购付现				
（1）大量供应商 1				
（2）大量供应商 2				
2. 生产工人工资				

续表

项目	本期		上年同期	
	本期金额	累计金额	本期金额	累计金额
3. 其他人员工资				
4. 水费、电费				
5. 支付税金				
6. 支付社保、公积金				
7. 销售提成				
8. 银行承兑汇票到期				
9.				
（二）非经营性现金流出量				
1. 归还借款及利息				
2. 投资支出				
三、现金净流量				
（一）经营性现金净流量				
（二）非经营性现金净流量				
四、明日可动用现金余额				
1. 银行账户 1				
2. 银行账户 2				
五、现金余缺				

预算执行差异分析表

单位：万元

项目		主营业务收入	主营业务成本	主营业务利润	销售毛利率	利润总额	销售利润率
本月实际数							
本年累计数							
预算	预算						
	预算同比增减						
	完成预算 /%						
	预算本年累计						
去年同期	去年同期						
	去年同比增减						
	去年同比增减 /%						
	去年累计数						
上月数	上月数						
	上月同比增减						
	上月同比增减 /%						

客户明细表

姓名		性别		出生年月	
最高学历		联系电话		特别爱好	
常住地址					
工作单位地址					
目前职业			收入状况：		
客户来源					
现职业前景及个人规划					
名下是否有房			是否有车		
名下信用卡张数			额度分别是		
是否有贷款记录			贷款金额		
对支付行业的认知是否有兴趣					
回访记录	记录一				
	记录二				
	记录三				
	记录四				
	记录五				

客户信用评价表

客户名称			
评价指标	评分标准	分值	得分
业主个人品质	好	10	
	中	5	
	差	1	
与公司合作年限	5年以上	10	
	3～5年	7	
	1～3年	4	
	1年以内	1	
客户净资产	1,000万元以上	10	
	600～1,000万	8	
	200～600万	6	
	80～200万	3	
	80万以下	1	
上年度销售额（据行业调整）	3,000万以上	10	
	2,000～3,000万	8	
	1,000～2,000万	6	
	200～1,000万	3	
	200万以下	1	
毛利率/%	20 以上	10	
	15～20	8	
	7～15	4	
	7 以下	1	
速动比率	大于1.5	10	
	1.1～1.5	8	
	0.6～1.1	5	
	0.6 以下	1	
抵押	有等值	10	
	无	1	
合计			

1. 客户信用评分与授信等级

等级	得分	授信政策
A	90～100	100%
B	80～90	80%
C	70～80	60%
D	60～70	40%
E	50～60	20%
F	50 以下	0

2. 信用标准_____万元
3. 授信额度_____万元

应收账款账龄分析表

年　月　日

应收账款账龄	客户数量	应收款项余额/元	坏账比例	估计坏账损失金额/元
未到信用期				
过期3个月以内				
过期3—6个月				
过期6—12个月				
过期12—24个月				
过期24个月以上				
合计				

产品毛利分析表

单位：元

产品类别	单位	销售量	本月				上（目标）月				差异			
			单位售价	单位成本	单位毛利	总毛利	单位售价	单位成本	单位毛利	总毛利	单位售价	单位成本	单位毛利	总毛利

供应商明细表

单位：万元

序号	供应商名称	合作时间	交易产品	上年度采购量	金额	所占比例/%
1						
2						
3						
4						
5						
6						
7						
8						
9						
10						
11						

续表

序号	供应商名称	合作时间	交易产品	上年度采购量	金额	所占比例/%
12						
13						
14						
15						
16						
17						
18						
19						
20						
21						
22						
23						
24						
25						
26						
27						
28						
29						
30						

纳税评估自测表

单位：月；万元；%

项目＼月份	1	2	3	4	5	6	7	8	9	10	11	12
收入												
成本												
期间费用												
收入变动表												
成本变动表												
费用变动表												
毛利率												
利润率												
收入费用率												
运费率												
能耗率												
固定资产折旧率												
无形资产摊销率												

续表

项目＼月份	1	2	3	4	5	6	7	8	9	10	11	12
存货周转率												
预收收入比率												
所得税负担率												
流转税负担率												
整体税负率												

业绩排行榜

名次	1月	2月	3月	4月	5月	6月	7月	8月	9月	10月	11月	12月
第1名												
第2名												
第3名												
第4名												
第5名												
第6名												
第7名												
第8名												
第9名												
第10名												
第11名												
第12名												

参考文献

[1] 第一财经. 财务人员涉嫌贪污 1.539 亿，天津港：公司财务数据或受影响［E］. 今日头条，2020，2.
[2] 财会日常. 最近兼职会计频繁出事！给代理记账从业人员的几点忠告［E］. 今日头条，2020，3.
[3] 北京首冠环球教育. 会计人必须得学习税法了［E］. 厚学网，2017，12.
[4] 北劳动法规. 劳动法对于迟到早退的规定［E］. 2017，11.
[5] 法规解读. 财税〔2003〕158 号文探讨及案例分析［E］. 税屋，2013，11.
[6] 职业会计人. 最高法判例：开具发票＝已收款！发票就是收款证明［E］. 搜狐网，2019，11.
[7] 律税同行微头条. 约定先开票后付款，法院判决约定无效［E］. 今日头条，2020，3.
[8] 靳艳萍. 银行承兑汇票诈骗案例分析及防范措施［J］. 商业会计，2017，1.
[9] 段文涛. 税前扣除各项费用的比例标准及政策依据［E］. 搜狐网，2019，3.
[10] 税月伴你行. 促销方式不同（折扣销售、优惠券、销售折让）税款计算区别巨大［N］. 中国税务报，2017，12.
[11] 吴天如. 电商促销新方式 税务处理要合规［E］. 税屋，2017，12.
[12] 力哥供应链金融. 你信吗？一张商业承兑汇票害死一家企业［E］. 今日头条，2020，2.
[13] 电商企业财税处理暗含的玄机［E］. 中华会计网校，2018，4.
[14] 如何防控纳税申报过程中多缴税的风险［E］. 华律网，2019，12.
[15] 巨潮深圳中小板. 关于核销应收账款坏账的公告［E］. 长江证券网，2019，12.
[16] 如何判断企业的持续经营能力［E］. 中国会计网，2017，8.
[17] 三张财务报表背后的财务智慧之一：业财融合业务循环［E］. 个人图书馆，2018，10.
[18] 中华人民共和国财政部. 小企业会计准则. 上海：立信会计出版社，2012.
[19] 小企业会计准则讲解. 上海：立信会计出版社，2012.
[20] 高旸，佘伯明. 小企业会计实务. 大连：东北财经大学出版社，2012.
[21] 李相波，李茉. 小企业会计模拟实训. 上海：立信会计出版社，2018.
[22] 朱永芹，刘大斌，曹方林. ERP 供应链管理系统. 北京：高等教育出版社，2015.
[23] 孙万军. 会计岗位综合实训. 第 2 版. 北京：高等教育出版社，2016.
[24] 任广慧，杜春法. 企业减税降费政策与应用指引. 上海：立信会计出版社，2019.
[25] 本书编委会. 小企业内部控制规范（试行）. 上海：立信会计出版社，2017.
[26] 李媛媛，刘江鹰，杨静. 会计类岗位能力分级模型. 北京：高等教育出版社，2016.
[27] 刘振峰. 小企业财务管理. 上海：立信会计出版社，2016.